U0165939

50 則非知不可的心理學概念

50 Psychology Ideas：you really need to know

五南圖書出版公司 印行

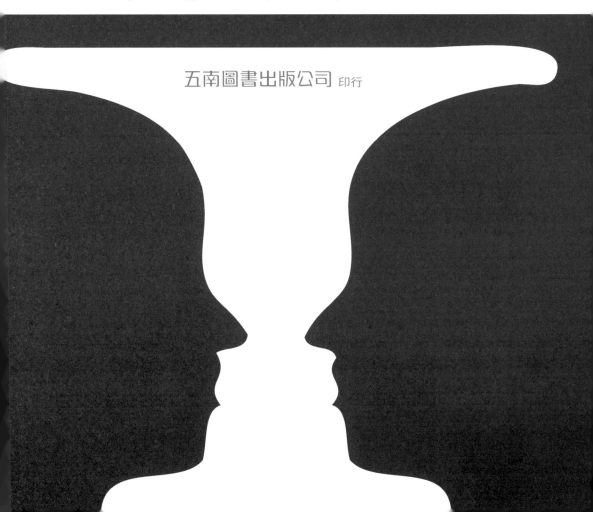

緒　論

　　心理學有其擁護者、唱反調的人，甚或毀謗者。有些人認爲心理學基本上是「社會科學的皇后」，它的進展、洞察力及運用對人類的健康、幸福及進步至關重要。惡意批評者則視心理學家爲自欺欺人，甚至是爲非作歹的——不是出於一般的見識，就是基於一些錯誤觀念及實務的集成。

　　心理學（psychology）的正式誕生是在 1870 年代。心理學家曾被器重爲國際性的有影響力人物。有些人甚至表示，隨同達爾文（Darwin）和馬克斯（Marx）、佛洛依德（Freud）是十九世紀最具影響力的思想家。關於人們的所作所爲（從如何撫養及教育他們子女，以迄於如何甄選及管理工作人員），華生（Watson）、史基納（Skinner）、米爾格雷（Milgram）及另一些人已帶來重大衝擊。然後，在二十一世紀，第二度有心理學家獲頒諾貝爾獎（經濟學方面）。

　　心理學存在於今日社會的每一處地方。不論是犯罪小說、紀錄影片、談話節目或醫學諮詢，只要沒有引入心理學的觀點，就稱不上是完整的。不論是你的汽車、你的房屋設計、你的衣飾、消費品及伴侶的選擇、我們教導自己子女的方式——所有層面都已是心理學研究的主題，且受到心理學研究的影響。此外，心理學在管理、運動及消費者行銷方面的角色也已廣被接受。

　　心理學既是純粹科學，也是應用科學。它針對於理解行爲，以及理解那些影響觀念、情感及思維的基本機制和歷程；它也試圖解決人類問題。它是一門跨學科整合的學問（multidisciplinary），與其他許多專門學科有密切的關聯。包括解剖學、醫學、精神病學及社會學，也包括經濟學、數學及動物學。

　　新手經常對心理學深感訝異，因爲心理學家似乎在探討廣泛延伸的事物——從作夢到誇大妄想；從電腦畏懼症到癌症的起因；從記憶到社會流動；從態度形成到酒精中毒（酗酒）。更爲重要而實用的是，心理學教導人們豐富的辭彙，以便使用來描述及解釋行爲；心理學教導學生行爲描述和行爲解釋（behavioural description and explanation）的語言。

　　有些心理學理論是違反直覺的，另有些則相當合乎一般常識。我希望在這本書中，我能夠澄清前者並且闡明後者。

緒論 1

不健全的心智

01 變態行為 2
02 安慰劑效應 6
03 杜絕習慣 10
04 失去現實接觸 14
05 不是精神病患，
　　僅是不太一樣 18
06 看似精神正常 22
07 壓力 26

錯覺與現實

08 視錯覺 30
09 心理物理學 36
10 幻覺 40
11 妄想 44
12 你有意識嗎？ 48

情感與智能

13 正向心理學 52
14 情緒智力 56
15 情緒有什麼作用？ 60
16 認知治療法 64

個性差異

17 IQ 與你 68
18 Flynn 效應 72
19 多元智力 76
20 認知差異 80

性格與社會

21 羅夏克墨漬測驗 84
22 偵測謊言 88
23 權威人格 92
24 服從權威 96
25 從眾行為 100

26 自我犧牲或自私自利 104
27 認知失調 108
28 賭徒的謬誤 112

理性與問題解決

29 判斷與問題解決 116
30 投入太多而不易抽身 120
31 合理的決策 124
32 對過去事情的記憶 128

認知

33 目擊者看到什麼 132
34 人工智慧 136
35 依稀做夢 140
36 試圖遺忘 144
37 舌尖現象 148

發展

38 性心理階段 152
39 認知階段 158
40 成列的鴨子 162
41 白板 166

學習

42 維持飢餓 170
43 行為主義 174
44 強化程式 178
45 掌握複雜性 182

腦部

46 顱相學 186
47 分手是不容易的事情 190
48 失語症 194
49 閱讀障礙 198
50 那是誰？ 202

辭彙解釋　206

CONTENTS

01 變態行為

變態心理學（**abnormal psychology**）——也被稱為臨床心理學（**clinical psychology**），是指對異常行為的探討。它檢視偏差或失調的習慣、思維或驅力（**drive**），探討它們的起源、徵候及治療。變態行為可能是由環境、認知、遺傳或神經因素等所引起。

變態心理學關切精神失調的衡鑑、診斷及管理。他們身兼科學研究人員和執業人員二者身分，通常專攻各種精神障礙症的治療，像是焦慮性障礙症（anxiety disorders，焦慮症、恐慌症、畏懼症、創傷後壓力症）；情感性障礙症（mood disorders，憂鬱症、雙相情緒障礙症、自殺）；物質使用障礙症（substance disorders，酒精、興奮劑、致幻劑等等）；或相當錯綜的精神疾病，如思覺失調症。臨床心理學是心理學的一部分，但絕不是核心部分，雖然在一般人的想像中，它在應用心理學上（applied psychology），無疑是最為引人興趣而重要的專業領域。

界定變態 相對上，我們容易發現一些人顯得憂心忡忡或舉止怪異，但是要界定變態卻遠為難多了。「變態」（abnormal）意指偏離規範（norm）。所以，極高和極矮的人們是變態的，極為智能遲鈍和資賦優異的人們也是如此。所以，嚴格說來，愛因斯坦（Einstein）和米開朗基羅（Michelangelo）是變態的，巴哈（Bach）和莎士比亞（Shakespeare）也應被作如是觀。

對臨床心理學而言，問題倒較不在於該行為是否偏離常態，較是在於它是否為「不良適應」（maladaptive），造成當事人的苦惱和社交缺損。假使

歷史大事年表

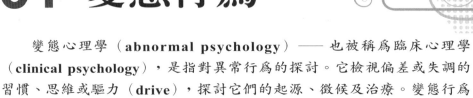

1600	1773
首度挑戰巫術的儀式	首度在美國威廉斯堡建立瘋人收容所

當事人的行為似乎失去理性，或對自己和他人具有潛在傷害性，我們就傾向於認為該行為是變態的。對心理學家而言，這種情況稱之為精神病態（psychopathology）；對一般人而言，就稱之為瘋狂（madness）或精神錯亂（insanity）。

歲　月已授予這個字詞（即，變態）太多的價值判斷；人們倒喜歡使用另一些同義詞，如「不良適應」、「失常」或「偏差」等。

A. Reber, 1985

我們都喜歡確實性和清晰度，希望在正常與異常之間做個精準的劃分。然而，我們知道，歷史和文化塑造了何者被視為異常，精神病學的教科書便反映了這點。同性戀（homosexuality）在不久之前仍被視為一種心理疾病；手淫（masturbation）在第十九世紀被認為是變態的。

社經地位、性別及種族都與變態性有所關聯。女性較可能罹患厭食症（anorexia）、暴食症（bulimia）或焦慮性障礙症；反過來說，男性較可能是物質濫用者。貧窮人們較可能被診斷出思覺失調症（相較於富有人家）。美國兒童蒙受控制不足（under-control）障礙症的較高發生率；但是在西印度群島，情形剛好相反，過度控制（over-control）障礙症有較高的發生率。

變態的早期處理手法是視怪異行為為惡魔纏身。人們相信獸性主義（animalism，認為人類只是一種動物，不具靈性），至於瘋狂則是不受控制之生物退化（regression）的結果。古代希臘人認為變態和普遍身體不適是由「體液」（humours）所引起。因此，精神錯亂的早期處置主要涉及隔離這些人，然後施加懲罰和折磨。人道的待遇直到十九世紀才真正出現。

普遍認定的準則　今日，心理學上對「變態」的定義繞著一些普遍同意的準則來運轉。這些準則被歸類為 4D：苦惱（distress）、偏差（deviance）、功能不良（dysfunction）、危險（danger）。變態通常牽涉到當事人的疼痛和苦楚，即個人感受急性（acute）和慢性（chronic）的痛苦。另一個準則是不良適應（poor adaptation）——當事人無法執行生活中的平常事情，像是保有工作、維持愉快的人際關係，或策劃未來事項。

1890 年代	1940 年代	1952
催眠，精神分析開始	行為治療法被派上用場	良好的診斷手冊首度出版

常態 vs. 變態（正常 vs. 異常）

主觀 這或許是我們所使用最原始的觀念，即採用我們的行為、我們的價值觀作為常態的標準。這經常以一些格言和諺語的形式表現出來，如「一旦作賊，就一直為賊」或「非我族類，其心必異」。因此，跟我們類似的人們是正常的，那些不同的人們則否。這種途徑也傾向於以簡易分類或不重疊的類型進行思考：常態 —— 變態 —— 非常變態。

規範 這種觀念是指，關於個人應該如何思考及舉止，存在一種理想、適宜的狀態。這個完美世界的觀點通常是由宗教和政治的思想家所發展出來。常態是完美的，個人愈偏離常態，就是愈為變態。這較是關於「個人應該是什麼狀況」，較不是關於「什麼是適度可能的狀況」。因為沒有人是完美的，沒有人是正常的。

臨床 社會科學研究人員和醫學臨床人員試圖評鑑當事人生活運轉的有效性、組織度及適應性。這很大部分依賴哪些運轉維度受到評鑑。臨床人員也接受「正常 — 異常」的劃分是有灰色地帶，多少是主觀的。雖說如此，他們致力於可信賴的診斷。

變態通常與個人的不良適應、痛苦或怪異行為有所關聯。

文化 文化指示了每一件事情的動向，從服飾到舉止，從語言到愛情。文化規定及禁止一些行為。若干事情是禁忌，另有些則是違法的。再度地，個人顯現愈是偏離或不同於文化規範，他／她就愈被判定為變態。然而，隨著文化信念和習俗的變動，常態的定義也跟著變動。同性戀行為的案例很適切地闡明這個議題。

統計 所有統計學家都知道鐘形曲線（bell curve）或常態分布（normal distribution）的概念。它具有特定的性質，這在智力測量的圈子已廣為所知。因此，100 的分數是平均數（一般的水準），而總體的分數中有 66% 是位於 85 分到 115 分之間，大約 97% 的人數是位於 70 分到 130 分之間，因此，如果你的分數低於 70 分或高於 130 分，你是不尋常的，雖然未必就會被稱為「變態」。這個模式有其缺點，乃是基於這樣的事實：經常發生的行為不必然就表示它是健全或適宜的。再者，對於一些適合於被筆直測量的能力而言，這個模式可能運作良好，但是對於一些較微妙和多維度的議題而言（像是性格或心理疾病），它就較不能順利運作。

變態的一個非常共通的標準是失去理性（irrationality），即對於物理世界或社會世界（經常也是對於精神世界）之荒唐無稽、不合邏輯的信念。

變態人們的行為通常是他人不能理解的。他們經常是不可預測的；他們可能極不穩定而反覆無常，從某一極端突然轉換到另一極端，往往無力控制自己的行為。他們的行為通常不適切於所處的情境。

幾乎就如定義所指出，他們變態的特色是展現一些不依慣例、通常少見、不適宜（不受歡迎）的行為。此外，變態具有道德的維度。它經常涉及

侵犯規則、違反道德基準及漠視社會規範。不合法、不道德、不良行為顯然是偏離常態的。

變態的一個相當引人興趣的準則是，當個人展現變態行為時，周遭人們所產生的不適感或不快感。旁觀者通常對於清楚跡象的變態感到不舒服或不自在。

概念的困擾　變態的任何定義都無疑會產生一些困擾。首先，當一個身心健康的人處於不健全的社會時，他往往會被貼上變態的標籤。許多實例已經說明，對於不服從社會所奉行之信念與行為準則的人們（儘管這些準則是狹隘、腐敗及不合時宜的），社會通常不能忍受，也不加寬容。

> 她總是說她不喜歡失常，它是那麼露骨而刺眼。她說正常是遠為錯綜複雜而引人興趣的。
>
> G. Stein, 1935

第二，專業的觀察家顯然無法對於「常態 vs. 變態」的分類獲得一致意見。即使當詳細指明變態的多元準則時，關於一個人是否在某種意味上被視為變態，這仍然存在基本上的意見不合。第三，存在所謂的當事人 — 旁觀者差異（actor-observer difference，這是指當事人看待自己行為時，多傾向於解釋是受到外在情境的影響，不是自己本意；但旁觀者卻傾向於認為，該行為係出自當事人的內在性格），那麼應該由誰來從事判斷？當事人很少認為自己是變態：我們大部分人對自己抱持適度正面而肯定的態度，且實際上擁有大量別人所不知道關於自己的資訊。儘管如此，從事自我診斷還是存在一些熟知的陷阱和風險。旁觀者太容易就標示他人為變態的，特別是對那些不同於我們或威脅到我們的人們。

自我診斷　諮商、訓練及治療的首要目標是協助人們變得更為自我覺察（self-aware，指個人對自己外在舉動、內心慾望和自己優缺點都能夠了解的情形）。顯然，有些精神病人（或許也包括一些正常人們）幾乎覺察不到他們的困擾。他們似乎在自欺欺人。同樣地，變態心理學的學生經常表示，當他們閱讀教科書時，他們承認自己也有書中所提及的若干精神症狀。這之所以發生是因為，我們許多人對一些私密、非共享、甚至「禁忌」或不被贊同的思想或行為擁有一種誇大的特有感。我們所有人隱藏自己的若干層面，而當教科書中列舉各種各樣的變態行為時，就可能突然觸及這些隱約的層面。

【焦點概念】　何謂「正常」行為？

02 安慰劑效應

　　我們經常聽到醫生這樣的建議：「你先服用兩片藥劑，明早再打電話給我。」雖然他們知道，而且也承認，所有（身體）治療具有活化的成分或程序，可以在病人身上產生身體變化；但是他們也知道心理因素在治療各種各樣疾病上的力量。在身心健康的領域中，「心靈超越物質」的概念早在許多世紀前已為人所知。

什麼是安慰劑　　安慰劑（placebo）源自拉丁字，其意思是「取悅」。安慰劑被簡單定義為一種配製品，不具有醫療價值，也不具有藥理效果。一份有效的安慰劑是指它模擬所涉藥物的副作用，但是缺乏該藥物特有的、認定的治療效果。

　　有些人認為安慰劑效應（placebo effects）對於心理疾病較為有效 —— 相較於身體疾病。一項重要的新近研究已顯示，幾近 60% 之服用安慰劑的病人表現優於一般候補名單的對照病人，顯現安慰劑的效能。

> **長** 笛的聲音將治癒癲癇和坐骨神經痛風。
> *Theophrastus*, 西元前 *300* 年

歷史　　這個領域的現代研究可以追溯到超過 50 年前，在《美國牙醫學會期刊》上所發表的一篇論文。Henry Beecher 震驚了醫療界，他宣稱僅僅是安慰劑程序，像是給予糖果藥丸，或甚至帶有同情心地對病人施行健康檢查，這就在 30% 的病人身上導致改善。今日，這項估計值已提升，大約是介於半數到四分之三的病人，而且是針對各式各樣的困擾，從哮喘到巴金森氏

歷史大事年表

1500-1900	20 世紀之前
治療特性被歸諸於各類的物質	直到近代之前，所有醫術只是安慰劑的歷史

症，它們都從一系列的安慰劑處置中顯現實質的持久改善。

不同的安慰劑　這裡有一個問題：什麼型式的安慰劑（也稱寬心藥）最能發生效果？膠囊與藥丸的顏色和大小已重複接受實驗的操弄，但是沒有太多值得信賴的研究結果，看起來似乎不會造成太大差別。一位科學研究人員報告，安慰劑若要發揮最大效果，它應該非常大粒，而且是棕色或紫色；或者是非常小粒，然後是鮮紅色或黃色。

　　更嚴謹來說，「重大」或侵入性的程序及手續確實顯現有較強烈的安慰劑效應。注射本身比起藥丸顯然具有較大的影響力，而甚至寬心手術（病人被劃開一道傷口，隨後加以縫合，其間幾乎什麼事情也沒做）也已產生高度的良性反應率（response rates）。

　　治療施行的風格和治療師的另一些特性顯然實質地促成治療本身的影響力。當治療師也展現對他們病人較大的興趣、對他們的治療較大的信心，以及較高的專業身分時，這樣的治療師顯著地在他們病人身上促進較強的安慰劑效應。

> **親**族關係具有療效：我們是彼此的醫生。
> *Oliver Sacks, 1973*

安慰劑如何奏效？　安慰劑效應的魅力已導致許多見解和理論，解釋它們實際上是如何奏效。各式各樣的概念已被提出，包括操作制約、經典制約、罪疚減除、移情作用、暗示作用、說服作用、角色要求、信仰、希望、標籤作用、選擇性症狀監控、錯誤歸因、認知失調減除、控制理論、焦慮減除、

醫治百病？

　　安慰劑被施行在傳統的醫療背景中，已顯示在極為廣延的一系列疾病上，有助於導致症狀的減輕及緩解，這些疾病包括過敏症、扁桃腺炎、肺病、哮喘、大腦梗塞、憂鬱症、糖尿病、遺尿症、癲癇症、失眠症、梅尼爾氏症、偏頭痛、多發性硬化症、神經官能症、眼球病變、巴金森氏症、攝護腺增生過盛、思覺失調症、皮膚病、潰瘍及腫瘤。

1950 年代	1960 年代	1980 年代
首度探討安慰劑效應	安慰劑的控制性試驗被採用	80% 的醫生仍然承認使用安慰劑

期待效應，以及腦內啡（endorphin）的釋放。

隨機化、雙重保密、控制的試驗 安慰劑效應雖然是一項恩賜，但也是一項詛咒。它對於所有治療師而言是一項恩賜，不論他們所施行的是什麼治療法。它對於科學研究人員而言卻是一項詛咒，他們試圖評估各種治療法的實際效果。在評鑑不同治療法的療效和「扣除」（discount）可能的安慰劑效應上，安慰劑控制（placebo controlled）、隨機化（randomized）及雙重保密（double-blind）的措施已成為科學研究務必奉行的金科玉律。

> 讓我們獲得赦免的是告解，而不是神父。
> *Oscar Wilde, 1890*

　　這樣的觀念是人們被隨機指派到不同組別，有些人進到沒有任何處置的控制組，有些人則接受另外的處置或安慰劑處置。再者，不論是醫生／科學研究人員／治療師，抑或案主／病人，他們通通不知道哪些人正接受哪一種處置。

　　首次隨機化、控制的試驗在第二次世界大戰後不久施行。但是直到30多年前，「保密」（匿情）的措施才被引進。臨床人員開始認識，因為心理因素可能影響病人對於處置的反應，病人應該被保持「不能察覺」自己所接受處置的性質。當病人和臨床人員兩方都對處置的性質（例如，服用藥物vs.服用安慰劑）不知情時，這樣的試驗被稱為雙重保密（或雙盲）。至於臨床人員知情，但病人不知情的情況，就稱之為單保密（單盲）試驗。

疑難 儘管如此，安慰劑控制、隨機化、雙重保密的措施也有一些窒礙難行之處。首先，因為受試者被隨機指派到不同處置組，他們可能碰面並討論他們的處置，這會造成疑難。委託一些自然團體（例如，對兩所學校或兩個地理區域進行比較）可能更勝一籌於隨機法。第二，保密法可能對某些處置而言不易實行。雖然不論醫生或病人可能都無法把真正錠劑與糖果藥丸（或維生素片）分辨出來，但是某些處置就是找不到能跟安慰藥物「足堪比擬」（同等）之物。第三，參與某一研究本身可能影響了受試者的行為。僅僅是定期地接受監視和評鑑，本身可能就有助益的效果。

第四，即使受試者同意參加某一試驗，他們可能在有該困擾之病人的一般人口中不是典型。因此，參加某一試驗的標準需要訂得嚴格，以保證組別之間的可資比較性，而且為顯現治療效益

提供最佳機會。另一個疑難是，因為受試者有可能接受的是安慰劑治療，這會降低他們對治療的順從。假使病人被告知他們可能會服用安慰劑，那麼如果沒有立即效果的話，他們將會更傾向於放棄（不指望）該治療。

第六，在試驗中採用標準治療法可能做作而不自然，而且與臨床實施沒有太大關聯。這可能抑制了較為變通的病人中心治療方式（patient-centred approach）。因此，所施行的試驗可能不是該治療的真正檢驗（不是如該治療在臨床實施中被使用的情形），而病人的需求（needs）可能與研究的必要條件（requirements）產生衝突。

第七，在只考慮平均團體反應所作的分析中，個體反應上的變異（variation）通常就被忽略了。有些病人接受治療後更為惡化，但他們可能在報告中沒有被充分注意到，除非他們蒙受特別顯眼的副作用。

第八，倫理問題原本就可能發生在各式各樣的情境中，特別是在牽涉到安慰劑治療之處，或是當病人或臨床人員顯著偏好某一種治療選項（勝過對另一種選項）之時。第九，根據對病人

施行的臨床衡鑑和客觀測驗，我們獲得關於治療結果的數據，但這可能沒有反映病人認為是什麼因素造成了重要而有益的治療轉變。病人可能更為關切他們生活的品質，但這可能與生化參數（biochemical parameters）或另一些疾病指標（disease indicators）的變動沒有密切關係。最後，當就所比擬的安慰劑來評鑑治療法時，我們關切的是排除安慰劑效應，這可能意味著一些重要的心理變項（psychological variables）被疏忽了。在醫療的背景中，我們很少檢視治療師的特性和病人對於治療的態度，但是這些可能是重要的決定因素 —— 決定病人是否順從治療，以及決定病人對於疾病的態度。

【焦點概念】易感性影響治療結果

03 杜絕習慣

> 「每一種成癮行為都是不適宜的，不論起麻醉作用之物是酒精、嗎啡或是理想主義（idealism）。」
>
> *Carl Jung, 1960*

　　大部分人考慮成癮行為時，主要是想到一些毒品。但是有一長串名單的物質是人們實際上會成癮的。這些包括了酒精、興奮劑（如可卡因）、鴉片劑、致幻劑、大麻、菸草及巴比妥酸鹽。

　　成癮涉及接觸某些事物，然後當事人尋求很頻繁地重複（再發生）該經驗。長期下來，成癮行為紮下深根。當事人將需要定期而漸增地服用，儘管他們知道自己的習慣是開銷很大、危害健康及可能違法的，但他們似乎無力加以戒除。成癮是一種複雜的歷程，牽涉生理、心理及社會等因素。

　　關於成癮的探討，有些研究人員感興趣的是，為什麼某些特定藥物或活動具有那般強烈成癮的傾向。另引人注意的是，為什麼部分人似乎要比別人更容易成癮。部分科學研究人員關切環境和社會的條件及特性，它們使得上癮行為較為可能或較不可能發生；另有些則檢視從成癮中復原（以及復發）的嘗試。

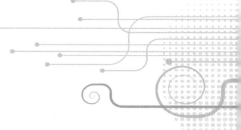

> 我們舉杯祝福彼此健康，卻是敗壞了我們自己的身體。
>
> *Jerome K. Jerome, 1920*

依賴 vs. 濫用　關於藥物，精神醫學文獻將之劃分為物質依賴（substance dependence）與物質濫用（substance abuse）。兩者各有其專門意義。「依賴」具備一些非常明確的特徵，像是耐藥性（tolerance，需要攝取愈來愈多的劑

歷史大事年表

1875	1919-1933
舊金山禁止鴉片	美國禁酒法實施時期

量才能達到所欲效果）；戒斷症狀（withdrawal symptoms，沒有服用該藥物就會發作）；心思縈繞於試圖獲取該藥物；個人在所有社交、職業及休閒活動上發生惡化；以及充分認識到該藥物正在引起的一切傷害，但仍然繼續使用。

　　「濫用」是指儘管個人需要履行在學校、家庭及工作上的各種義務，仍然一再地使用該藥物；在危險的情境中使用（如開車或操作機器）；即使是違法行為，仍然使用；儘管持續的負面副作用，仍然使用。

成癮性格　成癮性格（addictive personality）的原始想法是，有些人擁有一些特別的側面圖（profile）、性格上的缺點或脆弱性，使得他們易於蒙受特定成癮或所有成癮。然而，這樣的概念未能獲得研究的支持。有些精神病學家視成癮為精神疾病的結果，像是憂鬱症或反社會型人格障礙症。他們的觀念是冒險型的人或精神病患容易變得依賴藥物使用，以之作為他們的支柱，這樣的人較可能試驗藥物，以及忽視或貶低任何潛在的不利後果。

吸　菸

　　兩種最被廣泛討論的成癮行為是吸菸和飲酒。在大部分西方國家中，大約有四分之一到三分之一的人仍在吸菸，而所有癌症中有三分之一被認為是吸菸所引起。吸菸現在是一種「不光榮的習慣」，這有許多原因。導致一個人開始吸菸的因素（社交壓力、角色楷模）通常不同於那些導致他們繼續吸菸的因素。尼古丁是一種強力的興奮劑：它加快心跳，升高血壓；它降低體溫；它改變由腦下垂體所分泌的激素，而且它釋放腎上腺素。多巴胺（dopamine）在腦部的釋放使得尼古丁被強化性地成癮。更重要的，人們因為所出現之不愉快的戒斷症狀（焦慮、頭痛、暴躁及失眠）而繼續使用尼古丁。戒菸具有立即和長期的效益。

　　許多人嘗試減少吸菸或戒除吸菸。政府採取措施包括宣揚禁令、限制銷售對象、限定吸菸地點及提高價格，但只具有適度的效果；較妥善的做法是「健康與教育」的活動。戒菸的方法林林總總，從尼古丁替代貼片和口香糖、心理治療和催眠術，以迄於僅是單純的意志力。因為許多因素（視覺、嗅覺、生理及社會等因素）誘發了對香菸的需求，許多癮君子發現斷絕該習慣是很艱困的事情。

1935	1960 年代	2000 年代
匿名戒酒會的創立	反主流文化擁護精神促動藥物	普遍禁止在公共場所吸菸

物質依賴的精神醫學準則

一種不良適應的物質使用模式，導致當事人重大的損害或苦惱，如下列許多事項所表明，需在同一年期間出現其中至少三項。

1. 耐藥性。呈現兩種型式，一是當事人需要顯著增加物質的使用量，才能達到麻醉（中毒）狀態或所想要效果。另一是隨著繼續使用該物質原先的劑量，所產生的效果將會大幅降低。

2. 戒斷。呈現兩種型式，一是顯現該物質所特有的戒斷症候群。另一是必須使用同樣物質（或密切相關的物質）才能緩解或避免戒斷症狀。

3. 當攝取該物質時，當事人經常比起自己所意欲的攝取更大劑量或更長時期。

4. 當事人試圖戒除或控制物質使用，但徒然是一些不斷的想望或不成功的努力。

5. 花費大量時間於取得該物質所必要的活動，或花費於從物質的作用恢復過來。

6. 因為物質使用而放棄或減少重要之社會、家庭、職業或休閒的活動。

7. 儘管當事人清楚認識自己有持續或重複發生的身體或心理困擾，很可能是由於該物質所引起或更加惡化，但是仍然繼續使用該物質。

治療師也已指出，成癮和藥物依賴的人如何利用藥物以進行補償或因應（compensate or cope）。藥物被用來麻痺情感、減輕痛苦的情緒狀態或降低內心衝突。這可能有助於應付寂寞，或補償個人所缺乏之滿足的人際關係。只有在藥物的作用之下，藥物使用者才覺得他們能夠順利表達和從事一些事情。因此，他們遲早會變得依賴該特定藥物，以尋求有效能的社交運作。

遺傳脆弱性 成癮行為傾向於在家族中流傳。因此，酒徒的子女有 4 倍高的可能性自己也將會是酒徒 —— 相較於非酒徒的子女。雙胞胎研究已清楚指出，物質濫用具有遺傳的決定因子。情形有可能是複雜的遺傳因素導致個人對一些藥物特有的生理反應，大抵上是特別針對神經傳導物質系統（neurotransmitter systems）。因此，人們可能自行（自發）接近一些藥物，這些藥物對於他們繼承而來腦部的生化失衡而言是「正確的」。

> **酒**醉完全是自找的精神錯亂。
>
> *Seneca*，西元前 *60* 年

對抗歷程理論 這個理論表明，各個身體系統（systems）回應及適應外來刺激的方式是經由對抗它們的初始效應。個人對於一些事物的慾望（然

後是渴望）在擁有該藥物的任何經驗之前原本不存在，但隨著接觸（暴露於）該藥物而增強。所有成癮和依賴行為牽涉到一些現象。首先是情感愉悅（affective pleasure）——隨著使用藥物產生的一種身體及情緒的快樂狀態。它可能是輕鬆，或壓力解脫，或是突發的精力充沛感。接下來，個人產生情感耐受性（affective tolerance），表示個人需要越來越多的該物質，才能獲得同樣效果。第三是情感撤除（affective withdrawal），這是當該藥物不再被服用時所發生的情形。

　　因此，藥物引起一種歷程，啟動了對抗的反應，隨著重複的接觸而強度遞增。這是情感對比（affective contrast）。隨著更多服用，主導的反應是負面狀態。因此，個人需要該藥物以達到中立狀態，而從服用該藥物中幾乎得不到快樂。

正強化理論　藥物能使一個人感覺良好，甚至欣快而陶醉。1960 年代，心理學家容許猴子們「自行施加」嗎啡，發現牠們顯現成癮行為的所有徵狀。心理學家已逐漸感興趣於藥物在腦部的獎賞

> 古　柯鹼不會養成習慣。我當然知道，我就已服用好多年。
>
> *Tallulah Bankhead, 1960*

通路（reward pathways，或酬償通路），特別是哪些腦區和哪些神經傳導物質可能牽涉在內，包括針對「天然獎賞」（像是食物和性行為）和針對人為的興奮劑（像是藥物和腦部電刺激）。我們知道像是古柯鹼（cocaine）和安非他命（amphetamines）這類藥物會在稱為伏隔核（nucleus accumbens）的腦區增多突觸多巴胺（synaptic dopamine）的分泌。因此，大量藥物授予我們真正的欣快感（或恍惚狀態），使得我們想要那樣的經驗重複發生。

學習理論　服用藥物和隨後產生的愉悅變得與非常特定的情境、景象及聲音聯結起來。因此，人們把藥物（從酒精到安非他命）與非常特定的線索或提醒之物聯結起來。當使得人們置身於特別的背景時，他們將會感受到對藥物的渴望（cravings）。因此，就如酒館對於酒徒，或香菸氣味對於尼古丁上癮者，它們誘發當事人的渴望。當一些線索傳送出藥物即將迫臨的消息時，這將會引發當事人「勢必飽足」的強烈慾望。在許多意味上，這是舊式行為主義（behaviourism）和制約作用（conditioning）的理論。

【焦點概念】心靈引致及戒除成癮行為

04 失去現實接觸

　　大部分人當有可能遇到思覺失調症病人時，都會深感害怕。他們被認為是發狂、危險和癡呆，以及錯亂、不可預測和不可控制的。電影和書籍或許更為助長了對這種病症的迷思，而不是加以澄清。思覺失調症是一種精神疾病，其特徵是思維、知覺、行為和情感的失常。

發生率　　思覺失調症侵害一百人中的一人，它是最嚴重的精神疾病。大約三分之一的病人需要長期收容於醫院；三分之一顯現緩解，可以被視為痊癒；至於另三分之一則在「常態」之後呈現一些症狀發作的時期。這些病人的差異頗大，有些

> **不** 能了解絕望，就無從了解思覺失調症。
>
> *R. D. Laing, 1955*

人顯現正性症狀（指額外添加於正常行為和經驗之外的現象），另有些人顯現負性症狀（指欠缺正常人會出現的一些行為）。無論如何，他們傾向於顯現思想障礙（thought disorders，混亂而不合理的思維）、妄想及幻覺的各種徵狀。思覺失調症病人傾向於缺乏活力、主動性及社交接觸。他們情緒上極為平淡，幾乎沒有樂趣，而且從生活中撤退下來。

　　思覺失調症通常呈現重大的社會和職業功能減損。「發作」可能持續很長期間，也可能重複發作。對許多人而言，但不是所有人，它是一種令人衰弱而持久的困擾。

歷史和錯誤觀念　　關於思覺失調症病人，存在許多普遍的錯誤觀念。首先，他們被認為是危險、不可控制和不可預測的。但實際情形是，他們大部

歷史大事年表

1893	1908
Kraepelin 描述思覺失調症	Bleuler 首度使用「思覺失調症」的用語

概念上的爭議

關於精神科醫師、病人團體與一般大眾之間的爭論和辯解，「思覺失調症」的診斷術語是主要原因所在。最常被提出的反對理由是，它是一個沒有助益之全括（包羅廣泛）的稱謂，涵蓋一系列不同的疾患，各自具有不同的症狀或不同的起因。診斷因此是不可信賴的。有些人擁護「思覺失調型」（schizotypy）的觀念，它指稱跟精神病（特別是思覺失調症）相關的一套連續頻譜的（維度的）性格特徵和經驗。這顯然不同於範疇（類別）的觀點，後者是認為你要不是有該困擾，要不就沒有。

分人相當害羞、退縮，而且關心自己的困擾。其次，他們被認為有分裂的雙重人格（Jekyll and Hyde personality，取自 R. L. Stevenson 小說中的主角之名），但其實分裂的是情緒（情感）和認知（思想）的層面。第三，許多人相信他們不會（也不能）康復；一旦是一位思覺失調症病人，就永遠是思覺失調症病人。

直到二十世紀交接之際，德國精神病學家 Emil Kraepelin 才試圖草擬第一套精神疾病分類系統。他稱一種疾病為早發性癡呆，意指預測性的退化，而他描述的各種行為徵狀是我們在今日將會稱為的思覺失調症。基於他相信這種疾病的起因是生物醫學的，以及因此「治療」將是生物醫學的，他影響了這個領域的許多研究學者。另一位德國人 Adolph Meyer 則在二十世紀之初主張，該疾病不具有生理基礎，它是起源於早期學習困難和發育不全的人際歷程。

分類　因為症狀的多樣性，思覺失調症的分類仍然複雜。這些症狀包括妄想；幻覺；混亂的言語（語無倫次、聯想鬆弛、使用無意義的字詞）；混亂的行為（服飾、身體姿勢、個人衛生）；消極、平淡的情緒；對自己的困擾不具洞察力；以及憂鬱。

因為診斷上的錯綜狀況，各種亞型（subtypes）已被命名。因此，有所謂的妄想型和僵直型思覺失調症。僵直型病人常採取古怪、靜止不動的姿

勢，維持長久期間。妄想型思覺失調症病人持有控制、迫害及誇大等妄想，而且執拗地懷疑所有人。混亂型病人顯現怪異的思想和語言，會有突然不適當的情緒爆發。有些精神科醫師提及單純型或未分化型思覺失調症。有些醫師則將之劃分為急性（突然而嚴重的初發）與慢性（延長而漸進的發作）。還有一種劃分則是第一型（主要是一些正性症狀）與第二型（主要是一些負性症狀）思覺失調症。

關於思覺失調症的亞型或精確的功能「缺損」，仍未有一致的意見，雖然常歸類在四個標題下：認知或思維；知覺或視覺；動作或移動；情緒或感受。研究人員繼續尋找各個領域的「脆弱性」（或易罹性）的

> **思** 覺失調症：不想適應虛假的社會現實的一種成功嘗試。
>
> *R. D. Laing, 1958*

來源或原因，它們使一些人發展出思覺失調症。因此，許多愈益精巧的遺傳研究正被執行。有些研究則特別檢視懷孕期的併發症、創傷的童年經驗、腦部功能運轉，以及家庭和文化的影響力。

研究人員和醫療人員傾向於相信，各有不同途徑描述了思覺失調症的起因和治療。基本上，這些被劃分為兩種途徑，一是生物模式，強調遺傳、生化或腦部結構的起因。另一是社會—心理模式，對準於早年生活上的溝通障礙及懲罰問題。當然，行為遺傳學（behavioural genetics）和腦科學的發展已導致人們更感興趣於生理起因和生化的治療途徑。

醫學模式　在這個模式中，罹患思覺失調症的當事人在大部分情況下被稱為「病人」，他們住進「醫院」中，被施行「診斷」，被評估「預後」，然後接受「治療」。醫學模式視精神功能失常（諸如在思覺失調症病人身上所發現）主要為物理和化學變化的結果，主要是發生在腦部。雙胞胎和領養研究已說服大多數研究人員，遺傳因素確實涉入思覺失調症。另一些研究人員則投注在腦部生物化學。有些人假定思覺失調症病人存在腦部異常（病變），可能是某一病毒所引起。治療基本上涉及一些醫學程序，有時候是外科手術，但主要是使用神經抑制藥物 —— 也稱為「抗精神病藥物」（antipsychotic drugs）。

道德—行為模式　根據這個模式，思覺失調症病人被視為蒙受他們過去之

「罪惡的」（sinful）或有問題行為的後果。大量的思覺失調行為牴觸（違反）道德或法律的準則，而這正是理解和矯正該病症的關鍵所在。治療顯然是道德—行為模式的最重要層面，儘管這個模式近年來在已開發國家中很少為人所擁護。不論行為究竟是被視為罪惡、不負責任、單純地適應不良或社會偏差，關鍵性的事情是加以改變，以便使之為社會所接受。採用的方法延伸很廣，從簡單的道德規勸以迄於複雜的行為技術（諸如代幣獎勵法——token economy，一種行為矯正術），也從行為的言語控制直到社交技巧訓練。

精神分析的模式　它之所以不同於其他模式，主要在於它是解說的（釋義的），對待病人為一位發動者，有能力從事有意義的行動。與其說精神分析論視罹患思覺失調症的人為受到各種力量（生物和環境兩方面）所「撕扯」，才導致他們以特定方式展現行為，不如說這個模式關切的是病人的意向、動機和理由。這個模式主張，

> **根**據某一假說，童年曾處身於雙重束縛（double bind，或雙重困境）的當事人可能發展出思覺失調的症狀。
>
> G. Bateson, 1956

思覺失調症主要起因有二，一是不尋常或創傷的早期經驗，另一是未能妥當處理一些關鍵階段的情緒發展。對於罹患思覺失調症的當事人而言，他的行為需要被象徵性地解析；治療師的任務是加以解碼（decode）。這個模式所提供的主要處置是由受過訓練的精神分析師施行長期、一對一的治療。

社會模式　這個模式中，精神疾病被視為是「不健全」社會（特別是偏高的離婚率、工作壓力、青少年犯罪及漸增的藥物成癮）的表徵。現代社會的壓力更是沉重落在貧窮和劣勢處境的人們身上；因此，這些人似乎蒙受較多所謂的「疾病」。在社會模式中，沒有所謂的個別治療。反而，所需要採取的是大規模的社會變動，以便減輕個人的壓力，降低精神疾病的發生率。

陰謀的模式　思覺失調症的陰謀理論或許是最為急進的概念模式，因為它否認精神疾病（作為一種身體失調）的存在，而且完全站在醫學模式的反面。根據這個模式，精神醫學診斷純粹是烙印的標籤，貼用於其行為冒犯或觸怒他人的當事人，以及用來壓抑反常、激進或政治上有害的活動。

【焦點概念】 思覺失調症的概念不斷地演進

05 不是精神病患，僅是不太一樣

> 「我們整個生活都爲了個人安全而忙碌於焦慮，以及著手於爲生存進行準備，以至於我們實際上從不曾活過。」
> *Leo Tolstoy, 1900*

　　一直以來，始終有一些人在質疑精神病學家的權力、實施及妄自尊大。在不同年代且在不同國家中，批評者、反對者和改革者已對傳統的精神病學發起痛切的攻擊。

政治與精神病學　　不可避免地，隨著精神病學（psychiatry，或精神醫學）作爲一門醫療業務而變得更爲穩固和制度化，它也有一些毀謗者，他們既不欣賞精神病醫師的權威，也不欣賞他們的標籤。藝術家、作家和病人團體們發表各種評論，強烈反對爲各式各樣「精神」（mental）疾病施行特別的治療（藥物、電擊及外科手術）。許多來自納粹德國和蘇俄的著名案例，說明了精神病學如何被使用作爲一種壓迫的政治力量。在某些情勢下，精神病醫師似乎充當政權的高壓手腕在遂行手段。

　　反對精神病學的評論家質疑三件事情：瘋狂行爲的醫療化；精神疾病的存在；精神病醫師（對一些帶有強迫性的人士）施行診斷和治療的權力。反對精神病學不僅是反對拘留與管束，它通常也是反對政權，幾乎是無政府主義的。它認爲許多政府設施和機構（特別是精神病院）基本上是在各種團體中扭曲與壓抑人類的性靈和潛能。

　　直到 1960 年代，「反對精神病學」（anti-psychiatry）的用語才開始使用。各式各樣團體有一些不同的素質和要素，它們一起組合在「反對精神病

歷史大事年表

1960	1961
Szasz，《精神疾病的迷思》	Goffman，《瘋人院，收容所》

學」的全括稱號下。或許很弔詭的是，最強力的批評者就是精神病醫師自己。

運動的歷史 這波運動有三個主要起源。最先是起始於 1950 年代早期，那是佛洛依德取向之精神分析的精神病學家與新近之生物─身體精神病學家之間論戰的結果。前者正在流失權力，他們偏好長期、動力、談話的治療。這受到後者的挑戰，他們認為前者療法不僅昂貴和缺乏效能，而且極不符合科學。生物心理的治療是採取外科手術和藥理的方式，它們獲得一些重要的早期成就。舊的勢力挑戰新的勢力。

第二次攻擊是在 1960 年代開展，隨著像是 Daivd Cooper、R. D. Laing 和 Thomas Szasz 這些人物在不同國家中發出聲浪，指摘精神病學被用來控制那些偏離社會規範的人們。因此，有些人僅是在性行為、政治或道德方面發生偏差（不同於一般人），卻是遭受精神病患那般的處置及管制。Szasz 著名的書籍《精神疾病的迷思》（*The Myth of Mental Illness*）適切地解釋了這個立場。

在瘋人院中舉止正常

反對精神病學最為聞名的研究之一是在 1970 年代早期所執行。8 位「正常」、心理健康的研究人員試著（透過診斷）讓自己被收容進美國的一些精神病院。他們所報告的唯一症狀是聽到一些聲音在說話（如 empty、hollow 或 thud）。其中 7 個人被診斷為思覺失調症，並獲准入院。一旦住進精神病院，他們就恢復正常的舉止。但是當他們有禮貌地要求一些資料時，他們卻被疏忽。他們後來報告，他們思覺失調症的診斷標籤表示他們在醫院中擁有偏低的地位和權利。

然後，他們「將一切實情表白出來」，承認自己毫無症狀，而且感覺身心良好。但是，花了幾近 3 個星期，他們才被釋放出院，通常附上這樣的診斷：「思覺失調症，處於緩解期」。因此，正常、健全的人們可能很容易被診斷為「異常」。但是相反情形可能發生嗎？同一批研究人員告訴精神病院的職員，冒充或偽稱的病人假裝成是思覺失調症病人，可能試圖混進他們的醫院中。他們之後發現，有 19 個真正病人被 2 位或 2 位以上職員（還包括一位精神科醫師）懷疑為詐病的人。

這裡的結論是，我們似乎不可能在精神病院中辨別出健全與瘋狂。雖然這項著名的研究受到很多批評（基於倫理和實驗上的理由），它為反對精神病學運動添加莫大的推動力。

第三股力量是來自美國和歐洲的社會學家，尤其是著名的 Erving Goffman 和 Michel Foucault，他們洞悉精神病學可能誤入歧途的權力，以及它在貼標籤（labelling）、烙印（stigmatizing）和住進精神病院的人們方面帶來不良效應。

這一波運動的高潮是發生在 1960 年代，那是一個反主流文化（counter-cultural）、富有挑戰精神的時代。通俗電影（像是《飛越杜鵑窩》）和急進雜誌不斷發行，挑戰生物精神病學家（他們在精神病學的研究上側重身體、生理及神經系統的起因，在治療上則以藥物為主）、政府的設施及業務。

在反對精神病學運動的內部，各個社會行動團體之間始終是鬆散的結盟，它們傾向於聚焦在非常特定的問題上，像是思覺失調症或性功能障礙。它們談論真實性（authenticity）和解放（liberation），談論賦權（empowerment）和個人管理，但是不觸及藥物治療。許多團體開始攻擊製藥企業和一些常置的機構，像是墨守成規的精神病院。

基本信念　這一波運動確實享有一些基本的信念和關懷。首先，相較於個人的生理機能或遺傳結構，家庭、機構和政府更被視為是疾病的起因。第二，他們反對疾病和治療的醫學模式。他們相信那些人只是依循不同的行動準則在生活，卻被錯誤而危險地標示為妄想。第三，他們相信一些宗教和種族團體受到壓迫，僅因為它們在某種意味上是不正常的。它們先被病態化（pathologized），並因此使人相信它們需要治療。

這波運動非常關切診斷標籤（diagnostic labels）的力量。他們認為那些標籤提供一種偽造的印象，使人以為那是準確而永久不變的。他們因此拒絕診斷標籤和診斷手冊，因為人們符合多元的標準（或完全沒有所謂的標準），而且專家之間很少意見一致。

對治療的抨擊　這波運動也把它的抗爭對準於非常特定的治療上，特別是藥物，諸如那些針對於治療主要是兒童期困擾（ADHD，注意力不足／過動症）及憂鬱症的藥物。他們的抨擊主要是

> **精**神官能症（neurosis）始終是正當苦楚的替身。
> *Carl Jung, 1951*

因為藥物治療的成本和副作用，也是因為病人沒有被告知關於自己的真相。反對精神病學積極分子已對準製藥公司所有層面的行為，宣稱這些公司捏造

及掩飾它們的資料，而且就它們的藥物嚴重地索價過高。這接著導致製藥企業受到執法當局的審慎監督及管理。

另一些目標則放在電痙攣治療上（electro-convulsive therapy, ECT）；也放在一些非常特定的程序上，像是腦部手術（額葉前部切除術 —— pre-frontal lobotomies）。儘管有一些成功的證據，但批評者表示，那些程序是「強迫施行」於天真（缺乏專業知識）的病人，引起了永久性的重大副作用。

精神病醫師切片檢查的權力，或強迫非自願的病人住進醫院的權力，也受到該運動的抨擊。許多批評家把以搞精神病為業的人看作是政權的幫手，等同於警察、法官及陪審團。

反對精神病學的提倡者要求較為合乎人道的精神醫學。他們繼續挑戰精神病學的語言，且認為尋找生理和遺傳解釋之生物醫學、科學的精神病學僅是一種幻想。例如，他們因此表示憂鬱症的主要起因是貧困，而不是神經傳導物質功能失常。

最初的運動是以意識形態為基礎，帶有濃厚的政治色彩、且反對化約主義（reductionism）。他們試圖擺脫及重建精神醫學。他們反抗「體制」（the system）。在許多方面，他們成功了：許多治療法已被終結；許多精神病院已被關閉。精神病標籤已被變更，而且被極為謹慎地使用。

反對精神病學運動已轉換為以病人為基準的消費者運動（consumer movement）。焦點已較不是放在試圖拆解精神病學工會，較是放在病人的權利和權力上。

新式的精神醫學

許多精神病專家已試著答覆及回應來自反對精神病學的一些批評，他們採取一些具體而明確的原則或規格。他們的做法可以略述如下：

首先，承認治療的目標是更加康復，而不僅是增進洞察力或自我了解。其次，治療應該是以證據為基礎的，只有經過證實的治療法才能被派上用場。第三，承認病人有權利觀看自己的檔案、知道自己的診斷、被告知自己被提供怎樣的治療及其相關的風險。關於各種處置和治療能夠及不能夠做到些什麼，病人和精神病醫師應該持有切合實際的期待。所有發生精神疾病的病人值得受到關懷、同情及尊重。

【焦點概念】 精神病學受到多方面的批評

06 看似精神正常

> 「精神病態者缺乏良心，沒有能力展現同理心和罪疚感，也欠缺對任何人的忠誠度（除了對他們自己）。」 *Paul Babiak and Robert Hare, 2006*

微妙的差異 關於精神病態（psychopathy）的概念，籠罩著一些爭論。精神病態有時候被視為是「精神病態人格」（psychopathic personality）和「社會病態」（sociopathy）的同義字。精神病態是一種人格障礙症（personality disorder），其特徵是當事人缺乏良心苛責，沒有能力感受同理心和罪疚感，也欠缺對任何人的忠誠（除了對自己外）。社會病態是一種不屬於精神病的身心狀況，指稱那些反對社會的人士和罪犯，他們遵循一套特殊次文化的規範。「反社會型人格障礙症」（anti-social personality disorder）是一個寬廣的類別，涵蓋上述兩種狀況。

有些人認為診斷或稱謂某人為精神病態是含糊而自相矛盾的，它被精神病學家當作一個雜物袋似的類別，以放進那些太困難或太危險而不易診斷的人們。然而，自從 H. Cleckley（1941）的書籍《精神正常的假面具》（*The Mask of Sanity*）發表以來，該狀況已為大眾所熟知。

> **精**神病態者從不關心他人的感受或社會的規則。他人尋求建設，他們卻一意破壞。
>
> *Oldham and Morris, 1995*

自我中心與撒謊 身為一位精神病態者，幾乎影響當事人生活的每一個層面。綜合而言，精神病態者傾向於是衝動而不負責任的，很少抱持清楚的生活目標。他們有一大堆過去與權威人士的糾紛，也有不良的行為控

歷史大事年表

1900 年代	1941
首度有發瘋與作惡的觀念，不僅是作惡	Cleckley，《精神正常的假面具》

診斷準則

1. 精神病態者對他人的權益置之不顧及侵犯。他們通常有不易相處、不履行義務或危害他人（或動物）的過去經歷。
2. 他們未能順從社會規範，特別是關於法律認定的行為（重複地展現一些舉動，可能導致他們被逮捕、拘禁及嚴重時入獄）。這包括了說謊、偷竊及欺騙。
3. 他們總是虛偽欺詐，表明在反覆撒謊、使用化名，或為私人的利益或樂趣而欺騙愚弄他人。他們是心術不正、性好侵略而善於耍詭計的能手 —— 那種在商業犯罪檔案中經常被描繪的人士。
4. 他們做事極為衝動，不能預先規劃。他們只活在現在，也只為現在而活，不會考慮過去或未來。
5. 他們顯現性急、易怒而好攻擊，表明在反覆的肢體打架或施暴行為。他們似乎不能保持靜止 —— 從來不能。
6. 他們行事莽撞，漠視他人的身體安全和心理安全。
7. 他們經常性地不負責任，其特色是一再地無法維持經常性的工作，或無法履行財政上的義務。
8. 他們顯得缺乏良心的苛責。他們對於自己傷害他人、虐待他人或偷竊他人財務的行為，覺得毫不在乎或將之合理化。他們不曾從自己的錯誤中學到教訓。看起來把他們標示為「反社會」似乎還未能充分表達實情，只是輕描淡寫而已。

制。他們欠缺同理心和良心的譴責，從不曾接受自己行動的責任。

　　他們曾被稱為「空心之人」——他們的人際關係是膚淺、表面的。他們對自己之外的任何人不具忠誠度。他們對「自己是誰」不太有意識感、不抱持價值系統，也不擁有長程的目標。就絕大部分人而言，他們無法「等待良機」（bide time）。他們喜歡此時此地（here and now），無法做長遠打算。他們迴避穩定性和例行公事（常規）。再者，他們經常似乎缺乏社交焦慮或生理焦慮。

　　精神病態者幾乎總是與法律及權威人物陷入糾紛中。使得他們不斷發生紛爭的就是衝動性（impulsiveness）。他們不是規畫者，很少思慮他們罪行的受害人，也不考量這對他們自己造成的後果。他們的犯罪行為往往是小規模的，如說謊及偷竊；但更經常是詐欺、舞弊、偽造文書及積欠債務。

　　當被發現時，他們第一個反應是逃避現實，置同事、家庭或債主於不顧，留

1960 年代
第一套診斷準則／檢核表開發出來

1964
McCord，《精神病態：犯罪心靈的評論》

2006
Babiak 和 Hare，《潛伏在西裝裡的蛇：當精神病態出籠》

下對方收拾殘局。他們這樣做卻不會感到不安。下一個反應是撒謊,外表上顯得坦白而真誠,即使是發過重誓,即使是對父母和所愛的人發誓。他們的舉動就彷彿社會規則和條例完全不適用於他們。他們毫不尊重權威、制度、家庭及傳統。

精神病態者受到他們的衝動的擺布。當精神官能症患者傾向於是過度控制時,精神病態者卻顯現不充分的控制,他們像孩童般的率直,要求立即而全面的滿足。他們也追求戰慄(驚險刺激),經常捲入酒精、毒品、賭博及性行為等困擾中。

膚淺性 聰明、帥氣的精神病態者擁有宏偉但是膚淺的魅力。他們必須保持「不斷移動」(on the move),這是因為他們勢必會在社區中闖出名號。他們的地理和職業的流動性實際上是他們病態的良好指標。他們必須為他們的過去編造(虛構)一些故事。

令人好奇的,當問起對於「正義」和「道德」的觀念時,他們傾向於提出「正確」的刻板(符合習俗的)答案。他們僅是不把這份關於「對與錯」的認識應用於自己身上。當他們的判斷與他們個人對立即滿足的需求發生衝突時,情況特別是如此。

不具同理心 精神病態者不可避免地會發展出一些有問題的人際關係。他們基於幾個原因而似乎無力產生戀情和深刻友誼。他們顯得幾近完全缺乏同理心(empathy)、感恩及利他性(altruism)。他們是自私自利的,絕不會自我犧牲(捨己為人)。最關鍵性的,他們顯得無法理解他人的情緒。他們似乎對於他人的幫助和感情完全不知感激。在他們眼中,他人僅是利益和樂趣的來源,毫不考慮對方的不舒服、失望或痛苦。他人的需求簡直無足輕重。

虛榮心和缺乏同理心就意味著,精神病態者發現很難預測他人將會如何舉動,也難以決定他自己許多行為中的哪一項將會導致懲罰。精神病態者在本質上是完全無關道德的(amoral)。他們沒有接受對自己行動的責任,因此也就不感到罪疚、懊悔、羞愧或良心的責備。他們能夠朗朗說出一些老套的藉口,合理化自己的舉動是為了他人的利益。事實上,他們經常擁有一副有說服力的外

精神病態者通常彼此不能良好相處。對於一個自我中心、自私自利、挑剔苛求、冷淡無情的人而言,他希望的最後一件事情是有人喜歡他。

Robert Hare, 1999

表（facade），令人相信他們的勝任能力和成熟度。他們能夠顯得慇懃、有魅力、成熟及可信賴 —— 但他們難以維持該外表，他們能夠在足夠長久的時間中這般作為以獲得工作或甚至結婚，但無法延續下去。

精神病態者在工作上　首先的問題是，為什麼他們被若干工作所吸引，而他們也招致若干工作。他們似乎受招引於中小型企業、剛起步的行業，或那些正處於急進變動的事業，諸如當管理階層被開除時。就是當業務正一片混亂時，他們往往才能大展身手。

　　精神病態者在工作上經常被稱為「正常」或甚至「成功」的，這是因為他們在工作上顯得相對地正常而成功。他們的成功有各種原因，但是傾向於會採取一些策略以導致他們需要加以處理及應付。他們跟有權勢、有益處及有影響力的人士逐漸建立起一對一關係的網絡。他們會找出各式各樣人物如何能夠帶來助益，善加利用那些人，然後將之捨棄，不顧自己做過的承諾。

　　他們避免團體／全體成員的會議，這是因為他們逢人說不一樣的話（四處說一些鬼話），擔心會無法保持自己連貫的外表或發言。他們經常背棄同事或夥伴，特別是當對方失去利用價值時。他們故意製造他人之間的衝突，試圖預防那些人分享關於自己的消息。他們設法「抵消」所有毀謗言論的殺傷力，但較不是透過暴力或威脅的手段，較是透過對毀謗者的正直和忠實（以及他們的勝任能力）提出懷疑。精神病態者在起伏不定或變動不居的情勢中（以及在那些監督系統薄弱的行業中）找出組織及編制，因而他們很少受到威脅或挑戰。

治療　關於應該提供哪一種治療，以及關於教導同情、規劃及誠實是否奏效，專家們的意見分歧。有些人談及管理（management），而不是治療（cure）。另有些人主張認知—行為治療法（CBT）頗具效果。還有些人表示應該把最危險的精神病態者監禁在無虞的醫院中。

　　各種書籍已提及我們應該審慎以對，它們援引資料以說明如何察覺精神病態者的許多詭計及把戲。假使精神病態者還具備容貌、聰明及良好教育的話，他們顯然是極危險的一群人。難怪電影導演似乎很喜歡在煽情刺激的電影中選定這種精神疾病作為題材。

【焦點概念】 精神病態者戴上精神正常的假面具

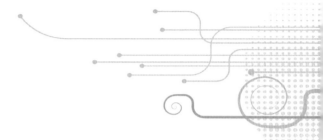

07 壓力

　　「壓力」（**stress**）這個單字是源自拉丁語「**stringere**」，表示「拉緊」（**to draw tight**）的意思。壓力有許多定義：有些人相信壓力能夠且也應該被主觀地界定（當事人陳述自己的感受）；另有些人認為我們需要一個客觀的定義（或許是唾液、血液或心跳的生理量數）。有些研究人員相信一個總括的定義是適當的（有一件普遍的事情稱為壓力）；另有些則強調壓力是多維度的（它是由許多不同特徵所組成）。

歷史趨勢

　　直到十八世紀之前，「壓力」非正式地意指艱困、逆境或苦惱（一些特定類型的壓力）。後來，壓力被物理學家用來描述施加在某一物體上的力量，從而產生之體積、形狀及尺寸的變化就稱為「張力」（strains）。因此，壓力與張力可被視為同義詞。

　　在十九世紀，追求及維持恆定的內部狀態被視為是「自由而獨立生活」的本質所在。這種朝向均衡的動機被稱為「恆定狀態」（homeostasis），源自希臘字的「homoios」和「stasis」，前者意味著「相似」（similar），後者則表示「狀態」（state）。壓力被認為是對恆定狀態的一種威脅（對安定現況的一種破壞）。

　　到了 1950 年代中期，研究人員似乎已塵埃落定在以反應為基礎（response-based）的壓力定義上，也就是視之為「由機能或損害引起之所有非特定變化的總和」。這項定義後來被重新措辭為「身體對任何施加於它的要求所產生之非特定的反應」，使得它更具有包容性。

　　你應該從引起壓力之外界刺激因素的角度來界定壓力？抑或你應該從人們如何應對壓力的角度加以界定？這也就是說，如果某人沒有把某件事感受

歷史大事年表

1946	1964
Han Selye 首度對壓力下定義	A 型性格，壓力與心臟病

為有壓力的，那麼我們能夠實際上稱之為壓力源（stressor）嗎？

要求與控制　各種模式或理論試圖描述及理解壓力。最簡單的是要求—控制理論（demand-control theory），它檢視加諸於當事人的各種心理和生理的要求，使得當事人以特定方式展現行為；它也檢視當事人擁有多大的控制度以解除自身的壓力。高要求而低控制的處境是最惡劣的情形。另一種描述這種情況的方式是挑戰與支援。

三種要素　首先，壓力可能視個人的體質而定，特別是個人的性格、能力及經歷。第二，所處環境（職務、家庭、機構）的特性也很重要，特別是個人的工作環境。第三，個人與環境如何被看待及界定，但更重要的是，個人如何試著因應壓力。

個人　有些人是杞人憂天者（有時候稱為神經質的人）。帶著「負面情感性」（negative affectivity，即焦慮、急躁、神經質及自我貶低等情感的混合體），這樣的人傾向於較不具生產力、較少工作滿足，以及較易於缺勤或曠職。

在工作上的挑戰與支援

大量支援，低度挑戰　在這種處境中，人們居於幸運的境地，擁有良好之技術和社會的支援。但是他們面對過低挑戰的事實或許意味著他們表現不足。他們可能實際上承受的是厭倦和無聊（單調）的壓力。

大量支援，高度挑戰　這種結合傾向於最為善待人們，因為他們受到上司、部屬、股東及消費者的挑戰，如何「更機敏地工作」，但是他們也被給予適當（相稱）的支援以獲致成功。

少量支援，高度挑戰　這是不幸的處境，但是很常發生，它對任何經理人而言是壓力的主要原因，因為他／她受到挑戰要堅定地努力工作，但是只被提供極少的情緒、資訊（回饋）及物質（裝備）的支援。

少量支援，低度挑戰　有些人任職於一些官僚機關，過著一種平靜而沒有壓力的生活，因為他們既未受到挑戰，也未被提供支援。這通常表示不論是他們或他們的機構都未能從中獲益。

1980	1990	2000 年代
耗竭（burn out）的概念被引進	創傷後壓力症受到廣泛探討	工作上的壓力在法院案件中被廣泛援引

第二，有些人是宿命論者（fatalists）。一些人相信發生在他們生活中的事件是他們自己行為或他們的能力、性格及努力所造成；另有些人則相信他們生活中的事件完全取決於運氣、機緣、天命、神明、權勢人物或不可控的力量。前者當然較少感受到壓力（相較於後者）。

缺 乏清楚的一組身體症狀，壓力就變成了一個不重要的概念
R. Briner, 2001

第三，有些人是競爭、激情的工作狂。這樣的人帶著強烈的競爭心和高昂的時間急迫感。他們經常也顯現另一些特徵，包括：強烈而持續的成就欲望、競逐的熱情、堅定地尋求他人的認肯、不間斷地參加一些有截止時間的活動、傾向於加速心理和身體的功能，以及不斷地保持警覺。

工作或社會環境　有些工作（職務）較易招致壓力。在一些情況下，工作傾向於會帶來較大的壓力，包括：當工作需要從事決定時，需要不斷地監視機器或物料、需要反覆地跟別人交換資料、需要置身於不愉快的物理環境，以及當需要操作不具結構的作業時。

有些人必須從事於角色變換（role-juggling），即快速地從一種角色和一種活動轉換到另一種，像是從上司轉換到朋友，從教師到夥伴，或從法律執行者到聽告解的神父。當人們不能確認他們責任的範圍、他們被期待些什麼，以及如何在各種任務之間分配他們的時間時，就會發生角色混淆。

負荷過重和負荷不足的壓力起源於有太多（或太少）事情需要完成。許多人為他們的員工負起責任：他們必須激勵員工、施加獎懲、進行溝通及傾聽意見，等等。另一種壓力來源是社交孤立或被置之不理。在艱困的時候，如果經理人擁有一些朋友和後援者，這將有助於他們看待壓力事件為較不具威脅性，也覺得情況較受到控制（相較於如果他們缺乏支援）。最後，如果未能參與於決策，當事人易被引發一種無助感和疏離感。

因應　研究人員劃分了兩種因應方式，一是問題取向的因應（problem-focused coping），即針對於問題解決，或從事某些事情以改變壓力的來

源。另一是情緒取向的因應（emotion-focused coping），即針對於減輕或管理與某一組情況連結在一起的情緒苦惱。情緒取向的反應可能涉及否認（denial）；另一些涉及對事件的正面重新解讀；還有一些則涉及尋求社交支援。同樣的，問題取向的因應可能涉及幾項各別的活動，諸如策劃、採取直接行動、尋求協助、挑選特定的活動，以及有時候長久終止行動。

樂觀：對抗壓力的緩衝器　樂觀主義者充滿希望地展望自己的生活，他們從正面而積極的角度解讀廣泛的情境，傾向於期待良好的成果和結局。對照之下，悲觀主義者負面地解讀許多情境，預期不利的成果和結局。樂觀人士傾注在問題取向的因應方式 —— 規劃及執行具體的方案，以便抗衡壓力的來源。此外，他們尋求社會支持（朋友和別人的建議及援助），而且克制自己不要從事另一些無益的活動，直到當前的問題獲得解決而壓力減輕下來。

堅毅：看待壓力為一種挑戰　堅毅（hardy）人士顯得在三個面向上不同於其他人。首先，他們表現較高水平的參與 —— 更深入投身於他們的工作和另一些生活活動。其次，他們抱持較高的支配感 —— 即相信他們事實上能夠影響他們生活中的重要事件，以及影響他們所經歷事件的成果。第三，他們樂於接受挑戰 —— 他們看待變動為一種挑戰，也是一次成長的機會，而不是視為對他們安全的一種威脅。

壓力的後果　這些後果包括：身體外觀顯著的衰退；長期（慢性）疲勞及倦怠；經常性疾病感染，特別是呼吸道感染；健康狀況訴苦，諸如頭痛、背痛、胃不舒服及皮膚困擾等；憂鬱的徵兆；體重或飲食習慣的改變。

　　情緒症狀包括：厭煩或冷淡；絕望；憤世嫉俗及憤慨；意志消沉的儀容、哀傷的表情、委靡不振的神態；焦慮、挫折、落淚的表現。

　　行為症狀包括：缺席及曠職；意外事件；酒精或咖啡因的攝取量增加；吸菸量增加；過度的運動；失去理智及突然失去自我控制（如暴怒）；生產力降低；無法專注或完成作業。

08 視錯覺

　　藝術家一直對視覺和光學的錯覺（illusions）深感興趣。有些人（像是 M. C. Escher）就是受惠於曖昧（模稜兩可）和不可能圖案而聞名。有時候，整個藝術學派（像是歐普藝術——op art，1960 年代興起於歐美的一種抽象繪畫藝術）都在探索視覺與光學錯覺的本質，不但是「靜止不動」的圖形，也涉及移動的藝術。

　　除了亮度（明度）和色彩（顏色）的錯覺外，我們也有形狀和形態的錯覺。我們還有所謂的生理錯覺，這是基於身體原因而「使人迷惑」，但是大部分是認知錯覺（cognitive illusions）。許多錯覺廣為所知，而且以它們的發現者來命名，像尼克爾立方體（Necker cube）或波氏錯覺（Poggendorf illusion）。

　　有些研究人員建議，所有錯覺落在下列四個組別之一：曖昧（ambiguities）、扭曲（distortions）、自相矛盾（paradoxes）及傾軋（factions）。當然，視覺科學研究人員和認知心理學家特別對於錯覺感到興趣，因為錯覺為知覺（perception）的歷程提供了重要的洞察力。

機制　透過知覺的歷程，我們才能認識我們的感覺器官所提供的訊息究竟在表徵（represent）什麼。這是一種迅速、自動化、無意識的歷程。它不是一種有意的歷程，而我們對視知覺歷程的覺察通常只有在它被完成後才會來臨：我們得到的是完成的產品，而不是該過程的詳情。

　　因此，知覺是如何起作用？從當訊息進入我們的感官直到我們知覺什麼東西在那裡，這中間究竟發生些什麼事？這很難理解，然而在解釋這個歷程

歷史大事年表

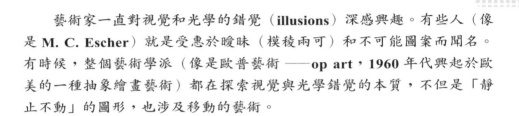

1637	1704
笛卡兒（Descartes）論述大小恆常性	牛頓（Newton）描述彩虹錯覺

上，心理學家已發現最成功的方式之一是研究視錯覺，以便發現這些錯覺表示什麼意思。

形象與背景　當我們觀看物體時，我們會將之分類為形象與背景。形象（figure，或圖形）被視為是位於前方物體狀的區域；背景（ground）被視為是位於後方使得形象突顯的背幕。這樣的分類並不表示形象和背景是某一物體固有的特性，它們其實是取決於觀察者。我們大部分情況下能夠把形象與背景彼此區別開來，雖然有時候我們接收到模稜兩可的線索，使得我們弄不清楚什麼是形象，什麼則是背景。注視圖 1 的物體，它是一隻花瓶或是兩張臉孔？它的形象和背景可以被反轉，顯現兩幅不同的畫面。你能否在圖 2 中看到一位薩克斯風吹奏者和一張女性的臉孔？你先看到哪一幅畫面？為什麼？

圖 1

邊界　形狀知覺（form perception）的最重要層面之一是邊界（boundary）的存在。假使視野（視覺場地）在明度、色彩或質地上含有一種急轉而明顯不同的變化，我們就將之知覺為邊緣（edge）。圖 3 和圖 4 顯示我們如何「看到」錯覺的輪廓（illusory contours，那些線條其實不存在）。在這兩個圖形的中間之處，三角形可被看做比起該圖形的其餘部分來得明亮。這遵循完形論（Gestaltism）的閉合法則（principle of closure），它是指當呈現的圖形存有間隙、不均衡或不對稱時，我們會傾向於把刺激知覺為完整、均衡及對稱的。

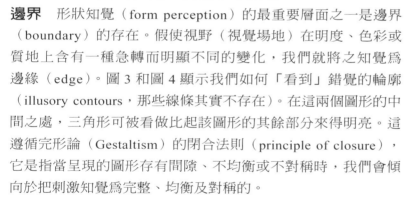
圖 2

圖 3

完形法則　關於我們如何看到所處的世界，心理學家自然地對很多層面深感興趣：我們如何看到顏色、運動及深度？我們如何辨認物體和人物？閾下知覺（subliminal percention）是否有可能發生？在最抽象的水平上，我們可以辨別三種歷程：角膜和虹膜「接收」（reception）到光波的刺激；轉換（translation，或換能），這份物理能量

圖 4

（光線）被編碼（coded）爲神經化學的信息，傳送到腦部；然後是腦部對這些信息的解碼（decoding）或轉換。

這方面研究的核心是，我們如何從自己所擁有各個片斷的訊息「組合」（put together）或形成對物體的完整畫面。在一戰與二戰之間，完形心理學家探討所謂知覺組織（perceptual organization）的議題。這些心理學家詳細列舉各種「法則」——接近法則（law of proximity）、相似法則（similarity）、連續法則（continuation）及閉合法則等——他們試著解釋我們如何在抽象的形狀中看到型態（patterns，或物形）。集體地，它們被統稱爲「群體原則」（law of grouping），對於「我們如何看見」進行準確的描述。

完形學家也特別對於我們視覺的準確性感到興趣。十九世紀後期，一群德國心理學家發明了完形心理學（gestalt psychology，或格式塔心理學）——這是一種形狀知覺的理論，以 pragnanz（表示「完好圖形」——good figure）原則來解釋

> **對**某一線段所知覺的長度取決於環繞它的另一些線條的形狀和位置。
> *A. Reber, 1985*

我們如何知覺。相似律（圖5）是指所有其他條件相等的情況下，最相似的元素被共同組合起來（彼此相屬）。至於何謂相似，這可能取決於形狀、色彩、大小或明亮度的關係。因此，我們的視覺系統將會自動地把圖5的圓點組織成許多橫列。接近律（圖6）主張當所有其他條件都相等的情況下，最鄰近的元素被共同組合起來。因此，在圖6的左邊，該陣式是由同等大小的許多空心圓所組成，它在群集上含糊不清——我們可以把它看作是由許多直行的圓點所組成，也同樣可以看作是由許多橫列的圓點所組成。但是，隨著

圖5

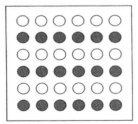

圖6

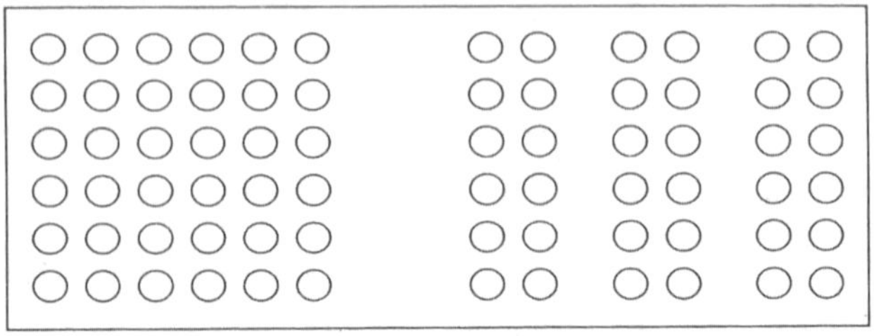

稍微改變空間距離，如圖 6 的右側所示，我們看到的將是各別三組，每組含有兩排直行圓點的圖形。另一些法則包括連續律（continuity）、共同命運律（common-fate）及對稱律（symmetry）。

龐式錯覺和繆氏錯覺　有些人主張，我們可以這樣解釋這些錯覺：我們先前關於三度空間物體的認識被錯誤使用來解讀這些二度空間的圖案。

在龐氏錯覺中（Ponzo illusion，也稱鐵路錯覺）（參考圖 7），兩條較粗的水平線段完全等長，即使較低的線段看起來要短多了。這是因為鐵路軌道的收斂（會聚）線條所製造的直線透視，暗示著頂端線段較為深遠些。假使該線段有相同的視網像大小（retinal size），但是較為深遠（後退）些，那麼它必然較大些 —— 我們的知覺系統錯誤地把距離考慮進去。

繆氏錯覺（Müller-Lyer，也稱箭頭錯覺）（參考圖 8）有簡易的解釋。左邊線段看起來像是某一建築物的外部角落，至於右邊線段看起來像是內部角落。這些內部角落就某種意義上來說比起外部角落倒退多了，因此右邊線段被知覺為較為深遠；再借用跟龐氏錯覺同樣的邏輯，因為它具有相同的視網像大小，它被知覺為較長些。這些錯覺顯示，知覺受到刺激外另一些因素的影響 —— 在這裡的情況中，受到自覺的距離和先前經驗的影響。

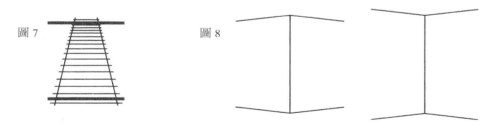

圖 7　　　　　　圖 8

恆常性　當物體移近或遠離、受到不同光線的照射，或使之旋轉，我們傾向於不視它們為不一樣或變更的，而仍然視為相同的物體。我們有不同類型的恆常性（constancy）歷程 —— 形狀、大小、色彩及亮度等，它們能協助解釋視錯覺。

拾起這本書。使它保持直立而面對著你。它是一個長方形。現在，首先將它翻轉到垂直的平面，然後水平的平面。這本書不再是同樣的形狀，但你看待這本書保持一樣（依然不變），這就是形狀恆常性。同樣的，當我們看到一頭大象逐漸走離我們，雖然牠在我們視網膜上的映像很顯然變小，但是我們不會知覺地變得愈來愈小。大小恆常性是指儘管物體的網膜映像在大小上有所變動，但我們仍然能夠知覺該物體的真正大小。

文化與生硬地拼湊的世界　想像你在一個沒有直線的環境中長大：沒有四角形的房屋、沒有筆直的道路、沒有長桿，也沒有傳統的長方形餐桌。你的房屋是圓形的，你的庭院或農場也是。你的道路是歪扭而彎曲的。那麼，你還是會被視錯覺所「愚弄」嗎？假使你從不曾看過筆直的公路或鐵路軌道，你還會感受到龐氏錯覺嗎？或假使你從不曾看過某一房間或房屋的角落，你還會感受到繆氏錯覺嗎？

各種研究已針對偏遠地方的非洲人和原始部落而執行，以便驗證關於「學習和經驗如何影響我們對錯覺的解讀」的觀念。一項研究比較都市和偏遠地區的非洲人，要求他們以單眼注視一個

> **形** 狀的知覺完全是個人經驗的事情。
> *John Rushkin, 1980*

不規則四邊形（稱為 Ames 窗戶，指藝術家兼心理學家 A.Ames 所設計的一間特殊構造的房間，它提供了有關深度知覺線索之令人信服的證據。），手持著轉動。如所預測的，偏遠族群擺動大約 180 度來看它。另一項研究則發現，南非的祖魯族以更大的程度來看待龐氏錯覺（相較於南非的白人），可能是由於他們對寬廣、開闊的空間有更多的經驗。因此，我們個人和文化的經驗可能使得我們較可能或較不可能看到視錯覺。

筆記欄

09 心理物理學

　　心理物理學（**psychophysics**）是指有系統地探討刺激的物理特性與它們所引發的感覺（**sensations**）之間關係。這種描述是功能性的，或歷程取向的（**process oriented**），因為感覺系統的歷程才是興趣所在，而不是它們的結構（生理學）。

感覺的物理學　　這裡有一個簡單的心理物理學問題：從起始的刺激，直到導致當事人報告所感知的是「鮮紅色」或「噪音」，這中間的一連串事件是些什麼？這一連串事件的詳情很明顯地因每種感官而異，但是始終有三個基本步驟：某一刺激抵達感官受納器（**sense receptor**）；這個刺激引起一連串神經事件 —— 它被轉換為一種電信號，然後成為一種神經衝動（**nerve impulse**）；對於該信息的心理反應（感覺）。

閾限　　為了探討知覺的現象，早期心理學家需要找到可信賴的方式以測量人們的感覺。心理物理學的核心概念之一是閾限（**threshold**）的概念。這是指引起個體的感覺經驗所需要的刺激強度。絕對閾限（**absolute threshold**）則是指引起感覺經驗所需要最低限度（最小量）的物理能量。因此，我們可以具體指定最微弱的聲音或最暗淡的光線，這是任何人在能夠偵察到該聲音或光線之前所需要的刺激強度。差別閾限（**difference threshold**）是指兩個刺激可以被辨別為不同所需的最小物理差異量（即兩刺激的強度之差）。

恰辨差　　恰辨差（**just-noticeable difference, jnd**，或最小可覺差）被界定為兩個相似刺激可以被辨別出來時，它們之間最小的差異量。這是取決於該感

歷史大事年表

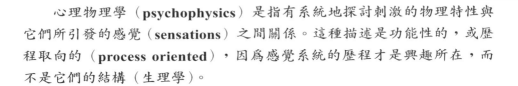

1834	1860
韋伯定律	費希納定律

覺（反應）的大小和強度二者。

德國物理學家費希納（Gustav Fechner）是心理物理學歷史上最重要的人物之一。在 1850年代一項著名的實驗中（考察個人對於亮度的反

> 感 覺的大小與引發該感
> 覺之刺激強度的對數
> 成正比。 費希納定律，1860

應），費希納首度利用 jnd 來測量個人的感覺。每位受試者可以看到兩個光盤，光盤上的亮度是可以調整的。其中之一的亮度逐漸增加，直到受試者剛好可以偵察到差異，這個差異的數值就是 1jnd。然後光盤被重新設定（每次嘗試所設定的亮度不一），再度將其中之一的亮度增加，直到 1jnd 被偵察到。這樣的程序被重複，以取得個人對各種亮度刺激的感覺幅度。

費希納提出了心理物理學的基本定律之一：當物理刺激的強度以幾何級數的形式增加時，心理經驗的強度以算術級數的形式增加。因此，個人所報告某一感覺的強度以遠為緩慢的速度增加 —— 相較於引起該感覺之刺激強度的增加速

> 心 理物理學定律：關於
> 物理刺激與感覺歷程
> 之間關係的任何有系統的
> 論述。 J. Drever, 1966

度。當個人報告一個光源的亮度是另一個光源的兩倍大時，這個光源所增加的刺激強度（亮度）其實已遠大於兩倍。

韋伯（Ernst Heinrich Weber）提出另一個著名的心理物理學定律。他發現當兩刺激可被辨別為不同時，兩刺激間強度的差異（即 jnd）與標準刺激強度保持一種定比的比例關係。因此，假設你為一個人播放一個 50 分貝的聲音，而他能夠偵察出 55 分貝的聲音為更響亮，但 54 分貝則否；假使原先聲音是 70 分貝，那就必須達到 77 分貝才能被偵察出差異；假使原先是 30分貝，後者就是 33 分貝；100 分貝，然後 110 分貝。在每一種情況中，其比率是一個常數（constant），即 1：10（.10）。1940 年代的研究已揭示，這個常數在不同感受維度上呈現不同的數值。例如，對亮度而言，常數是 .012；對食鹽的味道而言，常數是 .20。

方法 早期心理物理學家和那些今日仍在該領域探索的學者們，已經提出各

種歷經多次考驗而值得信任的方法以研究他們的
主題。第一種是調整法（method of adjustments，
也稱爲平均誤差法 —— average error）。這裡，受
試者調整一個聲音、燈光或氣味，直到它（在他
們的看法中）完全相同於他們早先看過的一個刺
激。在極限法中（method of limits），受試者被要
求判斷第二個刺激是否在強度上大於、小於或同
等於先前看過的第一個刺激。至於在恆定刺激法
中（method of constant stimuli），受試者被要求在一系列不同嘗試中試著辨
認某一刺激。

> 眼睛 —— 它不得不看見
> 一些東西。我們無法
> 命令耳朵保持緘默。我們
> 的身體產生感受；無論它
> 們是否違反或順從我們的
> 意志。
>
> *W. Wordsworth, 1847*

度量法　在心理物理學的精確世界中，測量是最重要的事情；因此，很關
鍵的是擁有良好的量尺（scales）來測量所觀察的現象。所有量尺存在四種
基本屬性：首先，它們顯示差異（男性 vs. 女性，熱 vs. 冷）；第二，大小
（大丹狗的體型大於吉娃娃）；第三，等距（量尺之間的差距是均一的；因
此，5 公斤與 8 公斤之間的差距完全相同於 22 公斤與 25 公斤之間的差距）。
最後一種屬性是存在一個眞正的零點（zero point），表示在該點上，所測量
的事物不存在。

　　心理學家分辨出四個類型的量表：名稱量表（nominal scale，顯示
差異）、序級量表（ordinal scale，顯示差異和大小）、等距量表（interval
scale，顯示差異、大小和等距），以及比率量表（ratio scale，具備所有三種
成分）。因此，考試評分是序級的，雖然它們可能顯得像是等距；至於我們
測量體溫、體重及視力，則是採用比率量表。

信號偵測理論　當心理學家想要測量我們在不確定的情況下如何從事決
策，信號偵測理論（signal detection theory, SDT）便被派上用場。人們必須
決定他們是否已偵察到某一刺激，這不但取決於他們的感覺器官和他們對刺
激的預期，也取決於他們想要做出準確決定的動機。

　　SDT 被廣泛使用在今日的研究中，它或許是心理物理學在往後日子裡
最偉大的遺產。閾限不是一個固定數值，因爲有兩個「人因素」（human
factors）在閾限的偵察上扮演重大的角色。其一是敏感性（sensitivity）：受

試者是否特別容易感受到（看到／聽到）該刺激。其二是反應偏差（response bias）：當不確定時，受試者有多容易對於刺激是否呈現作「是」的應答。SDT 假定，決策者不是一位被動的訊息接受者，而是一位積極的決策者，在不確定的情況下主動從事困難的知覺判斷，使得信號偵察更為系統化。

	事 件	
	信 號	噪 音
應答 「是」	命中	假警報
應答 「否」	失誤	正確拒絕

　　為了達成這點，實驗人員放進「捕捉試驗」（catch trial），即在實驗期間，刺激沒有發生變化（噪音），然後查核受試者有無做出反應（參考表格）。信號偵測有一些術語，「命中」（hits）是指刺激確實存在，而受試者應答「是」的情況；「失誤」（misses）是指刺激實際呈現，但受試者說「否」；「假警報」（false alarm）是指受試者回答「是」，但並無物理刺激的呈現；「正確拒絕」（correct rejection）是指受試者回答「否」，而實際上也沒有刺激呈現。假使受試者想要確信對所有刺激呈現都有回答「是」，他將冒有較多假警報的風險，才能擔保較多的命中。另一方面來說，受試者害怕假警報的話，他將會犯下較多的失誤。當研究人員估計受試者的偵察閾限時，受試者的反應偏差顯然會帶來不當影響。為了矯正這種情形，心理學家有意地操縱受試者的反應偏差，然後觀察這些操縱對受試者的決策產生的影響。

　　根據命中率和假警報的資料，研究人員就可以計算出兩種不同量數，一是受試者的敏感性，另一是受試者的反應偏差。這個程序使得我們能夠找出兩位受試者是否擁有同樣的敏感性，儘管他們在應答標準上有很大差異。

關於針灸的一項 SDT 研究

　　針灸有一個核心問題：究竟是細針減輕了疼痛，抑或病人的減痛僅是對暗示（suggestions）的一種感應。評論家感到好奇，針灸是否真正具有緩解疼痛的作用，或者它只是提高病人對疼痛本身的主觀閾限。這也就是說，病人感到好受些是因為他們對疼痛的閾限已在這樣處理中提高了。一項早期研究檢視這個疼痛閾限的假說。受試者在前臂上被施加灼熱的刺激，然後被要求從 1 至 12（毫不疼痛—無法忍受）評定灼熱的強度。這樣的評定分別在針灸前、針灸期間及針灸後施行。針灸處理確實減輕了疼痛，但是資料顯示，病人由於針灸的緣故而提高他們的閾限。

【焦點概念】 主觀的感覺和知覺可以被測量

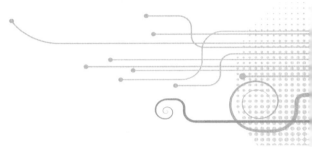

10 幻覺

> 「不祥的幻象啊，你莫非是可目睹而不可手觸的嗎？還只是心中的一把刀，由狂熱的頭腦裡生出來的幻象呢？」莎士比亞《馬克白》，1606

定義 「幻覺」（hallucination）這個字的起源含有兩個特徵：「做夢」（to dream）和「狂亂的」（to be distraught）。它被認為是源自拉丁字 alucinari，表示「在心靈中四處遊蕩」當一般人極為入迷於身邊的事物時，他們只會說「他們被自己的想像力捉弄了」，但不會說是幻覺。

簡單而言，幻覺就是對不存在於那裡的某些事物（聲音、氣味、景象）的知覺。幻覺涉及在清醒及有意識的期間感受到某些事物，但這些事物在物理上並不實際存在。它是一種缺乏刺激的感覺。感官的幻覺可能包括聽到早已辭世或虛構人物的聲音，或可能是昆蟲在正在皮膚上或皮膚下爬行。它也可能是天使或小仙子們在耀眼的光芒中起舞。有些幻覺是極為奇特、瞬間閃現、虛無空幻及令人迷惑的。

我們首先有必要在幻覺、妄想與錯覺之間做出各種區隔。錯覺（illusion）是持著錯誤認定的原因而產生對真實感覺的真實反應。錯覺不是精神異常，它是正常現象。錯覺是可在不同觀察者身上見到的一種正常、相當一致的現象，它是合乎常規的。妄想（delusion）是關於對真實感覺的真實反應，但是被授予一個不實在、不可能、古怪或過度重要的原因。妄想是思覺失調症的主要症狀之一；儘管存在很明顯的反面論證，病人依然堅持他不實在或不合理的信念。

歷史大事年表

1950 年代	1960 年代
Penfield 對腦部施加電刺激以引發幻覺	LSD 實驗人員報告豐富的幻覺

不同類型 幻覺已知與許多事物發生關聯，包括睡眠（特別是睡眠剝奪）、某些藥物使用（很明顯地稱爲致幻劑 —— hallucinogens）、精神疾病（特別是思覺失調症），以及一些非常特定的神經疾病。幻覺經常發生在思覺失調症的發作期，它們在精神診斷手冊中被描述爲「對當事人現場實況的評論，兩個或更多聲音正在彼此交談」。

有些幻覺是輕微而常見的，像是入睡前意象（hypnagogic images，剛入睡時所經歷幻覺似的意象），或是相對的初醒時意象（hypnopompic images，發生在剛醒來時）。通常，透過非常特定藥物的服用，人們可以產生極奇特的幻覺。色視症（chromatopsia）是視所有的人和每一件事物爲同一色彩。有些人蒙受小人國（Lilliputian）幻覺，他們看到縮小之想像中的人物，經常附帶愉快的陪伴感。另一方面，那些經歷大人國（Brobdingnagian）幻覺的人們，則把每一個人看作是巨人。

> 幻覺是一種知覺經驗，儘管沒有正常的物理刺激作用於該感覺通道，當事人仍主觀地產生真實的感覺印象。
>
> *A. Reber, 1985*

還有一些引人興趣而不尋常之假性幻覺（pseudo-hallucinations）的個案。這些是發生在當個人生動逼真地體驗某一幻覺，但是知道它是幻覺的時候：也就是說，他們認識到它不具有外界的基礎。幻覺的發作可能遵循一種特定的過程。首先，某些事物（像是某一記憶或聲音）誘發了幻覺。然後當事人試驗它是否爲真實的，且開始相信它是真的。虛幻、歪曲和不真實繼續增長，逐漸變得跟實際知覺混淆起來。

聽幻覺 「聽到聲音」或許是最爲所知的「發瘋徵兆」（signs of madness）之一。它特別是與一些精神失常發生關聯，諸如思覺失調症。這樣的人聽到一些特定人物或身分不明人士的聲音，但是在場的其他人卻聽不到。有些人經歷這些幻覺時顯得很緊張地聆聽這些聲音；另有些人則跟自己談話，有時候停頓下來，彷彿他們正在交談那般。偶爾，他們會對物理上不在場的人物大聲喊叫。

1980 年代	1980 年代	2000 年代
幻覺症被描述	更好之抗精神病藥物開發出來	把迷幻藥引發的障礙症與迷幻藥相關障礙症區分開來

聽到聲音較少發生在當當事人正跟在場的真實人士交談時。他們聽到聲
音大部分是當他們獨處時。另一些形式的聽幻覺可能包括聽到音樂 —— 通常
是非常熟悉的音樂，帶有強力的情緒聯想。這可能發生在如果聆聽很喧嘩的
音樂相當長久的時間後。

視幻覺　有些人報告他們看到一些不在場的動物、物體及人物。幻覺對象
可能是「鬼魂」或「天使」，有些則涉及相當複雜的景象或古怪的情境。有
些視幻覺是安靜的，但是在另一些幻覺中，幻覺對象會跟經歷幻覺的當事人
談話（通常是直接地），然後給予當事人一些特定的命令。存在一長列頗為

起　因

關於經歷持續而通常令人苦惱的幻覺，
這存在許多不同起因。實際上，我們可能
在人們身上「引發」幻覺。當人們在沙漠
中受到感官上的剝奪（deprived）時，或是
被監禁在空無一物的牢房中受到「洗腦」
（brainwashing）時，他們經常聽到及看到
幻覺。同樣地，人們當被剝奪睡眠或執行單
調乏味的工作很久後，也可能產生幻覺。

第一個起因是藥物。包括酒精、大麻、
古柯鹼、快克（crack）、海洛因或 LSD。
第二個起因是發高燒，特別是在幼童或老年
人身上。第三，幻覺可能發生在那些有非常
特定感官障礙的人們，像是失明或失聰的人
士。失聰人士經常表示他們聽到聲音。類
似地，那些被截肢的人們經常感受到幻肢
（phantom limb）；儘管周邊神經已被切除，
他們仍然體驗到幻肢的所有動作，甚至疼痛。

再接下來，幻覺發生在罹患嚴重身
體疾病的人們，像是腦癌、腎臟或肝臟失
能。第五，如果蒙受酒精關聯的震顫性譫
妄（delirium tremens）或生命後期的癡呆

（dementia），當事人也會產生幻覺。第六，
幻覺經常與特定、重度的精神障礙症有密切
關聯，像是創傷後壓力症和思覺失調症。那
些有創傷後壓力症的人們經常會經歷往事閃
現（flashbacks）。因此，當他們聽到特定聲
響或偵察到特定氣味時，他們立即地轉換而
退回創傷的時光（像是戰爭或意外事件），
油然而生對那個事件強力之瞬間重現的幻
覺。另外在重大壓力和哀悼的時刻，有些人
聽到安撫的聲音，使他們的心境平靜下來。

50 年以來，腦科學家已知道激發大腦
的特定部位可以導致一些幻覺，諸如麻痺、
作痛、灼熱、發冷或涉水等感覺。當病人發
生腦部傷害或退化性組織時，他們可能經歷
嗅幻覺（幾乎總是不愉快的）或聽幻覺及味
幻覺（可能是愉快或不愉快的）。同樣的，
某些神經機能失調（從相對常見的癲癇到少
見的像是梅尼爾氏症）經常被發現與非常特
定、頗為古怪的一些幻覺有所關聯。

特殊化的視幻覺，它們各有特定的診斷標籤。因此，視物形狀與實際不符（dysmegalopsia）是指看到的物體形狀不正或殘缺，或物體具有奇怪／不尋常的外形。視物顯小症（micropsia）和視物顯大症（macropsia）是指看到的物體比起實際情形遠為縮小或擴大。異處感覺（allesthesia）是指知覺到的物體不是在它們實際存在的地方。至於視物消除（palinopsia）是指感覺到某一物體應該視覺上呈現才對，卻是在視野中消失。

診斷與管理　診斷師通過一種結構式和系統化的病史晤談，以試著決定幻覺的主要原因。他們將會首先詢問該幻覺非常具體的性質 —— 那些幻覺像些什麼，它們何時首度出現，它們典型地在何時發生，它們會呈現多久。接下來，診斷師問一些關於酒精、毒品及其他藥物服用的問題。他們也詢問關於創傷及情緒失控的事件，以及一些身體附帶情況的跡象，像是躁動、混淆、發燒、頭痛及嘔吐等。

　　臨床管理起始於具體指明可能的醫學或神經方面的原因，或是認定是否「在文化批准的背景中」（例如，宗教儀式、音樂演唱會，等等）對於特殊藥物的反應。在對幻覺的本質及可能衍生的「症狀」從事極為精密的檢查之前，我們不宜貿然作出任何嚴重的精神病學診斷。

解釋　關於幻覺的發生，存在一些心理方面的解釋。佛洛依德學派視幻覺為潛意識願望或欲求的投射（projections）。他們的觀念是，當事人把自己感受到但無法表達（因為低於意識的層面）的事物經歷為彷彿是「真實」的事物。

　　認知心理學家指出問題是在於認知處理上（cognition processing），特別是後設認知（metacognition），這牽涉到理解他人對於事件的解讀。換句話說，幻覺是對於他人行為的錯誤解讀。

　　無論如何，還是生物心理學家最清楚地把焦點放在起因上。他們認為幻覺主要是腦部狀態的缺損，起因於腦傷或化學失衡。他們已能鎖定大腦的特定區域，也鑑定出特定的藥理作用，就是它們導致了幻覺。

　　儘管如此，如何解釋為什麼某個人會產生非常特殊的幻覺，仍然是一件神祕的事情。

【焦點概念】 幻覺存在許多類型和起因

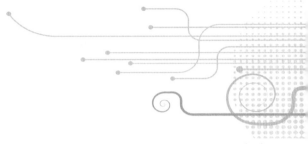

11 妄想

「那些愛在才藝節目上表現的人們，顯然對於他們的歌唱能力存有妄想。」

「那個警察似乎懷有誇大妄想。」

「關於她希望不斷獲得升遷，我怕她是在妄想。」

什麼是妄想　妄想（delusion）是一種固定、不變、持續而不實的信念，不具有現實的基礎。它是某一個體或團體所持的信念，這樣的信念可被證明是錯誤的，完全是異想天開的，或更可能僅是自欺的。當個人持有妄想時，他通常表明對自己的信念擁有完全的把握和絕對的信服。這樣的人是無可救藥的，儘管有不容置疑的論證或證據指出他們很清楚是錯誤的，他們依然抗拒改變。

有些宗教妄想是不可能加以驗證，因此是造假的。同樣的，有些妄想具有自我實現（self-fulfilment）的成分；例如，一個好妒忌的人指控他無辜的伴侶，結果對方忍受不了一直被懷疑，就真的離開他。在某種意味上，他造成他的妄想實現了。

各種類別　人們持有各種妄想，像是關於氣味（嗅覺）、關於味道（味覺）、關於溫度（溫覺）及關於碰觸（觸覺）。當遇見某一人物時，他們可能感受極為厭惡、非常愉快或極為不尋常的氣味。他們可能發現普通的食物（橘子、巧克力、牛奶）具有相當不同的味道，不同於他們或別人尋常感受的味道。他們可能發現冰涼的物件像在發燙，或溫暖的物件是凍僵的。他們可能

歷史大事年表

西年前 300 年	1880
古代希臘人論述偏執性妄想	Kraepelin 描述妄想型思覺失調症

發現傳統上平滑的物件（像是氣球或貓的毛皮）突然非常粗糙或不平坦。

　　所有妄想中最常被描述的是偏執狂（paranoia，或幻想狂），它已被顯示依循各個階段：一般的猜疑；對他人選擇性的認知；敵意；在妄想的「照耀」之下，所有事情顯得前後吻合；以及最後看似自相矛盾的支配妄想和迫害妄想（delusions of influence and persecution）

　　妄想通常全面占據當事人的心思，引致他們相當程度的苦惱。我們應該提到的是，妄想截然不同於錯覺。我們有視錯覺和聽錯覺；例如，太陽像是繞著地球轉動，或說腹語的傀儡像是實際上在說話。

精神病學與妄想症　精神病學家在一些具體條件下可能做出妄想症（delusional disorder）的診斷。首先，當事人必須表現至少一種非古怪的妄想（也就是可能在真實生活中發生的情節），為期至少一個月。當事人並不符合將會被歸類為精神分裂的其他診斷準則。第三，聽幻覺和視幻覺並不突顯，雖然觸幻覺和嗅幻覺可能很突出。第四，儘管他們的妄想和引致的行為後果，當事人的心理─社會功能基本上並未重大受損，以至於他們不會被視為特別異常或古怪。第五，假使一些特定的妄想已衝擊到當事人的心境，這些心境變化不會持續很長久。第六，這樣的動亂不是生理狀況或醫療情況所造成（像是藥物濫用或臨床用藥）。

　　精神科醫師表示，我們有時候不容易辨別妄想症與另一些障礙症，像是慮病症（hypochondriasis，特別是那些不太有自知的病人）；身體臆形症（body dysmorphic disorder，執著於想像的身體缺陷）；強迫症（obsessive-compulsive disorder）；或妄想型人格障礙症（paranoid personality disorder）。

　　思覺失調症病人的妄想通常很清楚地極為古怪。因此，病人可能相信他們的頭腦已被換上另一個人的頭腦，或相信自己已縮小到三呎高。另一方面，妄想症是較不古怪的妄想。舉例而言，當事人可能覺得他們正被跟蹤，正被照相或記錄

> 當心你的崇拜，前方聳立的那些東西不是巨人，只是風車。
> *Miguel de Cervantes, 1605*

1911
佛洛依德主張迫害妄想是出於壓抑和投射

1942
Folie à deux 將之描述為妄想症

1980 年代
偏執狂被重新歸類為妄想症

言辭；或認為有人正在緩慢對他們下毒；他們的伴侶始終在欺騙他們；或他們的上司或鄰居愛慕著他們。

起因 基本上，妄想的起因是不明的。當前的研究興趣是放在神經心理學

妄想的類型

精神病學家已通告妄想的五種清楚類型：

愛戀妄想（erotomanic） 他們相信另一個人很認真地愛慕他們 —— 較是以好萊塢浪漫的方式，甚至是心靈的方式，而不是性方面的意味。對方通常是一位知名人物（電影明星、運動英雄），但也可能是工作上有權勢的上司。雖然許多懷有這種妄想的人將它保持祕密，不採取任何作為，另有些人可能花費大量精力試圖接觸他們妄想的愛人 —— 透過電子郵件、拜訪及甚至悄悄跟蹤等方式。大部分人是女性，但男性懷有這種妄想的話，他們傾向有較大膽的舉動，以及捲入法律的糾紛中，特別是如果他們相信自己的「愛人」正惹上紛爭或有逼近的危險。

誇大妄想（grandiose） 這種妄想表明在當事人相信（不具有證據）自己是特殊人物 —— 他們擁有令人驚奇的能力或洞察力，或已做出極端重要的發現。經常，他們的妄想涉及宗教，當事人相信他們擁有與「全能的上帝」（the Almighty）之獨特而特權的關係。有時候，他們覺得自己是一位傑出而重要的人物，而且跟另一些著名人物擁有特殊的關係。

嫉妒妄想（jealous） 這很清楚表明在強烈、但完全缺乏根據的信念上，即相信自己的伴侶不忠實，一直在欺騙他們。零碎的「證據」被他們大肆編造來支持自己的宣稱。他們還可能僱用私家偵探，試圖監禁他們的伴侶，以及肢體上和言辭上攻擊自己的伴侶。

迫害妄想（persecutory） 當事人相信某些人或某些團體正在圖謀不軌地對付他們。他們懷疑自己被詐欺、被暗中偵察、被侵擾、被撥弄是非、被下毒或被下藥。他們經常生氣而憤恨不滿，深深覺得自己受到不公平對待。許多人透過法律手段或訴求於權威人士，以試圖鎮壓所受的迫害。這是所有妄想症中最為普遍的類型。有些人甚至有暴力行為，攻擊那些他們認為心懷不軌的人士。

身體妄想（somatic） 這種妄想是指當事人相信自己的軀體不知怎麼地很奇怪或不能適當地發揮功能。它可能是相信某種氣味很怪異，或相信身體一些部位（鼻子、胸部、雙腳）特別地奇怪、畸形或醜陋。通常，當人們持有這些妄想時，他們相信自己可能有一些身體內部的病毒、昆蟲或寄生物，牠們正在破壞或損害他們身體的一些特定部位。

上，有些人推斷存在一些生理特徵，當機能失常時可能就引致或惡化了妄想病情。有些人表示問題是在腦部結構，諸如基底神經節，另有些人指向邊緣系統，還有些人則認爲是新皮質（neocortex）。但因爲有那麼多罹患妄想症的病人，他們的一等親親屬也易於罹患這種及另一些相關障礙症，這個事實使得有些學者認定遺傳是最佳的解釋。

　　無論如何，另一些研究人員指向一個事實，即許多妄想症患者發生過「艱苦」的童年歲月，其特色是不穩定和動亂，無情和冷淡。因此，有些精神分析取向的心理學家看待妄想爲自我防衛系統（ego defense system）的一種缺損，這樣的系統原本是針對於保護及支持自我。所以，他們看待偏執狂或迫害妄想爲當事人試圖把他們不喜歡、不承認在自己身上的一些東西投射爲他人的事情。妄想症的治療包括諮商和心理治療，但也會採用抗精神病藥物（antipsychotic drugs）。

掩飾與妄想

　　許多人宣稱（完全正當地）在晤談中和在問卷上，當事人會說謊、作僞或不說出真相。心理學家稱這種情形爲「掩飾」，但是它最近被區別爲兩種非常不同的類型。第一種稱之爲「印象整飾」（impression management）。這完全是有關於從有利（正面）的角度來呈現自己，或許是方便性地忘記若干事情和關於他人事情說些不痛不癢的「善意謊言」（white lies）。第二種稱之爲自我欺騙（self-deception）。嚴格說來，這已

不是說謊，而較像是妄想。假使當事人說他們有幽默感，但是每一個認識他們的人都說他們沒有，他們就是在欺騙自己。同樣的，假使當事人覺得自己醜陋或面貌平庸，但是其餘每個人都認定他們其實不然，這就暗指一種不良的自我欺騙。在晤談時候，某些形式的自我欺騙開始接近於妄想，雖然妄想是更難以改變的。當然，在面對前後一致的回饋後，當事人自我欺騙的傾向也較可能會被「矯正」，或至少減輕下來。

【焦點概念】 妄想是多型式和多變化的

12 你有意識嗎？

　　大部分時間，我們覺察到自己、自己的軀體、自己的感覺和自己的思維。保持意識意味著持有某種程度受控的思想或觀察，以便進行察覺或認識。它表示保持感知、保持清醒及保持警覺。

　　任何生物可以被視為有意識的（conscious），如果牠們顯得能夠應對牠們周遭的世界：牠們是清醒（awake）和警覺的（alert）；牠們是自我意識（self-conscious）和自我覺知的（self-aware）。有些評論家把意識劃分為兩種：第一種是存取意識（access consciousness），指對於思考的思考，或對於感知的感知；另一種是現象意識（phenomenal consciousness），指對於事物的性質所持有的觀念或想像。至於發生在我們心靈或頭腦中而我們無法接近的事件就稱為下意識事件（subconscious events）。但是，意識不依賴語言，它也不僅是自我覺知。舉例而言，當深深沉迷於音樂時，我們可能失去自我覺知，但是那絕不同於身體上被擊昏。

　　意識不容易加以界定，但是界定人們在什麼時候是無意識的（經由睡眠、藥物或疾病）就要容易多了。我們所談的是人們「不省人事」或「心不在焉」。許多腦科學家感興趣於找出「意

> 藉由意識這個現象，世界的實質存在才被知悉。
> *Roger Penrose, 1989*

識寶座」的位置，但令他們困惑的一點是，人們可能經歷重大的腦傷，卻沒有失去一般意識。腦傷確實能夠導致意識的一些內容的特定損失，但不是意識本身。有些人表示，探討意識的神經心理學相對還是容易的，相較於嘗試

歷史大事年表

西元前 500 年	1688
Cicero 首度使用該術語	洛克（Locke）引進現代的意義

理解爲什麼我們起初擁有意識的經驗。

意識的經驗　意識的經驗（conscious experience）具有各種不同的特性。它是私人的；它是關於體驗從許多不同感官（觸碰、味道、聲響、景象）傳來的事物；它是關於思考的產物或結果，而不是我們如何思考；以及它是不斷地處於流動或變化的狀態。我們談及「意識流」（stream of consciousness）。我們可以意識到擁有某些經驗，而且意識到我們先前見過它。

> 因此，意識是我們把外在世界分析爲物體和行動的模式。
>
> *J. Bronowski, 1970*

　　心理學家特別感興趣於腦傷人們，因爲這些病人清楚地意識到他們周遭的所有現象，但是無法存取（接近）他們先前遇到相同或類似經驗的記憶。許多心理學家相信意識起源於腦部活動。因爲腦傷和腦化學會影響意識，有些人提議物理的解釋。

歷史探索　儘管古代希臘人論述了大量關於心理學的許多主題，意識並未列名其中。直到笛卡耳（René Descartes, 1640，「我思故我在」）和洛克（John Locke, 1690，英國哲學家）的時代，他們才認爲意識是思想的基本要素，也是個人身分（personal identity）的要件。很長的期間，兩個語源上近似的單詞「conscious」和「conscience」）被連結起來。它們的意義直到第 17 世紀才被區別開來，這時候「conscious」（意識）是指稱個人身分的觀念，至於「conscience」（良心）則是指稱道德判斷的議題。

　　大約是科學心理學在德國創立之時，心理學家互相替換地使用「mind」（心理）和「consciousness」（意識）兩個單詞，且採用內省法（introspective methods）加以探索。行爲主義試圖廢除意識，認爲它不是一個值得科學研究的議題。即使認知心理學家很感興趣於像是語言理解和記憶的題材，他們對於意識的主題也是興趣缺缺。但是在過去 20 多年來，意識已開始再度脫穎而出，作爲認眞研究的對象。

新科學　意識的新科學正試著解釋如何從神經活動導致主觀經驗的產生。透過檢視當事人正在思考些什麼時，他們大腦中血液流動型態，研究人員或

許能夠追溯到意識的起源。再者,透過對大腦特定部位施加電刺激或藥物刺激(以及外科手術),他們能夠引起當事人感受到氣味、景象和聲音,幾乎無從區別於現實。這些科學研究人員正試著理解來自感官的資料如何在大腦接受處理;為什麼某些性質的訊息易於存取,其餘的則潛伏起來。有些科學家相信,確認意識之確切的神經相關因素是完全可能的,甚至相對上是容易的。反而,他們發現較為困難的是建立大腦活動與個人內在經驗之間的關聯。

功能　不可避免地,心理學家們對於意識的功能採取不一樣的立場。亞里斯多德學派(Aristotelians)主張,意識實際上是一種大腦狀態。急進的行為主義則認為意識不具有意圖,它只是附帶現象(不具有首位的重要性),最好是置之不理。

　　心理學家主要是從訊息處理(information processing)的角度來考慮意識。我們注意訊息,而且處理訊息。我們在偵察及處理自己環境中各式各樣訊息是非常有效率的。察覺到我們如何做到這點(特別是在處理新奇、困難或複雜的訊息方面)基本上就是意識。我們也可能察覺到(或假定),其他人對於同一事件擁有非常不同的意識經驗(不同於我們自己的經驗)。關於這種功能主義(functionalism)學派的說法,一項疑難是,個人可以主張(就其定義上而言),機器也擁有意識。

　　進化心理學家是功能主義取向的。他們認為皮質(cortex)的發展具有生存的功能,協助人類計畫的能力,也有助於語言和社會的發展。意識的一項引人興趣的行為基準是自我辨識(self-recognition):個人有能力在鏡子中辨認自己。因此,在有智力的社會動物身上,意識的進化是作為對淘汰壓力的反應。意識發揮作用以便表徵(represent,指以抽象的內在心象或概念代表外在具體事物的心理運作歷程)、貯存及澄清各種知覺:有助於理解新奇和曖昧的情境,以及做出更佳的決策。意識對較高等物種而言是一種求生用品袋(survival kit),容許牠們進行有思慮與有計畫的決策及行動。

意識的無意識狀態:催眠的個案　受到催眠的人是以怎樣的程度產生覺知和意識呢?充分被催眠的人顯然進入一種「不一樣的狀態」:一種深沉放鬆和開放易受暗示性(suggestibility)的狀態。我們知道有些人相對上極易受到催眠,另有些人則非常抗拒催眠。受到催眠的人是易受暗示和易被說服

的。當事人進入催眠狀態，然後當催眠師試圖引起催眠後失憶時，催眠的最戲劇化效果出現了，當事人不記得關於催眠的任何事情。

　　腦部掃描顯然促進了我們對這種現象的理解，催眠因此被一些學者視為不過是一種廉價的表演行業。近期的研究提出，因為我們知道會影響意識的一些腦區，都很清楚地受到催眠歷程的影響，所以催眠實際上是一種不尋常的意識狀態（altered state of consciousness，有別於神智完全清醒時的意識狀態）。在催眠性失憶中，當事人能夠接受指示忘記一些事情（通常非常重要），而這些事情只有在非常特殊的條件下才能被回想起來。催眠性止痛（hypnotic analgesia）已吸引特別是醫生和牙醫師們的注意，因為它的目的就是在減輕疼痛。

　　然而，關於催眠術乍看之下的成功，有些觀察人員已提出相當平凡的解釋。例如，催眠促使人們把疼痛體驗為一種溫暖感或麻痺感，這樣的觀念可被考慮作為一種極有效果的因應策略。另一種說法是，受催眠的人可以更簡單地被鼓勵較少把注意力放在一些經驗上，而較多放在其他經驗上。新式解離理論（neo-dissociation theory）提出，我們放棄對自己思想的中樞控制（central control），而把控制權交給催眠師。非狀態理論（non-state theory）表示，催眠不過是表演、想像及角色扮演，而不是一種不正常的意識狀態。進入催眠狀態及易受暗示的人們僅是在從事他們所被期待的行為，以之取悅催眠師，而不是落入一種特殊精神恍惚似的狀態。

佛洛依德學派的潛意識

　　心理學家長期以來就深感興趣於意識的反面，即潛意識（unconsciousness）。有些學者把前意識（pre-conscious）與潛意識區別開來。前意識是指那些暫時不在意識之中，但易於接近的一些觀念、慾望及願望。前意識的資料不需要太大困難就可被帶進意識的層面。

　　實際上，治療的目標就是把來自黑暗、不可知潛意識中的資料先帶到前意識中，然後再浮現到意識的層面。自我覺知是通往痊癒之路的主要成分。這也就是說，個人覺知或意識到自己為什麼以特定方式展現行為。透過夢的解析、口誤及自由聯想，精神分析師相信他們能夠協助病人瞥見自己的潛意識。

　　【焦點概念】意識是指保持感知、保持清醒及保持警覺

13 正向心理學

　　你能教導人們變得快樂嗎？金錢能夠換得快樂嗎？爲什麼有些人持續地及外觀上就是要比別人更快樂？直到相當近期之前，這些關於人類處境之共同而基本的問題卻是一直被心理學家們所忽略。

正向心理學　　正向心理學（positive psychology）是在探討導致積極情緒、有品德行爲及最適宜表現的各種因素和歷程，包括在個體和團體的層面上。雖然少數心理學家（主要是自我心理學家 ——self psychologists）始終感興趣於心理健康、心理適應及高峰表現（peak performance），但是快樂（happiness）的研究被認爲是不重要的，甚至是微不足道的。這或許至今仍然如此：每存在 100 本嚴謹的心理學書籍和論文，就有 99 篇是在論述憂鬱狀況；只有一篇是談論快樂情緒。但是這 50 年來，我們已知道，快樂不是不快樂的對立面，它們彼此完全沒有關涉。

　　第一本論述快樂心理學的書籍在 1980 年代開始問世。然後，一些專業的學術期刊開始發行。但是，一直到千禧年的轉換時，正向心理學運動才受到重大補助金的青睞而顯現活氣。正向心理學已成爲許多知名心理學家的研究重點。今日，它已涵蓋遠爲廣泛的領域，不僅是快樂的研究。

> **快**樂就像宗教是一項神祕的事情，它從來不應該被找到合理的解釋。
> *G. K. Chesterton, 1920*

基本關切　　快樂心理學嘗試回答一些非常基本的問題，這些問題是哲學家、神學家及政治家們長久以來所不懈追求的。第一系列問題實際上是關於快樂

歷史大事年表

1969	1987
Bradburn，《心理幸福的結構》	Argyle，《快樂心理學》

的定義和測量；第二系列是關於為什麼一些團體如它們所展現那般快樂或不快樂；第三系列關心的是個人必須做些什麼（或不做些什麼）以增進快樂。

科學起始於定義。因此，什麼是快樂？有時候，它被描述為一種幸福（well-being）、滿足、心理安適或自我實現的狀態；它與生活滿意有所關係，或等同於普遍地缺乏心理苦惱。快樂也從愉悅、享受及樂趣的角度被描述。保持流動的狀態就是一種快樂，生活不是一灘死水。

研究人員最常使用的術語是「主觀的幸福」。它意指當事人如何對自己生活和綜合滿意度做出

> 一個人只要選擇讓自己快樂，他就會是快樂的。　A. Solzhenitsyn, 1968

一種全面（總括）而私人的判斷。這也就是說，當事人本身才能從事對自己幸福狀況的判斷 —— 不是教練、諮商師或神父，也不是教師、治療師或理論家。

這些自我評價可以被解析為兩個組成部分：一是工作和家庭方面的滿意，另一是「自我 vs. 他人」方面的滿意。因此，個人可能在其中一方面相當滿意，在另一方面卻偏低，但是它們傾向於高度相關。人們傾向於在他們的滿意度評價上（橫跨他們生活的所有層面）相當穩定。這樣的評價可能（也實際上會）隨著一些特定境遇而上下浮動，諸如行好運（贏得樂透彩）或捲入可怕的意外事件（變得癱瘓），但是傾向於在短期之後就會回復到當事人特有的水平上。

測量快樂　大部分關於快樂的測量是通過標準化的問卷或晤談表。它也可經由消息靈通的觀察者提供資訊，這些觀察者相當熟識當事人，他們慣常會碰面及相處。另一種方法是經驗抽樣（experience sampling），每當隨身的呼叫器響起（在一天、一星期或一個月中不定時多次響起），當事人就必須報告他們有多麼快樂，然後這些評定被總計起來。還有一種測量法是審查當事人的記憶，查核當事人對他們過去是否大部分時間中（普遍地）感到快樂或不快樂。最後，有一些迄今還很粗略但不斷開發中的生理測量法，它們檢視從腦部掃描中呈現的每一種資料，直到檢驗唾液中的可體松（皮質醇，也稱為

壓力激素）濃度。總之，可信賴而有效地測量快樂不是一件非常困難的事情。

快樂重要嗎？ 它事實上很重要！研究證據指出，快樂的人擁有強健的免疫系統；因此，他們較為健康，也活得較為長久 —— 相較於不快樂的人。他們傾向於在工作上較為成功，也擁有較良好的人際關係。他們較能夠吸引他人。他們似乎比不快樂的人更喜歡自己，而且較能適當抗衡所有類別的挫折。快樂的人做出較佳的決策，且傾向於較具創造力。不快樂的人似乎浪費時間和努力，徒勞地對危險或挫敗的跡象保持警戒。這將會慢慢削弱他們的精力。

有一些證據指出主觀幸福的可遺傳性（heritability）。雙胞胎研究已顯示，就如同人們繼承了憂鬱的性向或素質，他們在快樂方面也是如此。但是環境因素不可避免地也扮演局部角色，特別是早期（童年）的家庭教養環境。我們也知道，雖然人們可能經歷一些事件，導致極端快樂或不快樂，他們傾向於相當快速地回復到起始點。

有證據指出，一些社會和個體就是比別人更快樂些。因此，拉丁系的國家似乎比太平洋外緣的國家更快樂些。兩件事情似乎涉入綜合的

> **假** 使你想要快樂，那就讓自己快樂起來吧！
> *Leo Tolstoy，1900*

國民快樂指數：一是人們所居住社會的財富、穩定性及民主程度；另一是社會的規範及習俗，它們管控人們感受正面情緒和避免負面情緒的可欲性（desirability）。研究證據顯示，極度的貧窮當然使得人們不快樂，但是大量的財富對於主觀幸福幾乎沒有影響。研究還指出，個人越為拜金（崇尚物慾）的話，就越少快樂。最快樂的人都似乎擁有一些好朋友。

學習快樂起來 人們可以從事許多簡單的事情以增進自己的快樂。首先是不要把成功（成就）與快樂混淆在一起。接下來是掌握自己的生活和作息表。研究已發現，假使你顯現快樂的樣子（微笑、表達樂天的觀點、好交際），這使得別人以特別的方式應對你，而你將實際上感到快樂。找到工作和一些休閒活動，使你能夠真正發揮自己的技能和熱情，這也將大有裨益。擁有固定的（有規律的）運動、睡眠及飲食將大有助於維持良好的心情。投資時間和關懷於人際關係是快樂的一項非常重要的特徵。肯定他人、協助他人及例常地表達對生命的感激，這些都可以增進快樂。擁有一種目的感和懷抱希望也有同樣的效果，這或許最好稱之為是一種信仰（faith）。

快樂的迷思

研究人員已列出關於快樂的本質和起因的一些迷思。這包括下述的一些項目,它們被廣泛相信,卻是錯誤的。

- 快樂主要取決於發生在你身上之事情的品質和數量。
- 人們比起他們以往的情況較不快樂。
- 當人們有嚴重的身體失能時,他們總是較不快樂。
- 年輕人正處於生命的黃金時期,他們遠比老年人來得快樂。
- 經歷極度快樂的人們也經歷極度不快樂。
- 較聰明的人普遍地較為快樂 —— 相較於較不聰明的人。
- 子女為已婚夫婦顯著地增添了快樂。
- 從長遠的觀點來看,獲得大量金錢使得人們遠為快樂。
- 綜合而言,男性要比女性來得快樂。
- 追求快樂很弔詭地(似非而是地)保證你會失去快樂。

正向心理學轉移研究的焦點,從探索及嘗試矯正或更改個人短處,轉而探討個人的優勢及長處。它的目標是促進真實的快樂和美好的生活,進而促進身心健康。對於通俗作家和研究學者雙方而言,正向心理學的起點一直是試著列舉一些長處和價值,然後描述它們的特徵。這已經被做到,雖然它仍然引起爭議。下列是現行的表單:

- 智慧與知識(wisdom and knowledge)—— 創造力、好奇心、開放的心胸、熱愛學習、展望。
- 勇氣(courage)—— 勇敢、堅持、誠實、活力。
- 人道(humanity)—— 關愛、親切、社會智力。
- 正義(justice)—— 公民身分、公平、領導力。
- 自我克制(temperance)—— 寬恕與慈悲、謙虛與客氣、謹慎、自我調節。
- 卓越(transcendence)—— 對於美好事物和優越的欣賞、感激、希望、幽默、靈性。

正向心理學現在已招引經濟學家和甚至神學家及企業家的興趣。它是一項運動,正快速地積蓄動力,轉而對所有人類處境的這個最基本特質進行科學上的檢視。

【焦點概念】我們可以學習讓自己快樂

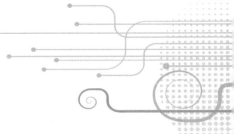

14 情緒智力

> 「情緒智力是一種有組織的架構,以便描述及歸類跟理解情感、管理情感及使用情感有關的能力。」
>
> *P. Salovey and J. Mayer, 1994*

「情緒智力」(emotional intelligence, EI)的術語可被回溯到超過 40 年,但是特別追溯至 1990 年一篇有影響力的論文和 Daniel Goleman 在 1995 年的暢銷書籍《情緒智力》。它已招致龐大的產業,特別是吸引那些對業務上的成就感興趣的人們。許多書籍提出戲劇化的宣稱;例如,它們表示認知能力或傳統的學業智力在綜合生活成就上(學術、財務及事業上的成就)只提供大約 20% 的貢獻,至於其餘 80% 則直接被歸因於 EI。

EI 的成分 關於 EI 是由什麼特徵、因素、能力或技巧所組成,這尚未有一致的意見。隨著越來越多關於 EI 的測驗(以及書籍)在市場上問世,情況是更為惡化,而不是改善。大部分(但不是所有)理論和體系包含關於情緒覺知和情緒調整的一些觀念。

EI 有哪些截面或成分?這是一個核心但尚未解決的問題。因此,早期模式針對 EI 提出各式各樣的看法:EI 可被區別為情緒知覺(perception)、情緒評價(appraisal)及情緒表達(expression),包括對於自己及他人;利用情緒以促進思考;利用情緒的知識以理解及分析情緒;對於情緒反射性的調整以促進成長。有些作者論及情緒教養(emotional literacy,對個人自己情緒和它們如何起作用的認識及理解)、情緒適切性(emotional fitness,可靠性和情緒的堅忍性及變通性)、情緒深度(emotional depth,情緒的成

歷史大事年表

1920	1990
「社會智力」的概念被引進	首度發表關於該主題的科學論文

長及強度），以及情緒魔力（emotional alchemy，利用情緒以探索創造的機會）。另有些作者則把 EI 分割為像是自我覺知、自我調適、自我動機（self-motivation）、同理心（empathy）及社交技能等因素。一項頗獲好評的構思提出 15 種成分（參考下表）。

這些截面可被組合為四個不同之相關但獨立的因素，分別被命名為「幸福」、「自我控制技能」、「情緒技能」及「社交技能」。

測量 EI 的測量通常是以情緒智力商數（emotional intelligence quotient, EQ）作為代表。心理計量人員在兩者之間作出區別，一是最佳表現的測量（例如，IQ 測驗 —— 對或錯的作答），另一是典型反應的測量（例如，人格問卷 —— 偏好的作答），這具有深遠的意涵。自陳式測量導致我們基本上視

在情緒智力的突顯模式中共通的截面

截面	高分表示察覺自己為 ……
適應性	變通的，願意適應新的處境
果斷	坦誠、率直、願意為他們的權利辯護
情緒表達	能夠跟別人傳達他們的感受及情感
情緒管理（他人）	能夠影響其他人的情感
情緒知覺（自己和他人）	清楚了解他們自己和其他人的情感
情緒調整	能夠控制他們的情緒
衝動性（低）	深思反省的，較不可能屈服於他們的衝動
人際關係技能	能夠擁有充實的人際關係
自尊	成功而自信
自我動機	自發的，面對逆境時不輕易投降
社會勝任能力	擅長於建立人際網絡，擁有優良的社交技巧
壓力管理	能夠耐得住壓力和調節壓力
特質同理心	能夠採取其他人的觀點
特質快樂	爽朗、快活、滿意自己的生活
特質樂觀	有自信的，傾向於持樂天的態度看待生活

1995	1997	2003
Goleman，《情緒智力》	首份通行的自陳式問卷被開發出來	首份能力測量被設計出來

EI 為一種人格特質（「特質 EI」或「情緒的自我效能」），至於潛在最佳表現的測量則導致我們視 EI 為一種認知能力（「能力 EI」或「認知─情緒的能力」）。

　　EI 是否可實際上被認知能力測驗所測量出來，這個基本觀點引起許多人的爭辯。持反對意見的人表示，因為情緒經驗的主觀本質，EI 概念（像是情緒調節）從來無法由客觀的能力測驗進行可信賴而有效的測量。有些人主張，特質 EI 包含一些行為傾向和自覺能力（對立於實際的認知能力），這些應該屬於人格的領域。對照之下，能力 EI 包含一些實際能力，這些主要屬於認知能力的領域。目前有超過十多份的特質 EI 測驗，基本上看起來就像人格測驗。

　　另一方面，有些人視 EI 為一種「真正的」智力或能力，需要像這樣加以測量。最有地位的測驗被稱為 MSCEIT，它測量四個因素：察覺及確認情緒（辨識你和你身邊的人正如何感受的能力）；利用情緒以促進思想（引發情緒，然後懷著這種情緒進行思考的能力）；理解情緒（理解複雜情緒和情緒「連鎖作用」的能力，也包括理解情緒如何演進）；以及管理情緒（管理情緒的能力，包括在你自己和他人身上）。

　　MSCEIT 要求受測者：

工作上的 EQ

　　EQ 如何與企業成就發生相關？或 EQ 是否為商業成就的基本要素？關於 EQ 如何在工作場所運作，以及為什麼擁有較高 EI 的人們被認為將會較為成功，參考下列的一些解釋。首先，高 EQ 人們較擅長於傳達他們的觀念、意向及目標。他們較為說話條理清晰、自信、果斷及敏銳。其次，EQ 與團隊合作的社交技巧有密切關聯，而社交技巧在工作上極為重要。第三，高 EQ 的企業領導人建立支持性的氛圍，這提升組織的參與感，接下來就導致成功。第四，高 EQ 的領導人是觀察入微的，他們知道他們自己和他們團隊的長處及短處，這使他們能夠操作前者的槓桿作用，然後彌補後者。第五，EQ 與有效能及有效率的因應技巧有關聯，使得人們能夠更妥善應付各種要求及壓力。第六，高 EQ 的領導人能夠準確地檢定追隨者的感受及需求，也較為能夠鼓舞人們及提供支援。他們較能激發追隨者的興趣、熱情及樂觀態度。第七，高 EQ 的經理人（不像他們低 EQ 的夥伴）較不會採取消極、防衛和破壞性的因應策略及決策風格。

- 確認某一臉孔（或在圖案上）所表達的情緒。
- 引發某種心情，然後懷著該心情解決問題。
- 界定不同情緒的起因。
- 理解情緒的進展。
- 在牽涉自己或他人的情境中，決定如何最適當把情緒囊括進我們的思考中。

> **情**緒智力：心理能力之長期被忽略的核心成分，或是被大量商業化之趕時髦及混淆的觀念。
>
> A. Furnham, 2001

　　因此，我們有兩種非常不同之測量 EI 的方式。一種看起來像是採用人格測驗，且事實上視 EI 為一種人格特質；另一種較像是能力測驗。前一種測量在施行上遠為容易，費用也便宜多了（相較於後一種）。但是，真正的問題是哪一種才是較為準確而可依賴的。研究已顯示，得自這兩種測驗的分數有適度的正相關。這場爭辯的實際核心在於，究竟 EI 僅是另一項人格特質，抑或真正是智力的一部分。

情緒勞動

　　許多工作需要身體勞動和心智勞動，但有些則需要情緒勞動（emotional labour）。服務業員工被要求表現他們不一定感受到的情緒。他們被要求露出微笑、保持積極、顯得放鬆，不管他們當時實際上感受些什麼。這被稱為「表面演出」（surface acting）。在某些工作上，你幾乎是被要求實際上感受你所展現的情緒。這被稱為「深刻演出」（deep acting）。有些顧客能夠偵查情緒的不真實展現，所以你必須學習「從裡到外的微笑」（inside-out smile）。

　　有些服務業員工的情緒受到他們雇主的操縱及控制，變得逐漸疏離於他們真正的感受。他們被要求顯露的是耐心、友善及好奇心這類情緒，至於壓抑的則是厭倦、挫折及怒氣。做到這點的方式之一是透過採用劇本。服務業員工被鼓勵表演：學習他們的台詞；飾演某一角色。這將教導他們專責而合適的情緒。同樣的，制服可以起作用，就像是舞台服裝。它們可以賦予你性格，具有保護和防禦的作用。

　　所有服務業員工都有某一「後台」（backstage），可能在走廊、陽台、廚房，甚至洗手間。那裡，他們可以做自己，發洩情緒，以他們自然的方式產生反應。在後台（幕後），他們可以挖苦難搞的顧客。他們可以互相打氣，享受一下被壓迫的同志情誼。休憩時間是身為真正自我的光陰；摘下你的面具；找回一種自我價值感，暫時擺脫你的情緒勞動。

【焦點概念】情緒智力究竟涉及人格，抑或是一種認知能力？

15 情緒有什麼作用？

情緒是強力的社交信號。「情緒」（**emotion**）和「動機」（**motivation**）具有相同的拉丁語詞根，意思是「起動」（**to move**）。情緒傳送給我們迅速、強力、身體的訊息，容許我們應對自己所處環境。情緒也使得我們能夠自願或不自願地傳達自己的意思。

進化已在我們身上留下一套高度適應的方案，這些方案是預定於解決特定的生存問題。我們都繼承了各式各樣的情緒方案，它們是人類在過去許多遭遇的結果。我們一直必須學習應該信任什

情 緒是擔保人類參與的一些心理設計。
Mark Ridley, 1996

麼人、如何偵察性不忠實、如何應付挫敗和失去地位，以及如何回應死亡。對我們社會物種（人類）而言，許多情緒之自發的、不自覺的表達是順利的社交生活的關鍵特徵。我們擁有豐富的、可解讀的情緒信號的劇本，以促進我們的社交互動。情緒激發及活化許多系統，它們共同應付所面臨的問題。

恐懼 許多人害怕在夜晚被跟蹤、被埋伏或被襲擊。這份恐懼啟動了一整套例行程序的進行。首先，你變得高度注意一些特定的視覺線索或聽覺線索；其次，你的優先順序和目標改變了：飢餓、疼痛和口渴被壓制下來，以達成安全為首要目標；第三，你的訊息蒐集系統聚焦在特定議題上；第四，一些簡單的觀念開始浮現，或從「容易和困難」的思索轉換為「危險或安全」的思索；第五，對於過去事件（類似這個情境）的記憶被引發；第六，可能會嘗試以不太尋常的方式傳達消息，像是透過大聲尖叫或哭泣，或實際上相反

歷史大事年表

1872	1967
達爾文，《人類與動物的情緒展現》	Morris，《裸猿》

的情況，發現自己因為恐懼而四肢無力，幾乎無法發出聲音；第七，推論或假說 — 驗證（hypothesis-testing）的系統被引發，表示當事人嘗試推敲正發生些什麼，接下來將會發生什麼；第八，學習系統被活化；第九，生理系統也被活化了。這可能是針對逃離或戰鬥（flight-or-fight）的反應，然後導致一系列行為的決策規則。因此，當事人可能逃跑或甚至攻擊。

辨認情緒　雖然有所爭論，許多研究人員已經接受，人類存在六種基本的、可辨識的情緒。它們是：

- 快樂（happiness）
- 哀傷（sadness）
- 驚奇（surprise）
- 憤怒（anger）
- 厭惡（disgust）
- 恐懼（fear）

> 情緒正是發生在當適應受到阻礙之時，無論是出於任何原因。
>
> *E. Claparède, 1928*

　　達爾文（Charles Darwin，他最先撰述關於非言語情緒表達的科學論文）主張，我們可以辨認一些有差別的臉部表情，它們對應於一些基本情緒狀態。這些是外顯情緒（manifest emotions），它們是我們進化背景的一部分，不是學得的。失明人士展現臉部情緒大致上就跟正常視力的人一樣。臉孔有一些富於表情的不同部位，所有部位都能發出情緒的信號。雙眼可以是寬廣或狹窄，瞳孔擴大或縮小，而眉毛揚升或下垂。個人可以過多眨眼或瞪視。嘴巴可被打開或維持緊閉；它也可被掀起或翻折；牙齒和舌頭可以外露或隱藏。皮膚（臉色）可以發紅或發白，帶有或沒有流汗的跡象。鼻子可以有向外開展的鼻孔。憤怒的臉孔是蹙額、皺眉（帶著揚起的上眼瞼）、擴大的鼻孔、嘴唇打開、露出下排牙齒、圓睜的眼睛。

　　臉部表情和其他非言語的表達充當情緒狀態的傳送裝置。然而，兩個注意事項值得考慮。首先是「控制」（control）的議題，即我們是否能夠輕易而準確地控制我們情緒的身體展現。當我們感到驚訝或受到震驚及攻擊時，這導致自律神經系統立即而強烈的反應。另有些情緒顯得較受到我們的控制（相較於其他情緒）。因此，我們也許能夠（相對上容易些）控制我們的姿勢和肢體動作，雖然研究已顯示，當承受壓力時，我們往往經由特定姿勢和

1975	1990 年代	2003
Argyle，《身體的消息傳達》	情緒的科學概念被派上用場	Collett，《The Book of Tells》

人類觀察

Desmond Morris 的書籍《裸猿》(*The Naked Ape*) 在 1967 年出版，它對於人類行為提出進化的解釋。他的論證是，我們是動物（一種靈長類），因此其生物現象受到生物規則的支配。他的技術是充任動物學家的角色對人類 (*Homo sapiens*) 進行觀察，試圖理解人類一些行為或特定動作的意義。他的觀念是，我們在進化論上所受的動物學訓練，再加上縝密的觀察，這應該使我們能夠設計一種引領人類行為的場域。這解釋了我們的許多日常動作和姿勢，也解釋了我們發送和接收之具有情緒上相應內容的一些信號。

為什麼這本書引起人們的熱烈興趣？主要是它細緻描述一些特定行為，像是眼神凝視、自我觸摸或地位展現，然後從進化的觀點解釋它們的意義和功能。

腳部動作而「洩露」自己的情緒。同樣地，我們大部分人覺得我們較不能控制自己的瞳孔擴張和心跳速率。

第二個議題牽涉到情緒的（意識上）覺察。有時候，發送人和接收人兩方都充分覺察到，如在他們臉紅的情況中。同樣地，兩方可能都沒覺察到細微的眼光移動、眉毛動作或瞳孔擴大。專家受過訓練以覺察情緒狀態之特定的非言語相關事項，諸如收斂或神祕的微笑、打呵欠及頭部動作。最後，情緒信息的發送人可能覺察自己的訊息，但是接收人未能覺察 —— 當他們正嘗試掩藏一些事情時。

編碼情緒和解碼情緒 人們的情緒具有傳達意思的功能：經由臉部表情、聲音變化、肢體動作及姿勢，人們顯現他們的情緒。生理激發（physiological arousal）啟動一些特定反應，然後引起特有的表情。因此，恐懼導致較少量的血液流到皮膚和肌肉（因而慘白的臉孔）；至於憤怒則發生相反的情形（「氣得臉色發紫」——purple rage）。

嬰兒從非常早期年齡就開始偵察及應對他們照顧者的不同情緒。他們對於憤怒、厭惡和恐懼顯現特有的反應。後來，他們也開始展現特有和可偵察的情緒狀態：苦惱（哭泣，手指放進嘴中）；生氣（尖叫，發脾氣）；挫折（抓身體，磨牙，捏腳）。

正如我們已被先天設計好（但也被後天教導）編碼（encode，或登錄）

一些特定的情緒，所以我們也已學得解碼（decode）這些情緒。早期研究顯示，人們清楚地表現一些情緒，像是喜悅、恐懼、驚奇及憤怒。有些人像在看無聲的影片，另有些人是帶有配音的影片，還有些人則僅是聽到配音。驚奇和蔑視是最不容易被辨認或解碼的情緒，至於恐懼、憤怒和快樂則是最容易被辨認的情緒。

　　我們利用許多線索以解碼他人的情緒。但是存在一些有衝突的線索，諸如一個人帶著微笑的嘴唇，但是缺乏表情的雙眼。實際上，有些人認為，非言語的傳達遠比言語或發聲的傳達更具效力，因為前者較為誠實，也較不容易造假。

測量情緒　心理學家傾向於採用四種方法來測量這個領域中的大部分事物。首先是自我報告，即人們所說關於自己的事情。這可以經由訪談或問卷來達成。第二種是觀察法，即他人所說關於他

> 哀　傷在情緒中被銘誌為寧靜。
>
> *Dorothy Parker, 1939*

們認識（或他們正在觀察）的當事人的事情。第三種方法是測量當事人執行某一任務期間的行為。最後的測量法是生理層面的資料，包括從血液和唾液的樣本，再到心跳和呼吸的監視，以迄於腦部電信號的每件事情。

　　因此，你可以要求一些人描述他們的感受——他們目前感受或先前感受如何。或者，你可以詢問一些觀察者或群眾，當某人發表演說時，他是否顯得緊張或沉著。你也可以測量當某人在特殊情境中說話或走動時，他有多麼快速或緩慢——相較於他在「正常情況」下的速度。或者，在特定情節發生期間或發生之後，你可以測量當事人的心跳速率、呼吸速度或可體松濃度。

　　這方面的部分疑難是，各種測量方法之間的一致性太低了。因此，當事人可能說他們非常緊張，但是觀察者卻偵察不到。同樣的，當事人可能報告在演說期間還不至於過度焦慮，但是各種生理測量顯示了非常高的激發水平。另一個相關問題是，不同情緒存在不同的生理標記。生理測量可能還是相當粗淺，單純依據生理資料的話，我們無法很有把握地描述當事人正在感受什麼，或先前感受到什麼。

【焦點概念】情緒具有進化上的目的

16 認知治療法

> 「歸因歷程需要被理解，不僅作為一種媒介，以提供個體擁有對他的世界之符合現實的觀點，也是作為一種手段，以鼓勵及維持他在該世界有效的控制訓練。」
>
> *H. H. Kelly, 1972*

該領域的先驅 認知治療法（cognitive therapy, CT）通常被認為起始於 1960 年代。這類心理治療的教父人物被認定非貝克（Aaran Beck）莫屬，他在 1967 年撰述《憂鬱症：起因與治療》，接著在 1976 年完成《認知治療法與情緒障礙》一書。這種研究途徑的第二位創立人物是艾利斯（Albert Ellis, 1914-2007），他開發所謂的「理性情緒行為治療法」（rational emotive behaviour therapy）。他談論不合理信念的 ABC：A 表示個人生活中的促發（activating）事件，B 是個人對於該事件所持的信念（belief），C 則是該不合理信念引起的後果（consequences，包括情緒和行為的後果二者）。他的技術被稱為重新構思（reframing）或重新解讀（reinterpreting），即鼓勵當事人對於所發生事件進行重新解讀，然後發展出健全的因應策略。作為一種治療，它已被證實對於那些為自己設定過高標準，或那些為他們自覺的不勝任在反覆沉思及感到罪疚的人們特別有效。

思維治療 認知治療法之前先出現了行為治療法，後者有時候也被稱為行為矯正術（behaviour modification）。因此，畏懼症患者可能緩慢但蓄意地被暴露於正是引致他們害怕的情境中，以便對他們提供證據，說明這些畏懼不具有客觀的基礎。行為矯正術也採用厭惡治療法（aversive therapy），它把

歷史大事年表

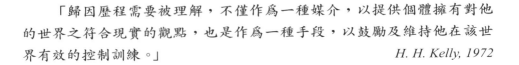

1965	1967
行為論者承認私人思想是行為	貝克，《憂鬱症：起因與治療》

不愉快經驗與某特定活動配對起來 —— 讓酒精中毒者服用一種藥物，每次他們飲酒時，這種藥物會使得他們嘔吐；以及在咬指甲者的指甲塗上極爲苦澀的顏料等等。在各式機構中，代幣獎勵法（token-economies）被廣泛使用；假使人們以清楚指定的方式展現行爲，他們就可以獲得代幣；這些代幣稍後可用來交換一些物品或特權。你也可以鼓勵兒童的一些良好行爲，像是微笑或談話，做法是每次他們自動自發地展現那些行爲時，你就給予他們代幣。

這裡的核心概念是，治療師需要探查人們如何知覺及解讀他們的世界；他們如何思考事件及記憶事件；更特殊的是，他們如何從事歸因（attribute cause）。因此，「認知」（cognitive）這個字詞是關鍵所在：治療的基本觀念是探索認知，然後改變認知。

認知治療師談到「基模」（schemas），它們是一些方式或濾光鏡，我們通過它們以看待這個世界。人們發展出認知偏差（cognitive biases），它們是一些有選擇性的方式，他們藉以看待和解讀事件。因此，他們可能記住自己的學校教育爲充斥著霸凌、挫敗及不快樂（或美好的成就、友誼及實踐），但這些是經過高度選擇的、概括的記憶。人們似乎是武斷而有選擇性的，經常顯現在他們記憶中概判過去的傾向，他們對當前及未來的看法也是如此。

> 對於想要協助自己活得更好的人們而言，認知行爲治療是一種優秀的療法。
> 《英國醫學期刊》，2000

透過思維上的轉變，認知治療法針對於打破（及然後改變）當事人的行爲模式。它的目標是經由對事件的解讀，以良性循環（virtuous cycles）取代惡性循環（vicious cycles）。因此，當事人可能參加一場宴會，但是未能跟別人聊上幾句話；這使得他們認爲自己必然令人厭煩或不具吸引力；這接著導致他們感到沮喪，且因此逃避未來的宴會或婉拒邀請；這當然導致更少的邀約。這造成的感受是覺得自己不具社交技巧、笨拙或醜陋。治療的開始將是首先考慮爲什麼只有少數人在該宴會上跟他們談話的另一些原因，然後改變

1970	1980	2000
艾利斯，《心理治療中的理性與情緒》	壓力接種治療法被描述	CBT 是最被廣泛實施的治療法

當事人信奉的一整套所謂的「邏輯」。

憂鬱症的認知治療法　認知治療法（CT）宣稱，通過在兒童期和青少年期的早期經驗，大部分憂鬱人士已學得極為負面（消極）的世界觀或基模。這種情形的發生可能有許多原因：父母的憂鬱；父母或同儕的批評或排斥；父母之一的死亡或離婚。他們感到挫敗、無助而絕望，認為自己註定會在所做的每件事情上失敗。以 CT 的術語來說，負面的基模（悲觀的世界觀）導致認知偏差（錯誤的信念 —— 起源於負面的基模），然後透過自驗預言（self-fulfilling prophecy）再導致挫敗。

在看待發生在他們自己和他人身上的事情上，憂鬱人士發展出一種特有的歸因或解釋風格。這具有三種成分：內在—外在（究竟起因對他們來說是內在或外在的），穩定—不穩定（究竟起因是暫時的，像是心情，抑或較為穩定，像是能力）以及全面—專對（究竟它影響個人生活的所有層面，或僅是非常特別的部分）。

> **對** 治療師們的調查指出，CBT 在執業心理師中迅速地成為大多數人的取向。
>
> *Brandon Gaudiano, 2008*

因此，負面或憂鬱的歸因風格將會把失敗（在考試上；在獲得升遷上；在人際關係上）解釋為內在（「我的過錯」）、穩定（因為我缺乏能力；古怪的個性）及全面的（將會影響我生活的所有層面）。另一方面，個人可以把未能通過汽車駕駛考試解釋為外在（駕駛教練；當天的天氣）、不穩定（變動的，或可被改變的）及專對的（只影響到駕駛執照的取得）。

認知行為治療法　認知行為治療法（CBT）或許是當前所有治療中最被廣泛使用的療法，而且適用於非常廣延的各種病情。CBT 脫身於認知治療法、理性情緒行為治療法及行為矯正術。CBT 是建立在四個假設上。首先，人們會解讀事件，而不是單純地看待實際發生在他們身上的事情。第二，思想、情感和行為是互相連鎖、互相交織及互相關聯的。第三，為了使治療發揮作用，它必須澄清、然後改變人們如何思考自己及他人。第四，治療應該對準於改變信念和行為二者，因為假使二者被同時著手處理的話，治療的獲益和效果才會更大。

　　治療的典型階段如下：關於當事人重要的日常事件和所有與之有關的思想、情感及行為，取得詳盡的行為日誌；詢問所有不良適應或無助益的信念和行為；然後，嘗試持著一種非常不同心態（mindset，或思想傾向）—— 在這期間完全避免其他想法 —— 接近特定的情境。另一些技術（像是放鬆訓練）也可能被教導。案主被鼓勵施行自我監督和自我內省：檢視他們真正如何思考和如何應對自己、他人及一般外界。

　　治療焦點始終是放在認知上，改變認知偏差和認知扭曲成為較為符合現實而積極的信念。它針對的是那些自動化、不合理的思想，因為經常就是它們導致了憂鬱。對於受苦於焦慮、憂鬱、強迫症及恐慌發作的人們而言，這種治療法似乎特別有效。

治療效能

　　CBT 的擁護者宣稱，它是具有成本效率的、能夠適應不同狀況，而且有良好效果。有些報告指出，它在短期的「療程」中具有 50% 的「治癒率」，這被認為非常成功。因此，假使當事人參加 16 次一對一的治療，每星期一次，有 50：50 的機率他們將可消除精神失調症狀，不會再復發。在嚴重的個案上，當配合適當藥物的使用時，它似乎才有最佳機會協助案主，特別是憂鬱症的個案。

　　認知行為治療法比起認知治療法本身更具效果。然而，它們二者在嚴重的精神失常（像是思覺失調症）上只有適度的效果。認知治療師傾向於低估身體因素和生理歷程，而我們正開始理解這二者其實在憂鬱、痛苦及許多精神疾病上扮演重要的角色。再者，研究已顯示，認知治療法能夠在一些案主身上真正改變不合理及扭曲的思考，卻對於改變他們不良適應的行為沒有太大效果。

　　我們不容易測量任何特定治療的真實效能，這是基於許多原因。病人在他們病情的嚴重程度上各自不同。治療效果有很大程度取決於治療師的性格、能力及技巧，也取決於案主與治療師之間的適合度或化學作用。短期效果可能逐漸消減，隨之出現各種復發情形，因此測量必須在很長期時間中被施行。有些人退出治療，但無法確認是誰或為什麼。再者，許多病人（經常不為他們治療師所知）也參加另一些治療法，以及求助於像是藥物、瑜伽、維他命補充劑及自助措施等。因此，我們不清楚究竟是何者產生何種效應。

【焦點概念】認知治療法可以改變思想和行為

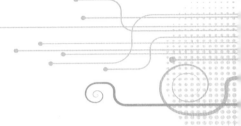

17 IQ 與你

> 「智力測驗有時候顯示一個人如果不接受施測的話，他會是多聰明。」
>
> *L. Peter, 1968*

有些人被視為敏捷、狡黠、聰穎、精明、有才幹、機敏及伶俐。另有些人則被視為遲鈍、愚笨、魯直、笨拙、沉悶及呆滯。前者傾向於擁有良好的分析能力而說話條理分明：他們學習迅速、記住事情牢靠、能夠說明複雜的議題；後者則是相反的情形。聰明的人傾向於在學校和工作上有較為良好的表現。

通俗的觀點　「智力就是智力測驗所測量的東西，如此而已。」許多外行人對於智力測驗的使用深深懷疑。但是他們正確嗎？

聰明（有智力）的人被認為解決問題快速、推理清楚、思考符合邏輯，以及擁有良好貯存的知識，但是他們也能夠衡量訊息，不僅在一般事情上展現智力，也在學術背景中。一般人傾向於貶低分析能力，反而強調不依慣例

IQ 的意義

高爾頓（Sir Francis Galton, 1822-1911）是智力測驗第一位清楚的提倡者，後來也被譽為差異心理學之父。他似乎一直相信智力是一種單一的普通能力（general ability），大致上是繼承而來的，而我們可以通過問題解決的速度和其他相關心智歷程的速度對之作最適當的測量。

雖然專家們仍然無法就智力的確切定義達成一致意見，但是他們的許多定義仍有共通之處，即認為智力是從經驗中學習的能力，也是適應所處環境的能力。

的思考和行為方式。此外，審美力、想像力、好奇心及直覺力是世俗理論的一部分，它們大部分已超出傳統的創造力心理測驗。

　　許多研究已顯示，男性比起女性在智力（認知能力）方面做出較高的自我估計，特別是空間和數學的智力，但是在情緒智力的估計上則是相反情形。然而，綜合而言，人們不是那般擅長於估計他們的實際分數，有些人顯現謙遜，他們往往低估自己的實際能力；另有些人顯得驕傲，他們高估自己實際達成的分數。

施測的歷史　　1904 年，法國教育部聘請心理學家比奈（Alfred Binet）設計一種方法，以之鑑別那些在正規班級中難以趕上進度的兒童們。比奈提出了一份測驗，針對於測量個人的推理能力和判斷能力，他編製測驗題目是透過鑑定一些問題，這些問題可被不同年齡的一般水準的兒童回答出來。

> 有些人是生而平凡，另有些人是致力於平凡，還有些人則被迫平凡。
>
> *Joseph Heller, 1961*

　　兒童首先被發問稍微低於他／她年齡水準的問題，然後被發問難度逐漸提升的一些問題。當兒童無法回答在某一指定年齡水準上的所有問題時，施測程序就終止。比奈測驗的評分是經由註明兒童在哪一個年齡水準上正確地回答所有問題，然後在下一個水準上每多答對一題，就再添加兩個月額外的成績。因此，某一兒童在 9 歲水準的測驗上正確地回答所有問題，加上在高過 9 歲水準上答對三個問題，他將被鑑定為擁有 9 歲 6 個月的「心理年齡」（mental age，或智力年齡）。

　　比奈的測驗被托孟（Lewis Terman）引進美國。不再如比奈那樣計算心理年齡，托孟採用一種稱為智力商數（intelligence quotient, IQ）的測量方法，它表示心理年齡先被實足年齡（chronological age）所除，然後再乘以 100。因此，一個 8 歲兒童擁有 10 歲的心理年齡的話，他的 IQ 將是 125（10 被 8 所除等於 1.25；1.25 乘以 100 等於 125）。這種計算 IQ 的方式一直被使用到 1960 年，然後它就被一種稱為離差智商（deviation IQ）的測量方法所取代，後者的計算方式是拿個人的分數與透過一般人口所取得的分數分配進

1916	1923	1939
斯比智力測驗的發表	史皮爾曼，《智力的本質與認知的原理》	魏氏成人智力量表的問世

行比較。這顯示的是相較於所屬年齡或所屬團體（種族、宗教、國籍）的其他人之下，個人所站立的位置。

　　因此，在 IQ 方面，我們知道有 66% 人們的分數落在 85 到 115 之間，而有 97% 的分數介於 70 到 130 之間；資賦優異（高於 130）或智能不足（低於 70）的人們極為少數。研究已顯示，大部分專業人士的分數高於 120，至於最不需技術工人們的分數則在 90 到 110 之間。

摘要：心理學家關於智力的思索　《鐘形曲線》（*The Bell Curve*, Richard J. Herrnstein and Charles Murray, 1994）是論述智力的一本高度爭議性的書籍，它的發表引起相關人士熱烈的（雖然不一定是有見識的）辯論。這終於導致全世界超過 50 位專家們的一場會議，他們發表一篇優良而簡要的聲明，說明心理學家對於智力的一些思索。

1. 智力的意義與測量

• 智力是一種綜合的心理能力，包含了推理、策劃、解決問題、抽象思考、理解複雜觀念、迅速學習和從經驗中學習等能力。

• 人們沿著 IQ 的連續光譜散布，從低分到高分，可以透過鐘形曲線（「常態曲線」──normal curve）進行良好描繪。

• 智力測驗不是文化偏差的，沒有特別不利於任何族群。

• 大腦歷程作為智力的基礎，它們被理解的程度還很貧乏。

2. 團體差異

• 所有族群（不論是種族、民族或國家的團體）的成員都可在每一個 IQ 水準上被發現。

• 白人的鐘形曲線大約是集中在 IQ 100；美國黑人和非洲黑人的鐘形曲線大約是集中在 IQ 85。

3. 實際的重要性

• IQ 與許多重要成果有強烈關聯，像是教育、職業、經濟及社會等方面。IQ 與生活中的某些領域（教育、軍事訓練）有極為強烈相關，與另一些領域（社交能力）有中等程度但堅定的相關，以及與另一些領域（遵守法律）有適度但一致的相關。

• 無論 IQ 測驗是測量些什麼，它具有重大的實務和社會的重要性。

• 高 IQ 在生活中是一項優勢（有利因素），因為幾乎所有活動都需要施行

推理和決策。沒有什麼事情保證你在生活中一定會失敗，但是在我們社會中，成功的機率是你擁有較高的 IQ 分數，你的勝算較大。

- 假使人們從事的工作／任務越爲複雜（新奇、曖昧、變動、不可預測或多層面）的話，擁有較高的 IQ 就越爲重要。
- 智力的差異當然不是影響教育、訓練和工作差別的唯一因素，但是智力通常是最重要的因素。
- 人格特質、才能、性向及身體技能在許多工作上是重要的，但是仍次要於智力。

4. 組內差異的來源和穩定性（within-group differences）

- 可遺傳性估計值（heritability estimates）的分布範圍從 0.4 到 0.8（在從 0 到 1 的量尺上）；在製造個體間的 IQ 差異上，遺傳比起環境扮演更大的角色。
- 同一家庭成員在智力上有實質的差距，這是基於遺傳和環境此兩種原因。
- IQ 受到環境和身邊人士的影響。個體不是生來就擁有固定、不可改變的智力水準。
- 專家們至今仍不知道如何操弄條件，以便永久地提高或降低 IQ 分數。
- 遺傳上引致的差異不一定是不可矯治的。

5. 組間差異的來源和穩定性（between-group differences）

- 不同族群的 IQ 分數是集中的（趨同的）。
- 無論青少年們離開學校或是進入學校，IQ 的種族差異是一樣的。
- 黑人自己之間在智力上之所以發生差異，其原因就跟白人之間爲什麼發生差異是一樣的。
- 爲什麼跨越族群會發生 IQ 分數的差異，這沒有明確而絕對的答案。
- 對於來自相同社會一經濟背景的個體而言，種族差異較爲小些，但仍然是實在的。
- 因爲關於智力的研究是建立在種族的自我分類上，不一致的發現與族群間在社會和生物劃分上一些不清楚的混合有關聯。

6. 社會政策的意涵

- 研究發現既不指定也不排除任何特定的社會政策。

【焦點概念】什麼是智力商數？

18 Flynn 效應

　　學生是否愈來愈聰明？情況看起來似乎如此，在許多國家中，各級學校和大學的學生成績一致地在提升中。年復一年，政府對這些成果自吹自擂，表示那是由於像是更良好的教學和投資更多設施於學校中等因素所致。有些人主張，這單純是考試變得愈為容易。但情況也可能是學生們更為努力讀書，更為認真而盡責。無論如何，他們會是真正變得更為聰明嗎？

你的親族有多聰明？　　「想像有一份真正優良、準確而公平的智力測驗。這份測驗保證為你真實而全面的智力及技能提供一個清楚而具體的讀數。就像所有的智力測驗，這個取得的分數位於鐘形曲線上，其平均數是 100。我們知道有 66% 人們的分數是介於 85 至 115 之間，有 97% 是介於 70 到 130。假設你相當聰明，你的分數比如說是 135，你將是居於該人口的前 1% 中。

　　你能否記住自己的 IQ 分數？現在對自己誠實一點 —— 不要自誇，也不要虛偽的謙虛！再來，你的父母的 IQ 呢？你的母親或你的父親拿到什麼分數？你的祖母或你的祖父的分數呢？最後，你能否估計你的子女的分數？跨越這幾個世代，IQ 分數是否有任何變動？

> **IQ** 術語始終受束縛於這一些迷思：智力是單一、固定及預先決定的。
> *D. Reschly, 1981*

　　這個領域的研究已顯示，人們相信每一代似乎增加大約 4-6 IQ 分數。因

歷史大事年表

1987	1990 年代
Flynn，《14 個國家中大量的 IQ 增進》	Flynn 效應在許多樣本中被確認

此，你的父母要比你的祖父母來得聰明，而你的子女則要比你來得聰明。每隔 10 到 15 年，我們看到全國性的 IQ 就有一次「跳躍」。

探索 那可能是一般人的信念，但是實情是如此嗎？它是一位美國政治科學家 James Flynn 在紐西蘭所從事的探討，後來就以他的姓氏來稱謂這個「效應」（effect）。當他審查一些知名而受敬重的 IQ 測驗手冊時，他注意到兩件事情。首先，那些描述不同年齡、性別及族群之典型分數的常模（norms）往往沒多久就需要更換。另一件事情是，每隔幾年，同一年齡組的分數就會發生成長。簡言之，人們隨著時間推進表現得更好。這是測驗似乎愈來愈爲簡單，或我們（身爲一個物種）正變得愈爲聰明，抑或兩者皆是。這表示在 1990 年的一個良好分數，它在 1970 年曾是傑出的分數，但是在 2005 年只是平均分數。

研究學者已對這種效應進行查核，發現它在許多國家中和在許多測驗上都是如此。至今已有遠超過 20 個國家的資料接受審查，從美國、澳洲、奧地利、比利時、巴西到英國。再者，各種不同類型的測驗也接受審查，從流動智力（fluid intelligence）測驗、問題解決智力測驗、知識本位的詞彙測驗，以迄於固定智力（crystallized intelligence）測驗。有一項豐富的資料來源是由軍方所保存，軍方對被徵召入伍的士兵測量其 IQ，以確認他們是否應該或能夠成爲戰鬥機駕駛員、潛水艇水手、廚子或憲兵。所得資料顯示，對於這好幾千個同一國家的年輕人而言，他們平均 IQ 的曲線圖隨著時間演進顯現穩定而毫不回頭地向上移動的趨勢。

> Flynn 是相當正確的，大學教授就不曾現身在他們學生新發現的理解力和創造力——街舞——中。
>
> *Chris Brand, 1996*

正如 Flynn 所宣稱的，似乎存在令人印象深刻的證據，指出「大量的 IQ 增進」（massive IQ gains）。但是核心問題成爲：爲什麼？我們真正變得更爲聰明嗎？這當然導致更爲基本的問題，即這些測驗是否真正測量智力，抑或是在測量另一些與智力有關的東西。Flynn 從不曾質疑 IQ 測驗在教育及職業

1999
Flynn，《在美國心理學家中尋求正義》

2005
證據指出 IQ 提升在 1990 年代達到巔峰

2007
Flynn，《智力是什麼？》

背景中的可信賴性、有效性及實用性。

關於為什麼 IQ 分數不斷提升，但實際 IQ 則否。最初，有人提議這可能是出於兩個原因：

- 隨著時間演進（長期下來），接受測試的人們更為聰明了。
- 人們僅是變得更擅長於接受測驗，這是因為他們在學校中已更習慣於參加考試 —— 練習效果（practice effect）的證據。

　　另有些人表示，Flynn 效應是真實的。他們指出身高就是一項類似因素，身高也隨著世代在增長中。我們變得愈來愈高，因此為什麼不會變得更聰明？但是，無論在各級學校或大學中、在專利局或諾貝爾獎委員會中，都沒有紀錄指出 IQ 在這個（相對地簡短）期間有所提升的真正證據。

　　Flynn 效應是一種現象，正在尋求解釋。

　　這項尋求必然會證實的一點是，測驗必須定期而例行地被重新標準化（restandardized）。這可以防止許多錯誤解讀。如此一來，人們才能避免被錯誤分類。例如，一般假定，人們隨著年老將會變得較不勝任於問題解決的

起因

　　研究學者已針對一些領域提出解釋：

教育　在大部分國家中，隨著每一世代，人們花費更長時間在學校中，而學校也配備更良好的設施。學校教育是義務性的，而來自所有背景的人們已逐漸習慣於學習和接受測試。智力顯然與學習有關；因此教育愈為良好且愈為普及的話，分數就會愈高。

營養　現在人們接受較良好的養育，特別是在兒童期，這降低了人口數「倒退」的發生率。愈來愈少人在幼年時（發育期）營養不良，所以常態分配的底端被移動 —— 表示平均分數上升。

社會趨勢　我們所有人現在都遠為習慣於計時的考試，而且對照時鐘來執行作業。隨著人們熟悉測驗和施測程序，他們綜合而言也就表現較好。

父母的涉入　這裡的觀念是，相較於以往，現今的父母為他們子女提供更為豐富的家庭環境，也對他們子女的教育表現更大的興趣。他們抱持較高的期待，也有較深入的參與。現今的趨勢是成立更小型的家庭，使得父母能夠在他們每個子女身上投資更多，這可能也是一個重要因素。

社會環境　世界變得更為複雜而富有刺激性。現代化和新式科技表示人們必須操控更多抽象概念，而這基本上就是智力測驗所要測量的。

作業。但那是因為他們是被拿來跟今日的年輕人進行比較。假使他們是跟在50年前所測量之他們同一年齡層的分數進行比較，很顯然這些變動是極微的。

　　Flynn 效應暗示著智力的變動是環境起因，而不是遺傳起因。雖然我們完全可以想像，有些人會主張較聰明的人會為他們自己和他們子女尋求較具刺激性的環境，這更進一步增進他們的IQ，它指出過去之關於「先天與後天」（nature

> **正** 如同平均身高從好幾代以來一直增長，人們開始好奇是否智力也在提升中。 *Chris Brand, 1996*

and nurture，或天性與教養）的爭辯。因此，為了使 Flynn 效應起作用，環境的影響可能從兩方面產生作用。首先，豐富的環境和持續的努力可以引致IQ 分數的提升。其次，當個人處於貧乏、受汙染的環境，而身邊的人對當事人發展幾乎不感興趣時，就會發生反面的效果。

上升趨勢的終止？　另一些問題的出現則是關於 Flynn 效應是否已開始減緩下來：也就是說，上升趨勢是否現在已經式微。這表示下一代將不會得分高於這一代。事實上，隨著來自許多國家的報告指出 IQ 分數正在減退中，或來自教師們的評估指出，沒有任何證據顯示兒童正變得更聰明（儘管他們增進的考試成績），這樣的懷疑正在高漲中。證據現在似乎逐漸浮現，即假使實際上 Flynn 效應曾經是實情的話，上升趨勢不僅已經終止，而且還倒轉過來。有些人主張，現今有良好理由相信，綜合而言，整體人口的智力正在減退，而不是提升。

　　當然，關於 Flynn 效應的辯論 —— 或是 Lynn 效應（以 Richard Lynn 的姓氏命名），實際上就是反面觀點 —— 已激起民間和學術雙方再度論述，探討智力的定義和測量，特別是在教育（但也包括工作）的背景中。政府、父母及教師們也感興趣於一些技術，這些技術可以「提升」（boost）兒童的智力，以便他們能夠更良好因應生活。它也有另一個作用，就是使得所有能力測驗的出版商審慎地檢視他們的常模，這表示他們似乎需要投入昂貴的（但是非常必要的）費用，以便為他們的測驗定期地「重新建立常模」（renorming）。

【焦點概念】 每個人似乎正變得更為聰明

19 多元智力

> 「不容否認的，數學的天賦是最特殊化的才能之一，但是數學家一族在普通能力或逆境上並未特別與眾不同。」
>
> *G. H. Hardy, 1940*

單一或許多？ 智力完全是「單一事物」？抑或智力是由不同能力所組成？自從 1920 年代以來，心理學家一直在談論「社會智力」（social intelligence），它是關於社會的勝任能力，而不是學業能力。

總括者和分離者 總括者（lumpers）強調概念「g」（general intelligence，普通智力，或一般智力），至於分離者（splitters）則主張智力是由一些非常不同的特有能力（彼此沒有密切關聯）所組成。總括者指出一些證據，顯示當個體被施行一連串不同的能力測驗時（語文推理、空間智力、記憶），它們有高度的相關。這也就是說，聰明的人傾向於在所有能力測驗上都表現良好；一般水準的人表現一般；至於較不聰明的人則表現差勁。分離者則指出許多個別的案例，這些人在某一領域中擁有卓越技能，但是在其他領域卻能力貧乏。

大部分學院派心理學家是總括者，他們相信廣延的現存證據指向一個事實，即人們傾向於在非常不同的測驗上有近似的得分。實際上，這正是作為傳統智力測驗之基礎的假設。

測驗是在測量什麼 IQ 測驗在各式各樣的維度上發生變動：有些測驗涉及推理，另有些涉及記憶；有些涉及知識，另有些則是規則運用。它們測試對於字詞、數值、形狀及回憶的知識，也測試對於實際行動的解釋。因此，

歷史大事年表

1904	1981
Spearman 和普通智力因素（g）	Jensen，《心理測驗的直話直說》

這裡的問題是當建立在很大的樣本上時，測驗分數之間呈現怎樣的相關。答案傾向於支持那些相信普通智力的研究人員，即總括者。所有相關都是正數的：有些高達 0.8，平均值是大約 0.5。這表示儘管各種測驗有很大的變動性，當人們在一項測驗上得到良好分數時，他們傾向於在所有其他測驗上也會得到良好分數。

　　然而，這些相關是在大規模團體中達成的，而當然完全可能會有一些個體是較不一致的，他們在某些測驗上得分極高，但在其他測驗上表現差勁。其次，不可避免地，有些測驗要比其他測驗具有較高的相關，因而形成可識別的一些集群

> 良好的判斷，適切的理解，妥當的推理。這些就是智力的基本活動。
>
> A. Binet and T. Simon, 1916

（clusters）。假使在這些集群上的分數是相關的，那麼分數將會甚至更高。受測者因此在同一集群的所有測驗上都將會表現極為良好、相當平均或普遍差勁。這樣的結果指出一個普通心理能力（general mental ability）的存在，可以稱之為智力或認知能力。這已在至少 400 項研究中被觀察到。

流動智力與固定智力　心理學家主張，你可以在不同水平上測量能力。因此，個人可能接受非常具體的綜合知識測驗，像是完成縱橫字謎，這是心理學家所謂固定智力（crystallized intelligence）的一部分，而固定智力接著又是普通智力的一部分。同樣的，個人可能接受抽象問題解決的測驗（如在數獨作業中），這是在測量流動智力（fluid intelligence）或有效率的問題解決。這裡的含義是，我們給予一個人愈為多樣化的測驗，就愈有裨益，因為我們可以獲致關於他們特定智力水準之更清楚、更值得信賴的讀數。

多元智力　自從葛納（Howard Gardner）在 1983 年提出智力定義以來，多元智力（multiple intelligence）的概念就大為興盛。葛納界定智力為「解決問題或製造產品的能力，它們在一種或多種文化背景中受到重視」，他並具體指出七種智力。他表示語言／語文（linguistic／verbal）和邏輯／數學（logical／mathematical）是在教育背景中典型受到重視的智力。語言智力包含對口說和書寫語言的靈敏性，也涉及學習語言的能力。邏輯／數學智力包

1983	1985	1999
Gardner，《心理的架構》	Sternberg，《超越 IQ》	Gardner，《智力重新建構》

含合乎邏輯地分析問題、解決數學問題及科學性地探討議題的能力。這兩種智力在智力測驗中居於主導地位。

另三種多元智力是以藝術為基礎的：音樂（musical）智力，這是指演奏音樂、創作音樂及鑑賞音樂的技能；身體動感（bodily kinaesthetic）智力，這是指個人有能力掌控自己的身體動作，能夠富有技巧地操控物件；以及空間（spatial）智力，這是指準確感知視覺—空間世界的能力，而且能夠對初步知覺施行各種型態的轉換（即辨識方位和判斷距離遠近的能力）。

還有兩種是人際方面的智力：社交（interpersonal，或人際）智力，這是指理解他人的意圖、動機及慾望，然後與他們有效相處或共事的能力；以及自我認識（intrapersonal，或自知）智力，這是指深入理解自己，然後運用這份認識有效地調節自己生活的能力。

另外三種智力　在他後來的書籍中 ——《智力重新建構》，1999—— 葛納界定智力為「一種處理訊息的生物 — 心理潛能，它可在某一文化背景中被激活，以便處理問題或製造在該文化中受到重視的產品」。在這本書中，他引薦三種有展望的新智力。然而，他只添加一種在原先的清單中，那就是自然（naturalistic）智力，也就是擅長於辨認及分類自己環境中各式各樣的物種（植物誌和動

> 你僅須抨擊 IQ 就能讓自己搏得名聲而受到歡迎；無論你的抨擊有多麼不合理，也無論你對於自己的體系所聲稱的證據有多麼薄弱。
>
> *Hans Eysenck, 1998*

物誌）。擁有這種智力，個人將對於不同物種之間的差異有靈敏感應，有能力跟生物進行微妙的互動。更寬廣而言，這是指理解大自然現象並適應自然環境的能力。另外兩種還不被承認為智力的是靈性（spiritual）智力和存在（existential）智力。

實用智力　還有一種多維度的智力模式，被稱為「連續性」（successful）智力的三元論（triarchic theory），它是由認知心理學家史騰伯格（Robert Sternberg）所提出。智力三元論主張人類智力是由三個層面所構成，即組合性智力（componential）、經驗性智力（experiential）和肆應性智力（contextual）。組合層面指的是個人學習新事物、分析性地思考及解決問題

的能力。這個層面的智力是透過在標準智力測驗上較良好的成績來表明，這將需要綜合知識，也需要在像是算術和詞彙等領域中的能力。經驗層面指稱的是個人以獨特而有創意的方式結合不同經驗的能力，它牽涉原創的思考和創造力，特別是在藝術和科學兩方面。最後，肆應層面指的是個人處理環境的實務層面的能力，也是適應新奇和變動之情境的能力。這個層面的智力類似於一般人有時候所稱謂的「生活智慧」（street smartness，指通曉都市生存之道的人）。

對於多元智力的熱情已導致新智力的「發現」急速增加。因此，「性智力」想像上是關於配偶挑選。關於多元智力的地位，疑難之處是在於無法證實這些新「智力」是實際上的智力，而不會只是一些學得的技巧或人格因素；更重要的是，這些智力是否彼此獨立。關於多元智力究竟彼此相關或真正彼此獨立，這個基礎假設已接受檢驗。事實上，所得資料顯示反面的情形，也就是似乎支持「普通心理能力」的陣營。

事業智力

你是否需要一些特殊能力才能在工作上獲致成就？大部分人認為認知 IQ（或學術 IQ）和情緒智力就已經足夠了。然而，一些心理學家提出各種另類的特殊能力，不可避免地引發不少爭議。

政治 IQ（political IQ）。這是指在曖昧不明而容許個人塑造態度和形象的情境中，個人透過運用政治力量以獲致資源的能力。

業務 IQ（business IQ）。這是指個人知道如何透過各種策略、程序和稽核以使得事情被完成。事實上，它就是指個人理解特定組織所運作的各種成文或不成文的規則，然後在該背景中讓事情完成的能力。

社會─文化 IQ（socio-cultural IQ）。這是真正文化上的知識和能力，以便判讀或整合關於文化的特定線索。它是關於社團的規範、動機及勤務的認識和理解。

網絡 IQ（network IQ）。這基本上是關於各組織間的管理，以及通過其他單位讓事情完成。

組織 IQ（organizational IQ）。這是關於如何在組織中「讓事情完成」之詳細而準確的理解。

再度地，雖然這個觀念引起諮詢師和經理人本身極大的興趣，但是標示它們為「智力」基本上容易使人產生誤解。無論如何，較為合理的做法應該稱呼這些為勝任能力（competencies），它們大致是可以後天學得的。

【焦點概念】存在一些不同類型的智力

20 認知差異

　　政治正確性（**political correctness**）意味著你必然是很勇敢、純真或愚笨才會談論智力上的性別差異；或者，性別差異實際發生在每一件事情上。許多人想要相信男性和女性是平等的，不僅在潛能方面，也在能力方面。他們主張即使存在微小的差異，因為對於兩性可能產生的離間（**divisive**）效應，這些差異不應該被探討或講明。「不要涉足那裡」，研究人員已提出警告。

　　當任何人試圖討論及解釋不同人類團體（如女性 VS. 男性）之間的差異時，很快就會落入意識形態的圈套。這樣的困境在「天性 — 教養」的觀念上，以及在「左派 VS. 右派」的政治立場上也同樣一定會出現。過去一個世紀以來，各有一些時期是「差異」和「沒有差異」兩方觀點各擅勝場。從 1960 年代起，環境論（**environmentalism**）和女權運動（**feminism**）的成長促進了這樣的觀念：性別之間任何可觀察的差異都是社會化／學習的結果。然而，從 1990 年代起，鐘擺已擺動到另一側，朝向較為生物學和進化論的觀點，也就是承認及「解釋」性別差異。

生理性別 vs. 社會性別　　心理學家已辨別幾個詞語的差別：生理性別認同（**sexual identity**，建立在生理性別上）、社會性別認定（**gender identity**，建立在對性別的覺知上）、性別角色（**sex role**，指對於某一性別的人應該如何展現行

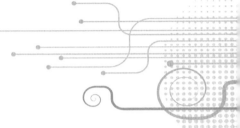

過去 10 年來，頭一次，智力對女孩而言已成為社會正確。

Tom Wolfe, 1987

歷史大事年表

1928	1972
英國女性首度取得投票權	Money，《男人與女人，男孩與女孩》

為的期待）及性別定型行為（sex-typed behaviour，某一文化為該性別指定及禁止的行為）。

貫穿一生的差異　在生命的所有階段中，男女之間始終存在被認定的性別差異。因此，在嬰兒期，我們知道男孩較為活潑而主動，花費較多時間保持清醒；女孩則較為身體上發育而肌肉協調；女孩在 5 個月大時顯現右手的偏好（不是男孩）；女孩擁有較好的聽力，也較愛發聲；女孩進行較多眼神接觸，較感興趣於社會和情緒的刺激；男孩則較感興趣於物體和系統。

在學前時期，我們知道男孩較感興趣於積木建造和各式車輛；女孩偏好洋娃娃遊戲、手工藝品及家事活動；男孩喜歡粗魯而混亂的遊戲；女孩較為敏感而慣於久坐；男孩顯現狹窄的興趣，女孩的興趣較為廣延，包括一些典型屬於男孩的活動（不相稱的性別定型）。性別隔離（gender segregation，同一性別的遊戲團體）在男孩和女

> **身**為女孩的一件了不起且幾乎只會令人舒適的事情，是個人始終可以偽稱自己比起實際情形較為愚笨些，而沒有人會感到驚訝。*Freya Stark, 1970*

孩二者身上都會顯現。男孩團體較為大型，較為關切權力支配的議題；女孩則在二或三個人組成的團體中遊玩，較為分享，也較為關切公平的問題。

女孩發展較多的詞彙，使用較為複雜的語言結構，發音和閱讀也較為良好。男孩較不擅長於表達意思，只是工具性地（以之作為手段）使用語言，以取得他們想要的東西；男性在雙語的發展上較為不利（例如，記憶缺失）至於女性似乎較不會受損。

平均而言，男孩在幾個方面的表現較為優良，像是數學推理、擲鏢遊戲、在複雜圖案中找出幾何形狀，以及旋轉物體。女孩較擅長於記起被移走或取代的物件、回憶故事，以及需要良好動作協調的精密作業。

男孩傾向於表示他們經歷的任何挫敗是由於缺乏努力，至於女孩則通常把她們的挫敗歸之於缺乏能力。女孩顯現較為關切他人的情感，且普遍地較擅長於「推測他人的心思」。男孩較易受到喪失親人、父母分居及母親憂鬱

1974	1975	2003
Sandra Bem 引進雙性性格的概念	性別歧視法案引進英國	Baron-Cohen，《本質的差異》

等所影響，但是傾向於否認自己的失落或傷痛。

　　當然這些資料是建立在總計的平均情況上，不能用來解釋個別的差異。

存在差異　另一方面，有些人表示，智力的性別差異是重要而真實的。他們傾向於選擇這五種論證：

- 男女之間類似的差異在跨越時間、跨越文化及跨越種族上都被觀察到（因此不像是學得的）。
- 依據進化論的專門研究（獵人／戰士 vs. 採集者／看護者／教養者），男女之間在智力上的特定差異完全是可預測的。
- 男女的大腦差異是由產前的性激素首先建立；隨後，各種激素影響男女的能力剖析圖（例如，空間能力受到雌激素的壓制，HRT 保存語文記憶）。

關於 IQ 之性別差異的六項見解

1. 智力既然無法被準確地測量，因此我們難以證實或反駁性別差異的存在。這個觀點經常浮上檯面，特別是由那些在意識形態上就反對智力測驗的教育學者、新聞記者或政治人物所提出。

2. 基於兩個原因之一，男女的差異完全不存在。首先，沒有良好的演化或環境的理論足以假定這樣差異的存在。其次，早期的測驗是那般編製而顯現不出差異。這也就是說，一些分測驗被囊括在內及排除在外，以至於對任一性別都談不上是有利或不利。

3. 兩性之間不存在平均數的差異，但是在兩端則存在差異。因此，男性傾向於在鐘形曲線（常態分配曲線）的兩極端「過度代表」。最聰穎的一些人是男性，最劣勢的一些人也是男性。這表示平均數是相同的，但是男性的分布（distribution）較為寬廣。

4. 在構成綜合智力之整整一長串的能力中，存在許多已被證實而可重複驗證的性別差異。它們是基於進化上可解釋的原因而發生。

5. 所浮現的性別差異並不是真正的差異。它們的發生是出於三個原因。女孩被教導謙卑，男孩被教導自傲，而這份社會使命導致他們以不同態度接近測驗。其次，女孩較不被社會要求應該顯得聰明（特別是在配偶挑選上，這似乎不是她們應有的重要條件），以至於她們投資較少在教育和技能開發上。最後，女性在情緒上較不穩定（相較於男性）；因此，焦慮反映了她們的測驗表現。總之，所浮現的任何差異不是潛在本質的真正反映。

6. 兩性之間存在真正的差異，男性具有 4 到 8 個點數的優勢，在 15 歲之後變得明顯。在青少年期之前，女性事實上擁有優勢。兩性之間差異在空間智力方面達到最大程度。這種差異反映在男性與女性之間腦部容積的差異上（經過體型的校正）。再者，這個「真正」的差異「解釋」男性在藝術、工商企業、教育及科學方面的優越性。

- 男女的性別定型活動（sex-typed activity）出現在性別角色覺知（gender-role awareness）之前。2 歲之時，女孩較勝任於談話，男孩則較擅長於建造的作業。這不是學得的。
- 環境影響（例如，期待、接受訓練）僅是輕微的。它們可能擴大（或也許減低）既存的差異。

天性或教養 有些人反駁生理性別差異的觀念，卻接受社會性別差異的可能性，他們主張性別差異完全是後天學得的。他們表示這些性別差異在每一種文化中都是學得的，因此存在顯著的文化差異。再者，我們如何思考文化上的變動，將會導致性別差異也發生變動。

特別是女性，假使她剛好不幸知悉任何事情的話，她應該盡其所能地加以隱瞞。 *Jane Austen, Northanger Abbey, 1803*

在大部分文化中，男性被認爲是工具性的（果斷、競爭、獨立的），女性則是表達性的（合作、敏感、援助的）。但不是在所有文化中都如此。這裡的論點是，某些文化差異可能是起源於生物差異，但是社會因素已凌駕這一切。生物性不是宿命。媒體已被指控強烈影響了社會性別角色的發展。

至於社會性別差異如何發生，過去 30 至 40 年以來，各種理論已被提出。社會學習理論主張，兒童在他們生活的一些關鍵階段中，透過三種類型的學習而學會適宜的性別角色行爲：直接教導（direct teaching）、模仿（imitation）及觀察學習（observatory learning）。性別基模理論（gender schema theory）提出，兒童接受教導而發展出對於社會性別的一套清楚的信念或觀念，稱爲基模（schema），這協助他們在所處世界中解讀事件及展現行爲。

我們在角色行爲上可以是陽剛（男性化）、溫柔（女性化）、兩者皆是（雙性性格），或兩者皆不是（未分化的）。長久以來，雙性性格被認爲是「最適當」或「最有益健康」的折衷物。這種情形在今日被稱爲是「超越性別」（meterosexual）的人士。

21 羅夏克墨漬測驗

假使人們不願意或不能討論他們最深處的恐懼、希望及意圖，經由詢問他們從圖畫中看到什麼，我們是否可以發現這些潛伏的慾望？他們會不會「投射」（project）他們不被接受（或許禁忌的）的夢想和幻想於一些故事或圖畫中？如在大眾心理學中常見的，這裡的觀念是，當事人的選擇和描述將會「告訴你大量關於他私人的事情」。瑞士心理學家羅夏克（Hermann Rorschach, 1884-1922）早在 80 多年前設計了一種舉世聞名的測驗。但是這樣的觀念在 1895 年已由比奈（Binet）所提議，比奈後來因為設計第一份 IQ 測驗而聞名。

羅氏墨漬測驗最廣為所知的版本是由 10 張印有墨漬（或墨跡）的卡片所組成，卡片上的圖形是以墨汁滴在紙上，對摺壓擠再攤開後所形成，所以圖形是對稱的。施測共使用 10 張圖片，前 5 張是黑色墨漬，後 5 張則是彩色。它們被發現在顯示形狀上最具診斷性。施測者每次給予當事人一張圖片，要求他們說些他們看到什麼。這樣的程序被重複施行。施測者要記錄當事人說些什麼，他們注視每張圖片所花的時間，他們正持或倒持圖片，等等。

測驗的評分 嚴格而言，羅氏測驗的正統施測經歷四個階段。表現（performance）階段需要受試者自發地表達他們在每張卡片上看到什麼。受試者所說的每一件事情都應該被記錄下來。第二是

> 假使受試者描述任何羅夏克墨漬圖形為就僅是墨漬圖形，這將會被視為防衛反應。
>
> *Paul Kline, 1993*

歷史大事年表

1921	1939
羅夏克，心理診斷法	投射技術的新概念

詢問（inquiry）階段，它是頗具結構性的。施測者試著詢問兩件事情，且回頭審視每張卡片。施測者發問的是反應部位（location）和細節（detail）。他檢查受試者當注視墨漬圖形時，是否視爲整體加以反應；假使不是，究竟是哪些部位吸引他們的注意。詢問也包括什麼因素使得墨漬圖形類似受試者所見的物體：形狀、動作、陰影（明暗）或顏色。

　　第三個階段稱爲類推（analogy）階段，施測者探索受試者所做成的選擇，想要知道它們可能意味或表示什麼。在最後的測試極限階段（testing-the-limits-phase），施測者提出另一些「盛行的」作答，發問受試者是否也能看出那樣的圖形。

　　然後，判讀的階段啓動。這很令人驚訝地相當精心推敲，有一些字母可供評分者用來指示各種現象。因此，M 指涉想像力，它涉及人類運動反應，包括所有人類的肢體動作和擬人化的動作反應；K 是指焦慮，它是由顏色和動作檢定出來；D 是讓施測者知道當事人的反應部位是否不尋常；S 是指受試者的抵抗傾向，這是由解讀白色空間或非常微小細節所檢定出來。評分系統可能乍看起來就像是烹飪書與魔術書之間奇特的合成品。

　　下列是一些典型的判讀：

反應	判讀
屢次對墨漬圖案的微小、清楚限定的部位做反應	強迫性格，帶有完美主義和過度拘泥細節
頻繁看見運動的動物	衝動，要求立即的滿足
通常純粹由顏色（單獨）所決定的反應	情緒不受控制，爆發的
經常看見小型、順從的動物	消極、被動、依賴的性格及態度
傾向於看到地圖	審慎及規避的
經常看到臉部面具	不情願顯露真正的自我

　　目前有許多專家系統在爲這份測驗提供評分，但是它們各自側重圖片的不同層面。無論如何，它們的觀念是在從事一種診斷，或是繪製一份眞實個體的側面圖。這裡有一個論證，即人們不能或不會準確地談論他們眞正的動

1943	1954	2004
主題統覺測驗	最爲知名的羅氏測驗計分方法被引進	A. Paul 在《人格的祭禮》中抨擊 Savage

機、希望及野心。他們不能乃是因為他們還無法洞察自己強有力而深層的潛意識動機，也是因為他們單純地無法條理清楚地表達自己。或者，人們從不會真正的說出實情——關於他們最深處的慾望、希望及野心。心理學家掛慮兩種掩飾或說謊。一是印象整飾（impression management），當事人關於自己只說些會製造有利印象的事情。另一是自我欺騙（self-deception），當事人認為他們實際上已說出自己的真相，但很明顯地情況並非如此。投射技術（像是墨跡分析）被認為克服了這些疑難。

墨漬測驗不是心理學中唯一的投射技術（projective techniques）。這些技術的共通之處是它們給予當事人某一刺激（通常是一幅圖畫，但也可能是一種聲音或一種氣味），然後鼓勵他們把自己當前最深處和強烈的思想、情感及慾望投射在該刺激上。當事人接著把他們對該曖昧刺激的感受照實表達出來。刺激越不明確、曖昧或模稜兩可的話，當事人就越會投射自己在刺激上。

投射假說在心理學界已活躍很長一段時間，部分地是因為心理學家似乎較不擅長於揭露人們的動機，特別是他們想要獲致成功和追求成就的動機。因此，David McClelland 採用主題統覺測驗（Thematic Apperception Test，另一種投射測驗，它在心理學界的名聲僅次於羅氏測驗，施測材料是一系列圖畫，而不是墨跡）進行廣泛的研究，宣稱它可以揭露三種最重要而基本的人類驅力（drive）或需求（need）。它們是成就需求（achievement）、權力需求

投射測驗的五大類別

墨跡或抽象圖畫 這些測驗的製作非常簡單，首先把濕的墨汁滴在大型紙張的中央，然後把紙張對折，猛壓使墨汁四溢，以形成不規則但對稱的各種圖形。

聲音 當事人聆聽一些聲音（歌唱、嬰兒哭泣、汽車相撞）或音樂，然後描述他們如何感應。

語句完成 當事人被要求完成下列語句：「我希望我從不曾 ＿＿＿＿」，「我常想到 ＿＿＿＿」，「我最大的恐懼是 ＿＿＿＿」或「我感到很光榮的是 ＿＿＿＿」。

自由繪畫 當事人被要求描繪一些物件（房屋、汽車、父親或母親），然後回答關於這些物件的問題。

具體物件 當事人被要求玩耍、建造或操縱某一具體物件（洋娃娃、積木、沙子），同時描述自己正在做什麼。

（power）及親和需求（affiliation）。這裡的觀念是，人們當面對這些圖畫說一些故事時，這將可提供準確的洞察力，以洞悉他們不能談論的這些驅力。

對投射測驗的批評　關於投射測驗的科學基礎，主要有四個方面的反對意見（有些人是全然否決這些測驗的使用）。首先，它們是不可信賴的，因為不同的專家或評分者會提出相當不同的判讀。假使施測者不能在分數的意義上獲得一致的意見，那就沒有任何信度可言。其次，它們是無效的，因為分數不能預測任何事情。簡言之。

> **簡**言之，我們不能為某特定反應貼上單一而必然的意義；所有事情都是有關聯的，而判讀需要大量的訓練和經驗。
>
> E. J. Phares, 1984

它們不是在測量它們所宣稱打算測量的東西。第三，施測的情境及背景造成了太大的差異。當事人的心情、施測者的特性及施測的環境等都會影響到結果，這表示測驗結果是得自一些不重要的事項，而不是源自一些本質的、內在的因素。第四，施測者無法就該測驗在測量什麼達成一致意見，究竟是態度、能力、防衛、動機或深層慾望。經由測量每一件事情，它們可能什麼也測量不到。

　　如上所述，為什麼這些測驗仍然被使用呢？那麼是怠惰的新聞從業人員、冒充內行的心理學家或涉世不深的經理人在使用這些（不受好評的）測驗嗎？儘管有那些限制，為什麼它們仍被使用呢？

- 它們提供的經常是獨特而頗為吸引人的資料，這是你在別處無法那般便宜、快速而容易（相對上）獲得的。
- 富有技巧而受過訓練的執業人員似乎能夠取得令人印象深刻、可信賴及有見識的發現，這是他們無法從其他測驗或訪談中取得的。
- 資料的豐富性往往使得其他測驗看起來粗略、缺乏光彩（不生動）而閉塞。
- 它們可以補充及追認另一些發現和觀念。

　　因此，在幾近 100 年後，有些心理學家仍然使用墨跡以試圖理解人格，但是對於那些關切如何開發有效而可信賴之測驗方法的研究學者而言，投射技術肯定已變得較不被接受或不合時宜。

【焦點概念】墨跡能夠有助於理解人格？

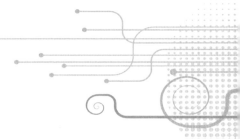

22 偵測謊言

　　如何設計可信賴而以生理為依據之拆穿謊言的方法，這樣的想法始終令人心動 —— 隨著在二十世紀科學小說受到熱愛更是如此。測謊器（**lie detector**）是一種生理方面的對策，試圖偵測當事人的欺瞞。有些人曾嘗試藥物或自白藥（**truth-drug**，能使人吐露真言的藥物）的方法，但成效不彰。

探查真相　　準測謊器的最早期紀錄可以追溯到古印度和中世紀天主教會，它們提出一些方法以探查實情。嫌疑犯被要求咀嚼各種物質，然後將其吐出。吐出東西的容易程度和唾液的黏稠度反映了內心的罪疚。這些人所觀察的是恐懼會導致唾液分泌量減少，且唾液變得黏稠。今日，我們將會說焦慮影響了控制唾液分泌之自律神經系統的活動。

　　在十九世紀，各類科學研究人員試圖測量恐懼的另一些認定的生理指數。當審問嫌疑犯時，各種儀器被派上用場，包括「體積描記器」（**plethysmography**），它可以記錄手臂的脈搏和血壓、手指顫抖、反應時間及語詞聯想等。

多功能記錄器的歷史　　測謊器（或多功能記錄器 —— **polygraph**）是在1930年代所發明，但是從1970年代中期起，各種心理學研究人員對測謊器展開嚴格的調查，幾乎全部譴責它的使用。1988年，「測謊器保護法案」禁止美國雇主要求或規定員工必須接受多功能記錄器的測量。然而，在美國半數的州政府中，測謊器證據仍然是被承認的。多功能記錄器現在遍及全世界

歷史大事年表

1938	1960 年代
Marston，《測謊器測試》	測謊器被廣泛使用在工商企業中

多功能記錄器如何運作

多功能記錄器測量自律神經系統的活動,它是經由把感應器(sensors)貼附在身體的不同部位上:胸部、胃部、手指等。這些感應器測量呼吸(深度和速率)、心臟活動(血壓)及流汗的變化。它也可能測量腦部的電活動。儀器的指針(indicator)只會顯示生理變化,經常是由情緒所引起。該儀器擴大從感應器(放置在身體的一些特定部位上)所蒐集的信號。它偵查的不是謊言,而是一些特定情緒(恐懼、憤怒、罪疚)所引起的生理變化,但究竟是這些情緒中的何者則不清楚。當事人被發問一些「熱門」或切題的問題,也被發問一些「冷門」或控制的問題。這裡的假設是,對無辜的人而言,他們在應答(答覆)切題和控制的問題方面不會顯現生理差異。但是有些人比起他人會較為活性化(有較強的反應性)。

藥物可被用來壓制自律神經系統的活動,使得任何生理紀錄不能獲致具體結論。更令人操心的是,人們可以接受訓練而以許多技術來欺騙測謊器。如此一來,測試不僅將變得高度不可信賴,也將會產生反效果:疏遠及誤解無辜的人,而讓犯罪的人逍遙法外。

測謊器仍然在三種不同背景中被使用:刑事調查、安全審查及人事甄選。有些人表示,說謊者的基率(base rate)太低而從來不會是準確的。另有些人表示,這樣的測試引起了不良印象。無論如何,有些人主張,接受測試或威脅有必要接受測謊,這已導致人們承認一些他們否則將不會承認的重要事情。因此,測謊即使不具準確性,它可能仍具有實用性。

被使用,從加拿大到泰國,從以色列到臺灣,雖然它們的使用是受限的。

測謊器的妥當性　為了可被接受為一種測驗,測謊器必須最起碼符合一些標準。首先,需要有標準化的施測程序,這些程序必須被充分描述、明確而可以重複施行。其次,需要有客觀的計分方法。第三,需要有外在之妥當的效標(criteria)──這樣的效標必須始終而準確地顯示能夠辨別真相與謊言。

研究人員指出,測謊的評鑑必須考慮到四個因素:

• 「準確性」(accuracy)與「實用性」(utility)之間的差別 ── 測謊器如何能夠具有實際用處,即使它不是準確的。

• 尋求基本真相(ground truth)── 在無法絕對肯定誰是說謊者的情況下,

決定測謊器的準確性有多麼困難。

- 說謊的基本率（base rate of lying）—— 當一群嫌疑犯中只含極少的說謊者時，很準確的測試會以多大程度產生許多失誤。

- 遏阻說謊（deterring lying）—— 當威脅將會被測謊時，這樣的威脅如何抑制一些人，使得他們不說謊，即使測謊程序是不實的。

　　在實驗的情況下，人們獲得錯誤分類：很高比例的犯罪者被認為是無辜的，反之亦然。這裡的問題是：為什麼如此？有多高比例？這會帶來什麼後果？錯誤分類可能是 2-10%。但是把憂慮、誠實的人判斷為說謊者，而把精神病態的說謊者判斷為說實話，這樣的後果已導致各級政府和學術機構禁止（或至少是反對）測謊器的使用。

擊敗儀器　你能否擊敗測謊器？基本上有兩種方法可達成這點：身體或心理的對策。身體的手段可能涉及自我施加的疼痛（咬舌頭；把大頭針藏在鞋子中；拉緊及放鬆肌肉）。心理的手段可能包括倒數數字，或甚至試著心懷色情的思想或幻想。這些方法是意圖提供真實、顯著但卻是誤導的讀數。

> 謊言當完全是謊話時，它可能會被識破而受到不客氣的抨擊。但是謊言夾雜部分的事實時，它就較難以被反擊。
>
> *Alfred Lord Tennyson, 1859*

> 臉孔可能含有許多關於欺騙的不同線索：縮影表情（micro-expression）、壓擠的表情、臉部肌肉的拉扯、眨眼、瞳孔擴大、流淚、臉紅、臉色蒼白、不對稱、時機的失誤、場所的失誤及虛偽的微笑。其中有些線索提供了洩密，出賣所隱瞞的訊息；另有些提供了欺騙的線索，指出某些事情正在被隱瞞，但沒有指出是什麼；還有些則標記某一表情是虛偽的。
>
> *Paul Ekman, 1976*

情緒「洩密」

關於說謊的線索，許多是尋之於情緒和言辭的端倪（口說的語言）：

- 反應潛伏期，也就是問題的結束與當事人應答的開始之間經過的時間。說謊者花費較長時間。
- 停頓（躊躇）頻率和長度，也就是當事人對於將要說些什麼或已經說些什麼似乎不確定的次數。
- 語言距離 —— 當事人不說「我」、「他」或「她」，而是抽象地談論，即使是當回想他們曾牽涉的事件時。
- 說話失誤 —— 猶豫、遲疑、佛洛依德式口誤（Freudian slips），過度使用「嗯」和「哦」，突然改變談話的速度。
- 緩慢但不順暢的說話 —— 彷彿他們在說話的同時還試圖思考，但被當場看穿。它是隨著特定問題而產生步調的變動，提供了「有些事情不太對勁」的線索。
- 太熱心（急切）於填補沉默的空間 —— 當沒必要時還不斷說話。說謊者過度彌補，對於常發生之相當短暫的停頓似乎感到不舒服。
- 太多的「音調提高」 —— 也就是說，不像在答話的結尾時音調會下降，當事人反而提高音調，像是在發問問題。它可能聽起來像是「你現在相信我嗎？」（Do you believe me now？）
- 聲音失去共鳴 —— 它變得平坦，較不深沉，較為單調。

另外也有一些非言語的線索：

- 扭動身體（侷促不安） —— 當事人在椅子上有太多移位。這顯現在有頗多及不尋常的頭部、腿部、腳部及軀幹的動作。
- 有太多的眼神接觸 —— 這是因為說謊者傾向於過度補償。
- 細微的表情，或表情（如驚訝、傷害、慍怒）的閃動不定及忽隱忽現 —— 除非身體被凍結，否則難以察覺。
- 撫慰姿勢的增加 —— 自我碰觸臉部及上半身。
- 臉部表情的變化 —— 特別是微笑、眨眼及眼睛凝視的姿態。

【焦點概念】測謊器可被借助使用，也可能被誤用。

23 權威人格

　　什麼樣的人會接受納粹意識形態而參加大屠殺（指二次世界大戰期間納粹黨人對猶太人的大屠殺）？什麼驅使人們那般確定，堅信他們是正確的而其他人是錯誤的？為什麼他們會在那般多議題上堅持基本教義的信條？

人格與納粹主義　　在二次世界大戰後，一群以美國為據點的社會科學家，在 Theodor Adorno 的領導之下，提出了上述的問題。這導致一本稱為《權威人格》（*The Authoritarian Personality*）書籍在 1950 年發表。

　　他們的理論聚焦在個體如何成為社會邪惡的起因。它的基本論證如下進行。透過經常而嚴厲地處罰及羞辱他們子女（為了甚至是輕微的違規及觸犯行為），父母帶進了權威（獨裁）主義。這使得子女對他們父母懷有敵意，進而延伸到所有權威人物和那些擁有權力的人。然而，這些子女意識上不承認這項攻擊，因為它可能引致更多處罰。此外，他們還正在依賴他們父母，而父母被認為是應該敬愛的對象。因此，論證繼續進行，他們壓抑的敵意發生轉移，轉而投射在社會的較弱勢成員身上。權威主義者幾乎總是種族中心的（ethnocentric），因為他們持有一種確切、簡單而不可動搖的信念，即相信他們自己種族、文化及民族團體的優越性，同時極為蔑視其他團體的所有成員。這很容易就導致對那些成員的殘忍對待、攻擊行為，以及赤裸而公開的歧視。

　　雖然這樣的論證似乎言之成理，卻受到不少批評，不但是因為其他許多

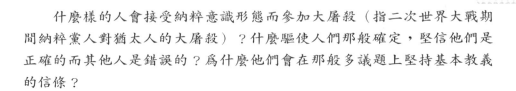

1950	1954
Adorno 及其同事們，《權威人格》	Eysenck，《政治心理學》

加州 F 量表

因循主義（conventionalism）　嚴格地信奉傳統中產階級的價值觀。（「服從和尊重權威是兒童應該學習的最重要美德。」）

權威順從（authoritarian submission）　不加批判地接納權威。（「年輕人有時候會有叛逆的觀念，但是隨著他們長大，他們應該加以克服，然後安頓下來。」）

權威攻擊（authoritarian aggression）　對於違犯傳統規範的任何人加以譴責的傾向。（「當一個人有不良的態度、習慣及教養時，很難期待他們能夠跟正派而體面的人相處。」）

性慾（sex）　誇大地關切正當的性舉止。（「同性戀幾乎可視同為犯罪行為，應該被嚴厲懲罰才對。」）

反對內在感受（anti-intraception）　拒絕軟弱或多愁善感。（「企業家和製造商要比藝術家和教授對社會重要多了。」）

迷信和刻板印象（superstition and stereotype）　相信行動之神秘的決定因素，以及僵硬、無條件的（絕對的）思考。（「有一天，或許情況將會變成占星術可以解釋大量的事情。」）

權力和強硬（power and toughness）　執迷於支配他人。（任何薄弱或困難都不能逼迫我們後退，如果我們有足夠意志力的話。」）

破壞性和憤世嫉俗（destructiveness and cynicism）　一種普及之敵對和憤怒的感覺。（「人性就是那副樣子，我們將始終會有戰爭和衝突。」）

投射性（projectivity）　傾向於把內在的情緒及衝動朝外投射。（「大部分人不了解我們生活多麼重大地受到秘密機關策劃的陰謀所控制。」）

因素也導致權威思考和權威行為的發展，也是因為歧視（偏見）行為是受到他人 —— 強力的情境因素（見第 24 和 25 單元）—— 的塑造。

　　當情境涉及任何性質的曖昧性或不確定性時，權威人格者會刻意避開這樣的情境。他們不願意相信「好人」會擁有善良和邪惡二者屬性。然而，他們經常顯得對於政治事務較不感興趣，較少參加政治和社區的活動，以及傾向於喜歡堅強的領袖（領導人物）。

測量權威性格　現存有一些測量權威性格的方法；最為知名（因此也是最被廣泛使用）的是加州 F 量表（California F scale），在《權威人格》一書中

1960	1973	1981
Rokeach，《開放與封閉的心靈》	Wilson，《保守主義心理學》	Altmeyer，《右翼權威主義》

首度發行,試圖測量偏見和僵化的思考。專欄中檢定9種因素和陳述,反映了該量表的各個層面。

種族中心主義與曖昧性迴避 多種不同概念顯然與權威主義的概念產生關聯。這些包括保守主義(conservatism)、教條主義(dogmatism,或獨斷態度)及種族中心主義(ethnocentrism)。有些概念強調思考風格,另有些強調偏見(prejudice)。但大部分主張這種「態度症候群」(attitudinal syndrome)——而不是一種人格特質——的發生是出於遺傳/繼承和環境因素二者的作用。這些理論的核心觀念是一種普及的易感性,當面對曖昧性或不確定性時,容易感受到焦慮和威脅。

因此,基於各種原因(能力和性格,早年生活和當前情勢),權威主義者感到自卑而不安全,害怕將會缺乏清晰度。如些一來,他們的動機就是迴避不確定性。權威主義者不喜歡提倡複雜性、革新、新奇、冒險或變動的任何事情或任何人。他們也傾向於不喜歡衝突和決策,使得他們的個人感受和需求從屬於外在權威。他們服從規則、規範及習俗;但更重要的,他們堅持別人也應該這樣做。

因此,保守主義者和權威主義者執迷於整頓和控制他們內在及外在的世界。他們喜歡簡單、固定而不能通融的職務、法律、道德、義務及規則。這影響了每一件事情,從他們對藝術的選擇以迄於他們如何投票。

封閉心靈、教條主義及權威主義人士的特色展現在三件事情上:極力地排斥對立於他們立場的所有觀念;他們各種信念之間低度的連結性;極不同於他們不相信的那些事情,他們對自己相信的事情/議題持有遠為複雜而正面的觀念。

右翼的權威主義 這個領域最近的研究工作完全放在右翼的權威主義上(right-wing authoritarianism, RWA)。我們之所以做這樣的劃分,主要是因為認識到左翼人士(像是史達林主義者和托洛斯基主義者)也同樣可能是權

> 有些權威體系要求所有人參加公社的生活,只有隔離居住的人才不會被迫跟著起舞,不論是透過違抗或順從他人的命令。
>
> *Stanley Milgram, 1974*

教條主義

封閉的心靈和獨斷的態度是與權威主義有密切關聯的一些概念。它不是屬於智力的事情，但是心胸開放（open-minded）的人確實解決問題較為快速，他們似乎能夠較迅速把所得資訊綜合為新的觀念。這就是為什麼他們似乎樂於處理新穎、困難及奇特的問題。當面對新奇的觀念時，心靈封閉的人傾向於過度攻擊或退縮。有許多關於獨斷態度的問卷。這裡是採自它們的一些陳述。

• 在我們這個錯綜複雜的世界中，我們可以知道發生怎麼一回事的唯一方式就是依賴

可被信任的領袖或專家們。

• 每當有人頑固地拒絕承認他是錯誤的時，我的血液就沸騰起來。

• 這個世界有兩種人：那些擁護真理的人和那些反對真理的人。

• 大部分人就是不知道什麼是對他們好的。

• 這個世界現存的所有不同哲學中，大抵上只有一種是正確的。

• 現今被刊登的大部分觀念都不值得它們被付印的紙張。

威主義的性格。這裡的觀念是，RWA 是由三種「態度與行為」的集群所組成。首先是對於既存權威的全面順從；第二，對那些權威的所有「敵人」產生普及的攻擊性；第三，盲目遵循已建立的社會規範和習俗。因此，那些持有強烈 RWA 信念的人是絕對論者（absolutists）、恃強欺弱者（bullies）、教條主義者（dogmatists）、偽善者（hypocrites）及狂熱分子（zealots）。他們熱衷於擁護各種形式的懲罰，且懷疑自由派人士和自由主義。他們對自己所擁護的一切毫不加批判，而且有時候是前後不一致的，甚至持著互相矛盾的觀念。關於自己持著雙重標準，他們很明顯地不介意別人的批評，但是同時自以為是，毫不知道謙遜，也不會自我批判。

權威主義者出現在各行各業，雖然他們確實會被一些符合他們特定價值觀的職位和宗教所吸引。他們較喜歡描述自己為「思想正直」（right-thinking）、品行端正、講道理、有禮貌及誠實的，而不是權威人格。然而，他們的政治理念和宗教信念將使得他們相當容易被看穿。

【焦點概念】獨裁者是天生或教養的？

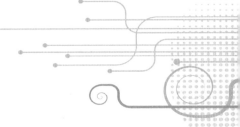

24 服從權威

「這個世紀的社會心理學揭露一個重要的課題：在決定你將會如何舉動上，通常重點較不是在於你是屬於哪一類的人，而較是在於你發現自己正處於哪一種情境。」

Stanley Milgram, 1974

當 Adolf Eichmann（他曾把 600 萬猶太人送進納粹煤氣房中）為他在大屠殺中的角色而受審時，他的答辯是「我僅是服從命令」。美國士兵在越南馬蘭村（1968 年時，美軍認為這是越共盤據之地，村民因而遭到美軍集體殺戮）聽從 Calley 中尉的命令時，他們也說了同樣的話。我們可能會說，只有在戰爭期間神智失常的人才會有這樣的舉動，但是絕不會發生在像是你和我這樣的人身上。然而，心理學家已顯示，它可能發生，而且也確實發生。

從眾 vs. 服從

為什麼人們會順從、從眾及服從他人的命令？服從（obedience）和從眾（conformity，第 25 單元）是不一樣的，它們的差別在下列幾方面：

外顯性（explicitness） 在服從中，對行動的指定（命令）是外顯的；至於在從眾中，順從團體的要求是隱含的。

階級（hierarchy） 從眾調控的是同等地位受試者的行為；至於在服從則是把一種地位與另一種地位連接起來。

模仿（imitation） 從眾是模仿，服從則不是。

意志論（voluntarism） 因為從眾是對隱含的壓力的一種反應，受試者解讀她／他自己行為為自願的。然而，服從情境被公開界定為個人缺乏意志；因此，受試者可以借助對該情境的公開定義作為她／他的舉動的充分解釋。

歷史大事年表

1965	1968
Milgram 在該領域的首次探討	越南馬蘭村的集體濫殺

著名的研究　在二十世紀的心理學界，最爲戲劇化的實驗或許非 Stanley Milgram（1974）的實驗莫屬，他發表的書籍引起了一場風暴。他的研究顯示，親切、正常、中產階級的美國人打算把一個無辜的人電擊至死，只因爲對方不太擅長記誦一些配對的字詞。

　　志願者被告知，他們將要參加一項關於人類學習的實驗。他們被指定的工作包含對一位學習者施加電擊 —— 每次當學習者在學習配對字詞間的聯想上發生失誤時。志願者看到他們「同一組的另一位志願者」被用皮帶綁在椅子上；他們看到電極軟膏，而電極貼附在對方的手臂上。在某些案例中，他們聽到他們的「學生」（即「學習者」）告訴實驗人員他有輕微的心臟病情，但是實驗人員對志願者再三保證，雖然電擊可能帶來疼痛，它們將不會引致永久的組織傷害。

> 人性所能做到的所有善行都包含於服從之中。
> *John Stuart Mill, 1859*

　　實驗人員引導「老師」（不知情的志願者）到另一個房間中，對她／他展示電擊儀器，她／他將要以之傳送「懲罰」。它是一台外表令人印象深刻的儀器裝置，裝有許多開關，上面標示電擊的強度，從 15 伏特到 450 伏特，每一級增加 15 伏特的強度。這些開關的底下還貼有標籤，描述電擊的一些特性，從起端的「輕微電擊」到中間地帶的「強烈電擊」，以迄於尾端的「危險：嚴重電擊」，最後兩個開關底下根本沒有字詞，只畫上簡單、陰森的「XXX」。

　　對於學習者的第一次錯誤作答，老師被要求對他施加 15 伏特的電擊，然後每次學習者犯錯，就再電擊一次。對每次的錯誤作答，老師被指示提高他的懲罰，即增加一級（15 伏特）的電擊強度。學習者事實上是實驗人員的一位朋友；唯一施加的眞正電擊是請老師試一下電擊滋味的樣本電擊（45 伏特）。但是老師對這些毫不知情。

　　實驗情節在開始時相當乏味：學習者在一些配對聯想上答對了，但是沒多久他犯錯了，被「施加」輕微之 15 伏特的電擊。直到 75 伏特前，老師沒有收到任何徵兆指出她／他正引起學習者的疼痛。但是在 75 伏特時，學

習者發出喃喃的抱怨聲。教師經由通話器可以聽到對方的怨言。在 120 伏特時，學習者對實驗人員大聲喊叫，表示電擊已帶來重大疼痛。在 150 伏特時，學習者尖叫，「我受不了了，讓我離開這裡！我不想再待在實驗中！」隨著實驗的進行，學習者繼續因疼痛而大聲哭叫及強烈抗議，強度漸次提升，達到 270 伏特時成為極度痛苦而竭力的尖叫。嚴格說來，實驗人員和老師現在從事的是一種折磨（torture）。

折磨與死亡　在 300 伏特時，學習者在絕望叫中喊叫，表示他將不再回答字詞配對。實驗人員（我們冷靜、堅定的權威人物）實際上告訴志願者，學習者「不作答」就視同犯錯，必須繼續對之施加電擊。從這一點起，志願者就聽不到學習者發出聲音；她 / 他不知道學習者是否還活著。志願者無疑可看出「折磨」已變得毫無意義，無論怎麼做都無濟於事：因為學習者已不再作答，他當然不再是參加一場學習實驗。當志願者抵達電擊開關的尾端時，他被告訴對所有後繼的「犯錯」繼續施加更高等級的電擊。當然，志願者在身體上可以自由離開實驗，以解除受害人的痛苦；受害人是被綁在椅子上，但沒有什麼東西阻擋志願者離開現場。

40 位參加實驗的男性志願者中，有 26 位繼續做到盡頭（即按下 450 伏特的電擊開關）；有相同數目的女性（40 位中的 26 位）也繼續做到盡頭。只有當實驗人員告訴他們停止之後，這些充分服從的受試者才終止對受害人施加 450 伏特的電擊。

> **絕**對不要下命令，除非你的意思是要對方服從。
> *Anon*

更進一步的研究　這項研究被重複施行，變更各種特性，以便它們對服從的影響可被觀察。更進一步的研究獲致如下的結論：

• 跟受害人的接近性 —— 受試者愈接近痛苦的受害人，他們就愈少服從。
• 跟權威者的接近性 —— 受試者跟發號命令的權威者愈為遠離的話，他們就愈少服從。
• 機構背景 —— 在一棟破敗的辦公大樓中執行該實驗，這只輕微地降低服從行為。
• 從眾壓力 —— 服從的同伴提高受試者的服從；反抗的同伴大為降低受試者的服從。

另外的解釋

評價憂慮　當人們參與於某一研究方案時，他們通常感到研究人員正在評價他們。為了顯現自己是有助益而「正常」的，他們會做實驗人員要求的任何事情，雖然他們在真實情境中不必然會這樣做。

受試者的角色　研究的參與者也可能會有不一樣的舉止，這取決於當他們加入研究時，他們所採取的受試者角色。有些人試著履行「良好受試者」的角色，他們謹慎地遵從指示，而且認真地執行該研究的所有要求。另有些人可能採取不善良或負面（消極）的受試者角色：他們抱怨該研究是無足輕重而不引人興趣的，因此屢屢拒絕跟研究人員合作。

實驗人員效應　訴求特徵（demand characteristics）是指實驗情境含有的一些特徵，使得志願者相信，他們被要求以某一特定方式展現行為。更普遍而言，它是指在實驗情境中，受試者因為感受到實驗人員的訴求，從而主觀地刻意表現出他自以為符合訴求的行為特徵。Milgram 的實驗人員是極度「一板一眼的」。

- 發號命令之當事人的角色 —— 當發號命令的人被視為是合法（正當）的權威人士時，受試者展現最高的服從行為；在 Milgram 的研究中，受試者普遍服從實驗人員，但是不服從另一些受試者。
- 人格特質 —— 在 Milgram 的研究中，所評定的特質（志願者的特質）與服從行為只有微弱的相關。
- 文化差異 —— 跨文化之重複驗證的研究顯示，不同文化存在一些變異（variation）；但不論哪一種文化，服從行為傾向於居高不下。
- 態度與意識形態的因素 —— 在 Milgram 型式的實驗中，有宗教信仰的人較可能服從。

　　在 Milgram 的實驗中，服從不是一件志願者交付他們的意志給實驗人員的事情；反而，它是一件實驗人員說服志願者，指出他們有道德義務繼續做下去的事情。實驗人員展現不近人情（缺乏人性）的行為，這局部地維持實驗人員—志願者之間關係的「道德」層面。

　　研究人員已把注意力轉向理解（及教導）為什麼有些人會抗拒服從，以及如何抗拒服從。Milgram 的實驗也許仍然是整個心理學界最為知名的研究，你不難看出原因所在。

【焦點概念】為什麼我們會順從、從眾及服從？

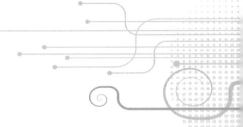

25 從眾行為

　　社會學教科書含有一些章節，論述脫離常軌的行為；心理學教科書則是論述從眾行為（conformity）。社會學家感興趣於（及困惑於）為什麼有些人會反抗、違背或不順從社會的規範和準則。他們檢視各種團體和社會，以之作為「分析的單位」。

　　心理學家以個體（或頂多是小型團體）作為分析的單位，他們同樣困惑於為什麼人們會從眾。為什麼青少年打死不願意穿上學校的制服，卻實際上穿著打扮都差不多？為什麼我們會有「時尚受害人」（fashion victims），他們盲目而昂貴地追隨群眾？究竟什麼真正或想像的社會壓力引致人們追隨別人的行為或領導？

實驗　從眾行為的探討上有兩項著名的研究：一項是在黑暗中進行推測；另一項是在清朗的情境中從事決定。第一項研究是在 80 年前由 Muzafer Sherif 所執行，它要求學生們坐在完全黑暗的房間中，觀看眼前屏幕上一個微弱、單一的光點。注視一陣子後，就會覺得該光點在往返移動（因為缺乏參考刺激），這稱為似動現象（apparent motion）。學生被告知應指出何時開始移動、移動到何處及移動矩離。事實上，該光點是靜止不動的。但是在暗室中，實驗人安排的同謀者或「助手」大聲宣稱他們看到光點的移動。實驗人員發現，一般人容易受到同謀者的影響，傾向於同意同謀者的判斷。最終，我們「真正」的受試者將會被說服而相信靜止光點的移動。因此，在曖昧不明的情境中，人們傾向於追隨有自信而前後一貫之同伴的行為。關於正發生些什麼事情，我們覓之於他人以便給予我們啟迪及指點。

歷史大事年表

1936	1952
Sherif，《社會規範的心理學》	Asch 發表最為知名的研究

第二項研究是在 1952 年由心理學家 Solomon Asch 所執行。學生們（在 5 個人的團體中）被要求參加一項知覺的研究。他們被呈現大約 30 對的卡片：一張是「標準卡」，另一張是「對照卡」。標準卡上面有一條直線，對照卡上面有三條直線，標示著 A、B、C，各自有很清楚不同的長度。你很簡單地只需要說三條直線中的哪一條跟標準卡上的直線有同等長度。這是很明顯而清楚的。但是，實驗參與者所不知道的是，所有其他四位學生志願者都是同謀者（實驗助手），而她／他總是被安排在最後一位表達她／他的答案，即在她／他已聽過前四位大聲說出他們的答案之後。他們大聲說出他們的答案：A，A，A，A……但是 A 不是（很明顯地）正確的答案。真正的受試者應該說什麼：錯誤的（從眾的）答案 A；正確的答案 B；或是另一個錯誤的（反從眾的、不正確的）答案 C？

大約三分之一的受試者動搖自己的想法，轉而順從團體的判斷。有些人提出正確的答案，但很顯然對自己這樣的作為感到不自在。這是從眾行為一個重要的實證。

> **從**眾性是人類的一面，獨特性則是另一面。
> *Carl Jung, 1960*

更進一步的研究 Asch 的實驗被重複施行許多次，變更不同的特性以看看它們對從眾行為會產生什麼影響。

> **終**究，美國人的理想是每個人應該儘可能地相似。*James Baldwin, 1955*

- 作業的困難度和曖昧性 —— 作業愈為困難，或刺激愈為曖昧不明的話，就有愈多受試者會採納他人的見解，以之作為資訊的來源，特別是在跟社會現實（social reality）有關係的意見及能力上。
- 刺激的性質 —— 從眾行為依隨人們被要求從事什麼類型的判斷而有頗大的變動：問題愈為依據事實而清楚的話，這將導致愈少的從眾行為。
- 來源確實性 —— 當事人愈為確信影響力來源（做決定的他人）的可靠性和正確性的話，他們就愈可能順從對方所做的決定。
- 團體大小 —— 關於團體大小與從眾行為之間關係究竟是直線（團體人數愈多，所發揮的影響力就愈大）或曲線（有最適宜的人數，它最能奏效，在

1955	1960 年代	1980 年代
首次探討從眾者的性格	關於從眾行為之文化差異的研究	從眾概念被使用在銷售技術上

這之後，影響⼒就降低下來），研究⼈員的意⾒不⼀致，雖然似乎確實存
在引起從眾之最適宜的團體⼈數。

- 團體判斷的全體⼀致性 —— 團體判斷愈爲全體⼀致的話，就愈能引發從眾
⾏爲；儘管僅有相當少數的⼈背離⼤多數⼈的意⾒，這已⾜以導致從眾反
應的⼤量降低。

- 團體構成和吸引⼒ —— ⾼等地位的凝聚團體，以及享有聲望的男性，傾向
於最能引發從眾⾏爲：團體愈具吸引⼒的話，個⼈就愈可能受到團體的影響。

- 團體接納性 —— ⾼等地位的⼈享有「特別的信譽」，他們能夠偏離常軌，
極低地位的⼈或被排斥的團體成員也是如此；⾄於中等地位的⼈通常最爲
從眾。

- 私下或公開的⾏爲 —— 當被要求公開地提出他們的判斷或展現⾏爲時（⽽
不是私底下），⼈們傾向於較爲從眾。匿名（anonymity）情況對於從眾⾏
爲有極強⼒的影響。

- 團體先前的成功或失敗 —— 當團體擁有成功的過去歷史時（相較於過去⼀
直失敗的團體），個⼈將會較爲順從於該團體。

- 少數⼈的⼀致性（堅定性）—— 信⼼堅定⽽富有凝聚⼒的少數⼈形成⼀個
有代表性的次團體（subgroup），這可以重⼤影響⼤多數⼈的意⾒。這裡
最重要的是少數⼈必須在⽴場上是⼀致⽽堅定的，這樣才能對⼤多數⼈產
⽣影響。

爲什麼隨從他⼈？ 因此，基本的問題是，爲
什麼⼈們會從眾？簡易的答案是⼈們想要⾃⼰是
正確的，以及他們想要被喜歡。他們的反應針對
的是資訊性影響（informational influence）和規
範性影響（normative influence）。

> **爲**什麼你必須像其他每
個⼈那樣身爲⼀個不
墨守成規的⼈？
>
> *James Thurber, 1948*

我們觀察別⼈以尋找⾃⼰應該如何舉⽌的線索。什麼是正確的禮儀（成
規）？當我們相信⾃⼰較不懂某⽅⾯知識，⽽我們相信身邊的⼈較爲消息靈
通時，我們就愈有可能「隨從群眾」。這似乎是合理的做法。我們會從眾也
是因爲喜歡「融⼊」團體，贏得社會的接納。這是社會壓⼒的真正本質。我

們這樣做是因為我們需要歸屬感。我們大部分人認為自己是社會團體的一分子。作為成員之一，我們需要遵從一些準則及規範。因此，社會從眾行為協助我們維持我們自覺的（或實際上真正

跟 同伴在一起時，採取他們的格調。
The Earl of Chesterfield, 1747

的）團體成員身分。所以，在不同的時間和在不同的場所中，我們對團體規範作出反應，或排斥團體規範。實際上，我們甚至可能成為反對順從的人。

　　最後，當人們擁有一些性格或處身於一些文化時，他們易於從眾。自信心偏低的人和較為權威態度的人較易於從眾。那些較為成熟的人和擁有較高自我強度（ego strength）的人較不會從眾。另外也有證據指出從眾的一些文化因素。有些文化傾向於較為個人主義，它們對從眾行為施加較少壓力（相較於集體主義的文化）。同樣的，對那些持有強烈之宗教或政治意識形態的人們而言，他們傾向於較為從眾。

贏得順從

　　政治人物和父母，推銷員和教師利用各種技術以獲得他人的順從。

腳在門檻內（foot-in-the-door）　這種技巧也稱為得寸進尺法，它是首先要求人們做些較小的讓步（在請願書上簽名，從事不起眼的改變），然後就可以要求他們做些較大的讓步──你真正想要爭取的事情。這種方法的奏效有兩個條件，一是假使首度的要求剛好大到足以使得人們思考他們正在做些什麼；另一是假使他們相信他們有充分的「自由意志」加以拒絕的話。這裡的觀念是讓人們相信他們是有幫助的；因此他們就會順從再度的、更大的要求。

門前技巧（door-in-the-face）　這也稱為漫天要價法或以退為進法。這裡，你先試著提出一個很大的要求（「請給我 10 英鎊」；「你可以借我你的汽車嗎？」），在遭到對方拒絕之後，你緊跟著提出一個遠為小的要求，這時候對方很可能就答應了。這種提出讓步及懷柔的要求的做法引發了互惠性（reciprocity）──支配人際互動的基本法則之一。為了使之奏效，第一個要求必須被拒絕，第二個要求最好是由同一個人提出，這樣目標人物才會感受到互惠的壓力。

不僅如此（that's not all）　你對某人提出一個價格，但在他們答覆你之前，你提高你的提議的恩惠性──不論你是透過降低價格、增加數量或添加附贈品。這之所以奏效也是通過上面所述的類似原理。你是有助益而被喜歡的……所以他們也應該如此。

26 自我犧牲或自私自利

為什麼有些人「擁有英雄的氣概」？另有些人看到他人涉險，卻是無視於對方的惡劣境況及懇求？為什麼有些人樂於為他們家人犧牲自己的性命？但為他們的朋友則不肯？是否存在真正的自私自利？

在日常的基礎上，我們悠遊於社會交易或社會經濟學。我們互惠地施捨及接納。有些人援助別人，自告奮勇地做一些事情，是想要掩飾自身的利益。另有些人「利他性地」（altruistically）擔任義工，以便學得技能、加強工作展望、獲得團體的承認或贊同、減輕愧疚、提升自尊或表達他們個人的價值觀。

好心的撒瑪利亞人　　是否存在一種可被識別的人類類型，我們可以準確地將之描述為是利他型人格？一項研究已鑑定一些特定人士，他們都是因為利他舉動而聲名在外。該研究試圖發現他們

> 「**利**他主義者」為了他自己和他最親密的家族，期待來自社會的回報。
> *Andrew Marvell, 1650*

有什麼共通之處。它顯示最為關鍵的生活史因素是，他們童年時發生過失落的創傷經驗（諸如雙親之一的死亡），隨之立即地（幾近同時地）受到他人的援助。該研究似乎暗示，後來的利他舉動是充當一種手段，藉以處理依存狀態的痛苦情感，以及處理對於失落之憤恨及焦慮的情感。

我們都親眼看過一些汽車絕塵而去，路旁有旅行的人陷入無助的困境，但沒有人停下車來伸出援手。為什麼有些人要比別人更常提供援助？這方面存在性別差異的證據，但是這些差異似乎較與利他行為的類型有關，而與利

歷史大事年表

西元 100 年	1950 年代
好心的撒瑪利亞人（the Good Samaritan）的寓言	戰後對於在納粹德國中救助猶太人的善心人士進行研究

助人行為與利他行為

助人（helping）與利他（altruism）之間存在差異。利他的本質是人們救助他人，毫無預期自己的提供救助會有任何外在來源的酬賞。心理學家談到親社會行為，它是指目標在於幫助另一個人而所執行的任何舉動。親社會行為的動機可能是利他的，也可能不是利他的，利他是指致力於援助他人，即使是以付出自己生命為代價。對某些人來說，這表示做一些事情完全是出於「個人內心的美德」，因為他們對於處身於困境的當事人感受到同理心（empathy）。

他行為的數量無關。男性在俠義、有膽量、英勇的親社會行為（pro-social behaviours）上占優勢；女性則是較為在撫養或照顧方面居上風。

人們傾向於援助來自他們自己文化團體的他人。因此，我們較可能援助在種族、宗教、語言及人口統計上很明顯屬於同一團體的人們（相較於另一團體的成員）。跨文化研究已傾向於顯示，集體主義文化的國家有較多的助人行為（相較於個人主義文化的國家）。另一項發現提及西班牙字「simpático」，表示「友善」、「助人」及「客氣」的意思。有些研究已發現，來自說西班牙語和拉丁美洲國家的人們實際上展現最高的利他行為。

另一路線的研究已指出「神清氣爽：樂於行善」（feel good; do good）的因素。各種研究已顯示，當人們心情舒暢時，他們遠為可能援助他人。贈送當事人一份小禮物，播放愉悅而昂揚的音樂及恭維他們，他們將自願地為別人提供更多援助。然而，另也有證據支持「負面心境緩解」

> 罪惡感、自我毀滅、性競爭，以及對於同性戀的衝突是引發慷慨行為及利他行為的基礎力量。
>
> *Sigmund Freud, 1930*

（negative-state relief）的假說。這個假說主張，有些時候，人們當心情哀傷及煩惱時，他們也會幫助他人，以便讓自己覺得好受些，藉以減輕自己的憂悶。同樣的，有些人感到罪疚，他們也被發現提高了自己的助人行為，或許是為了減輕他們的愧疚。所有這些表示，臨時發生的一些因素影響了我們的心情，而這可能實際上影響我們對貧乏的人伸出援手。

1968	1980	1990 年代
旁觀者介入的研究	Dawkins・《自私的基因》	慈善團體探討如何開發及利用利他性格

佛洛依德學派的思索 精神分析學家總是在行為上尋找更深層的意義，特別是當他們認為該行為表達一些潛在衝突時。他們把同一利他行為視為兩種非常不同的驅力（drives）的表明。有些人慷慨大方，援助行為的發生是因為把自己和「受害人」視為一體。利他人士也有可能是認同他們過去生活中一些樂善好施的人物，像是父母或教師。

但是佛洛依德學派也相信，利他行為可以是對抗負面衝動的一種防衛，也就是抗衡焦慮、罪惡感或敵意的一種神經質症候群（neurotic syndrome）。因此，窮困的兒童可能成為一位慷慨的施捨者。經由提供援助，他們不會再因為身邊都是些貧困的人而感到無助，因此，他們身為施捨者和接納者兩種角色。

另有些人可能對自己的貪婪和嫉妒產生罪惡感，為了抗衡這種不舒服的感覺，他們採取施捨（giving）的行為。有些人負債在身，施捨以減輕他們的罪疚。更進一步而相當弔詭地，佛洛依德學派談及以敵意為依據之反向作用（reaction-formation）的施捨。因此，施捨者透過提供援助而掩飾攻擊性的表達。

助人行為的進化心理學 這個探討途徑的核心信條是親族選擇（kin selection）的概念。當一個人（親族）跟你共有愈多的基因時，你就愈有可能伸出援手。因此，為了確保你自己基因的存續，你會援助那些擁有你的基因的人們。生物重要性法則已深植於人類行為中，而且不被察覺到。

> **我** 願意為兩個親兄弟或八個表（堂）兄弟犧牲我的生命。
>
> *J. B. S. Haldane, 1974*

然而，進化學家提出互惠規範（reciprocity norm），它是指一報還一報（tit-for-tat）的行為，即人們假定援助別人將會增加他們也援助你作為回報的可能性。嚴格說來，這是助人行為，而不是利他行為。然而，有些學者提出，對於學會和實踐社會之規範及文化的人們而言，他們將有最佳的生存機會，因為文化教導了生存技能和合作行為。所以，人們在遺傳上已預先設計好學習利他的文化規範。然而，關於對完全陌生的人施以英勇、捨命式的利他行為，進化論的解釋似乎就不夠具有說服力。

背景與決策 情境因素可能要比個人因素更為重要。對於住在小鎮或鄉村的人們而言，他們要比城市的居民較可能伸出援手。「都市過度負荷」（urban overload）假說指出，隨著人們住在大型、擁擠的都市中，很少與他人交往，

他們要比鄉下居民較少對他人伸出援手，這是因為他們受到各式各樣刺激的轟炸，經常被刺激所淹沒了。

　　個人在某一地區居住愈久，且認同該社區的話，他／她就愈可能提供援助。當居住的流動性因素愈高時，社區就愈不穩定，也就將愈少出現任何性質的援助。反過來說，當人們處於公社的關係時，他們投資愈多在自己社區的長期未來上，他們因此較可能提供援助。

　　無疑地，這個領域最為知名而反直覺的研究發現是旁觀者效應（bystander effect）。它顯示旁觀者的人數並不能帶來安全。簡言之，當一個陌生人發生危急事件或處於困境而需要救助時，旁觀者（或目擊者）的人數愈多的話，這個人就愈不可能獲得救助。

　　這方面研究已導致旁觀者介入之五步驟決策模式的發展。它主張人們必須先通過五個步驟，然後他們才會提供援助。

- 他們必須明顯地注意到該事件。有些人匆匆忙忙，專注於在手機上談話，或以其他方式而心不在焉，他們可能單純地沒有注意到緊急事件。
- 他們必須解讀該場面為危急事件而需要他人伸出援手。許多緊急事件是混淆不清的，人們觀察自己周遭的人以尋找線索。假使別人似乎不太關心，人們就不太可能主動作出反應。情境的曖昧性（含糊不清）導致了錯誤解讀及冷漠。
- 他們必須承當某種程度的責任。人們必須決定伸出援手是他們的責任，而不是別人的責任。這個問題只能寄託在自己身上。
- 他們必須覺得他們知道如何提供援助。人們因為一大堆與自覺的勝任能力有關的原因而不伸出援手。自認為對於機械裝置一竅不通，這表示人們可能不會援助受困的駕車旅行的人。
- 他們必須決定伸出援手。人們基於各種原因而不幫助他人。他們可能擔心自己會難堪或困窘，因為他們記得曾經自告奮勇伸出援手，卻因為對該情境的錯誤解讀而遭到冷落或拒絕。在好訴訟的社會中，他們可能擔心在某些情境中（幼童、撕開衣服）援救別人反而帶來法律糾紛；或單純是援助所需的成本和代價對他們來說（從時間的角度，可能的花費）太高了。

【焦點概念】 真有「利他性格」這樣的事情？

27 認知失調

我們大部分人覺得有必要為我們的行動辯護，無論它們看來是多麼奇特及古怪。癮君子都知道尼古丁成癮會嚴重損害健康。但是他們通常是自我辯護的行家及能手。他們會說一些事情，像是「吸菸不如人們所說的那般危險」，或「我有一位伯父，他每天吸 60 根香菸，長達 70 年，到了 90 歲才滿足地駕鶴西歸」。

理論　認知失調論（cognitive dissonance theory）主張，當我們表現的行為與我們的信念及態度發生不一致時，我們會感受到一種負面狀態，稱之為認知失調，然後我們將會試圖解決這種處境，不論是透過改變我們的態度或行為（或二者），以便降低它們之間的不一致。這也就是說，我們的態度將會改變，因為我們受到強烈的驅策，設法維持我們的信念和思想（認知）的前後一貫。認知失調顯然具有動機的作用，使得我們致力於達成均衡及協調。因此，行為改變可能導致態度改變，這要比其他各種手段來得容易多了。

認知失調發表「理由不足效應」（insufficient justification effect）：當我們的行動不能被外在酬賞（像是金錢）或強制力量（像是命令）做充分的解釋時，我們將會感到失調，我們可以透過辯護自己先前的行動來減輕這樣的失調。

必要條件　失調被喚起，它必須在非常特定的情況下被減輕下來。僅注意到我們的行為不符合我

> 假使魔術的技藝基本上是製造不協調，再假使人類本質是痛恨不協調，那麼為什麼魔術的技藝依然興盛不衰呢？
>
> *R. B. Zajonc, 1960*

歷史大事年表

1930 年	1946
關於「一致性原理」的論述	Heider 的平衡理論

們的態度是不充分的。首先，人們必須感到他們態度是自由選擇及完全自願的，而且他們個人對之負有責任。假使他們是受到一些外界力量或威脅的強迫（或缺乏選擇的情況）之下才有那樣的舉動，失調不必然會被喚起。一項研究檢驗這一點，它「請求」或「命令」學生們寫一篇文章，內容是關於他們私人並不支持的一個有爭議性的主題。研究結果顯示，當學生是選擇（而不是被命令）寫那篇文章時，他們的信念發生最重大的轉移。

> 「**認**知失調」假說似乎是建立在文化特有的不舒服上，即美國人當注意到自己從一個場合到另一個場合顯得不一貫，或擁有一些互相矛盾的目標時所產生的不舒服。
> *N. Much, 1995*

第二，個體必須感受到自己已堅定地涉身於這項態度－行為的不相符，無法加以撤銷。假使該行為是容易變更或挽回的，這減輕了失調狀態。在一項研究中，人們被告知他們可以或不可以跟一個人（受害人）碰面，他們先前曾公開地反對這個人。研究結果發現，那些相信他們能夠道歉的人較不感到失調 —— 相較於那些無法撤回（取消）他們說過的話的人。

第三，他們必須相信他們的行為會為自己和他人帶來重要的後果。假使後果是微小或無足輕重的，他們不太可能感受到任何失調。最後，當所牽涉的特定態度或行為是人們之自我概念、自尊及價值觀的核心時，他們感受到最重大的失調壓力。

在另一項研究中，學生們被要求寫一篇短文，所要表達的意見相當不同於他們自己的觀點。有些人對該短文置之不理，或甚至背地裡說反話；另有些人則被告知，他們的短文將被使用在廣告宣傳中，或被貼上電腦網路。研究結果發現，對於那些他們違反態度的觀點有可能被曝光的學生而言，他們最受到驅策，想要轉變他們的態度以解決他們的失調狀態。

失調的弔詭 該理論陳述如下：

• 假使個人被迫以違反他們信念的方式表現行為，他們將會感受到失調。

• 強迫該行為的力量愈大的話，失調就愈小，反之亦然。

• 失調可以經由改變態度而被減輕下來。

1957	1960 年代	1980 年代
Festinger 描述認知失調	首次決策後失調的研究被執行	理論被廣泛使用在「說服性溝通」上

• 當迫使行動的力量弔詭地很輕微時，態度的改變最大。

　　這在 1959 年執行的一項著名研究中被實例證明。三組大學生被要求單獨在一個小房間內執行一項冗長、重複、枯躁而單調的作業。有些人被支付 1 元美金，另有些人被支付 20 元美金，控制組則什麼也沒有。做完作業之後，他們被問起該作業的情形。那些只被支付 1 元美金的大學生說服自己，表示該作業極為好玩而有趣 —— 相較於被支付 20 元美金的大學生的評定。1 元美金的大學生面對一種左右為難的困境：他們是否能夠／應該承認他們已為了「微不足道的金額」而被「收買」，一項便宜的賄賂？這不太容易。因此，他們重新解讀該事件。20 元美金的大學生較不會感到為難：假使金錢的數目對的話，人們願意做很多事情。

　　我們喜歡認為自己是有禮貌、親切、有道德心及正直的人，不太可能引起無辜人們的傷害或苦惱。因此，假使我們做了一些傷害人的事情，像是忽視、責罵或甚至襲擊另一個人，我們的失調會被喚起。如果我們無法透過道歉或賠償以「撤銷」這項行為的話，解決我們的困境的最簡單方法就是更進

入會儀式

　　認知失調論也預測，為什麼人們會變得喜歡及贊同他們曾經引以為痛苦的事情。因此，有些人在初、中級學校經歷過體罰（被甩巴掌或以藤條鞭打），他們卻宣稱這對他們有好處，而不是傷害，而且他們也將可從中獲益。同樣的，有些人在加入兄弟會或社會時，經歷過痛苦或屈辱性的儀式（入會儀式或成人儀式），他們後來卻傾向於重視及支持這樣的經歷。認知失調論指出，為了辯護自己痛苦的經歷，我們的做法是提高那些引致我們痛苦的社團（如兄弟會）的地位。這種現象有時候被稱為「入會儀式的嚴格考驗」。因此，我們不難理解，為什麼當過兵的男士在多年之後仍然津津樂道、大肆吹噓他們過往的經歷。

　　在一項研究中，女性被要求判斷她們認為一場關於性心理之相當沉悶而不得要領的團體討論多麼有趣或精闢。為了加入這項實驗，她們需要通過甄選。一組受試者僅需要朗誦一張表單，所唸的字詞具有輕度的性色彩（例如，「男妓」「賣春」），但是並不淫穢。至於另一組則需要大聲唸出猥褻的文字和摘自赤裸裸的色情小說的一段關於性交過程文章。這樣做的目的是使得甄選極度令人困窘（侷促不安），或不會令人困窘。研究人員的預測是，感到困窘的受試者將會辯護她們的「甄選測試」，進而評定該場團體討論遠為有趣多了 —— 相較於不感到困窘的受試者。研究結果證實了這樣的預測。

一步貶損受害人 —— 透過指出他們有多壞,完全值得我們對他們的苛刻對待。

失調、銷售與說服 推銷員知道一致性受到社會的重視:不一致性可能被視為偽善或不誠實。一致性也使得我們較具效率,因為每次我們面對新的情境時,我們不需要經歷新的決策歷程。

這裡的觀念是,一旦我們做出決定、採取立場或給予承諾,我們將會面臨個人及人際的壓力,要求自己的行為與該承諾維持一致。這就是為什麼推銷員會問這樣的問題:「如果價錢對的話,那麼你會買嗎?」他們的觀念是讓你儘快地(甚至在你不假思索之下)涉身某一立場,然後你就覺得你應該信守該立場。

因此,「順從專家」(不論他們是醫生、推銷員或教師)試圖誘使人們做出跟該行為維持一致的口頭承諾,他們在稍後階段將會據以對人們提出要求。當人們是公開做出承諾,花費一番努力及顯得完全自願時,這樣的承諾最能產生效果。通常,人們會添加新的辯護以支持他們先前決定的明智性。因此,「我們致力於尋求和保持一致性」,這在銷售技巧中是一項強力的武器,往往造成我們的行動方式不是基於我們的最佳利益。

決策後失調

我們所做的許多重要決策(像是接受某一職務或購買房屋)涉及從事一些困難的選擇。許多人草擬一張表格,列出有利事項和不利事項,以協助他們做出有見識的選擇。在這層意味上,人們痛苦地察覺到他們的認知失調。

一波又一波的研究已顯示,我們在做了決策之後會辯護我們的決策,所採取的策略是提高我們已做之決策的價值,而且貶低我們所謝絕之決策的價值。這種情形被稱為「買主的思鄉病」(buyer's nostalgia)。人們注意到他們更頻繁閱讀他們已購買之產品的廣告,熱切而密集地在他們採購之後,而不是採購之前。在決策之後,籬笆另一邊的牧草就不再那般青蔥。

因此,研究也已顯示,賭徒表示他們在下注後,他們覺得對自己的勝算較有信心 —— 相較於他們下注之前。投票人對於他們所投票的候選人感到較為正面而肯定 —— 相較於在他們實際投票之前。

【焦點概念】 避免不一致(前後矛盾)是一種強力的動機

28 賭徒的謬誤

> 親愛的艾比：我丈夫和我剛好產下我們第八個孩子──另一個女嬰，而我是一位徹底失意的婦女。我猜想我應該感謝上帝，因爲她是一個健康的女嬰，但是，艾比，這個嬰兒被認定應該是一個男孩才對。即使醫生也告訴我，平均法則是對我們有利的 100 比 1。
>
> 摘自「親愛的艾比」專欄，由 *Abigail Van Buren* 所選述，聯合郵報通訊社

從古羅馬哲學家西塞羅（Cicero），經過文藝復興時期，直至於今日，神職人員、數學家及科學家一直致力於揭露機率的法則。然而，對許多人來說，整體關於機會、風險及或然率的玩意兒

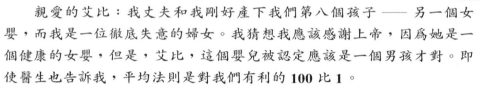

> 機率是生命真正的嚮導。
> *Cicero*，西元前 *100* 年

仍然是神祕的不透明體。例如，考慮前面所提到的那位醫生，他告訴失意的婦女，她產下男孩的或然率是 100 比 1。事實上，在她生產之前，只有兩種可能的結果──男孩或女孩。因此，她產下男孩的或然率不是 100 比 1，而是 1 比 1。爲什麼她的醫生會發生那麼大的差錯？關於這個乍看似乎很容易的問題，它的解答告訴我們大量關於人們如何進行思考的事情。

建立在謬誤上的城市 那位醫生相信他的病人產下男嬰的機會很高，顯然是因爲她已一連串生下七個女孩。因爲前七個出現的號碼都是黑色，輪盤賭徒就把賭注押在紅色上，顯然也是利用相同的邏輯。但是問題在於輪盤賭具沒有記憶；每次轉動都是獨立（無涉）於上一次轉動。無論黑色已出現多少次，紅色的機率還是完全相同。同樣的，產下男嬰的機率與先前的生產情形

也沒有關聯。個人未能認識這點就被稱為賭徒的謬誤（gambler's fallacy），它也被稱為蒙地卡羅謬誤（Monte Carlo fallacy），或許是因為賭城的利潤有很大部分就是依靠這種謬誤的存在。賭徒的謬誤對於心理學家頗為重要，因為它提供了一道窗口，藉以瞥視人們如何從事複雜的判斷。

代表性捷思法（representativeness heuristic）

許多判斷作業要求我們付出的認知能力已經踰越我們訊息處理的容量。當這種情形發生時，我們的因應之道是依賴一些策略，稱之為

> 正 如視覺感官會發生錯覺，心智也有它的錯覺。
>
> *Pierre Simon Laplace, 1825*

捷思法（heuristics，或直觀推斷法）。捷思法是一些心理捷徑，使得我們能夠迅速而有效率地從事判斷。這些經驗法則（rules-of-thumb）就類似於直覺；它們使得我們能夠順利運作，不用經常停頓下來，從第一個原理開始把問題整個思考一遍。但是問題是在於，雖然捷思法通常有助益，它們也可能導致錯誤。實例之一是代表性捷思法，就它的最簡單形式來說，它是指我們應該就某一事件多麼適切「代表」我們的經驗來判斷它的發生機率。例如，太陽總是從東邊升起，所以我們假定「它始終將會如此」大致上是正確的。太陽從不曾從西邊升起，所以判斷「它將絕不會如此」也是良好的推測。代表性捷思法經常導致良好的判斷，但不一定總是如此。例如，考慮下列的問題：

> 在某一城市中，所有家中有六個孩子的家庭接受調查。在 72 個家庭中，男孩和女孩的實際出生順序是 GBGBBG（B = 男孩，G = 女孩）。你不妨估計一下，在所調查的家庭中，有多少個家庭的實際出生順序是 BGBBBB？

因為每次出生是獨立事件，這兩種出生順序有同樣的發生機率（所有其他出生順序也是如此）。然而，當諾貝爾獎得獎人 Daniel Kahneman 及其同事 Amos Tversky 把這個問題提交給一群受過大學教育的人們時，超過 80% 的人相信，第二種出生順序的可能性只有第一種的一半。他們推理的進展像

是這樣：前一種次序有 3 個女孩和 3 個男孩；這種比率在一般人口中比第二種出生次序的 5 對 1 比率多。既然第一種出生次序是較具「代表性」的，它被判斷爲較可能發生。對「失意婦女」的醫生來說，一連 7 個女孩在整體人口的男孩和女孩呈現 50：50 的分配中顯然不具代表性，所以他預測下一個嬰兒將會是男孩，以使得出生情況趨於平衡。

賭博之外的用途　代表性是這般令人無法抗拒的捷思法，它甚至可能引起健康方面的恐慌。例如，有些時候，新聞報導指出一些工作場所、學校或醫院發生高於「正常值」的癌症病例。這些被稱爲是癌症集群。社會經常的反應是尋找環境的起因：例如，高壓電線、空氣品質或手機基地台的放射波。大眾的壓力導致健康專家動用他們有限的資源於追蹤起因。但是他們很少找到原因，因爲這樣的觀察首先就是有缺失的。預期每一棟大樓和每一個工作場所會跟一般人口那般有相同的癌症病例的分布，這就如同預期每個家庭有同等數目的男孩和女孩，也如同預期輪盤每一連串的轉動會有同等數目的紅色和黑色的結果一樣。隨機事件可能（也實際上會）產生集群現象；不能理解這點，就會引起不必要的恐慌，而且浪費寶貴的資源；否則這些資源將可被更妥善用來解決眞正問題，而不是假想的問題。

理解風險　行爲經濟學家已顯示人們在從事統計方面的思考上有多麼拙劣，他們甚至有某種程度的數字遲鈍。考慮這個例子：「Fred 被那些認識他的人描述爲安靜、勤勉而內向。他很注重細節、不是非常果斷，而且不特別愛好社交。」你認爲他較可能是一位圖書館員？抑或是一位推銷員？你願意押多大賭注在你的答案上？不肯動腦筋的人大部分會選「刻板印象中的圖書館員」。但是等一下：在這個國家中有多少人是圖書館員？又有多少人是擔任銷售的工作？銷售員的人數大約是圖書館員人數的 100 倍。再者，銷售員之間有很大的差別，取決於他們販賣的是什麼。Fred 可能是推銷極爲專門、高科技的設備，對象是一些從事研究的科學人員。這個議題被稱爲「忽視基本率」：在任何情勢中認識全盤的或然率。

認識你的或然率　你贏得樂透彩的或然率有多少？低於被閃電擊中，低於被毒蛇咬到，也低於搭乘飛機時發生墜機事件。人們當涉足海水時仍然害怕

如何在樂透彩贏得高額資金

這裡是讓你的心理學知識幫你賺大錢的方式之一。假使你有玩「全國樂透彩券遊戲」，而你想要擴大你的獎金到最大值的話，你不妨選擇六個連續的號碼（1、2、3、4、5、6 或 22、23、24、25、26、27，或其他一些有規律的組型）。因為它們不「代表」大部分人認為會實際開出的結果，很少人選擇這樣的號碼序列。但因為所有序列都有贏得彩金的相同機會（實際上幾乎沒有），你選擇六個連續號碼的勝算不多不少也跟別組號碼擁有同等機率。但是，純粹靠運氣，假使你的號碼真的全開出來，至少你不需要跟任何人平分你的獎金。

鯊魚，儘管從不曾看到牠的行蹤 —— 僅因為超過 30 年前推出的電影「大白鯊」。同樣的情形也發生在購買保險單上。你應該為自己投保墜機險？抑或投保竊盜險？當然是後者，因為它較常發生；前者（謝天謝地）極為罕見。

除了基本率的問題外，另外有知名的「大數偏誤」（bigness bias），也會導致統計上的失誤。人們通常較為注意大數 —— 相較於他們對小數的注意力。數目遲鈍極常見之於人們如何思考及使用他們自己的金錢。Gary Belsky 和 Thomas Gilovich —— 他們在 1999 年寫了一本關於行為經濟學的書籍，題為《為什麼聰明人會在大錢上犯錯》—— 提出一些有益的祕訣，以便克服不良的統計推理：

• 不要為短期的成功而覺得很了不起：總是要考察長期的趨勢。
• 保持平常心，因為機遇在投資上扮演重大角色，而我們容易被短期的機會因素所誘惑。
• 認識時機什麼時候站在你這一邊：趁早準備及啟動，不要忽視通貨膨脹的力量。
• 認識基本率（base rates），而且隨時提醒自己基本率的問題。
• 走中庸之道，因為有得必有失，有失必有得。

【焦點概念】 我們的認知失誤為我們的思考方式提供了一道窗口

29 判斷與問題解決

「他擅長於判斷人們」,「就個人來說,我不願意信任她的判斷」,「我認爲他們幾乎總是製造較多問題,而不是在解決問題」,「我們需要成立一個委員會,以授予這項決定應有的重要性」。問題解決是思維心理學的核心所在。它探討一些不同的相關議題。

問題解決(problem-solving)是一種具有明確目的、目標導向的智力活動。有些「問題」相當快速被解決,幾乎是自動化的,因爲它們在所有時候都會被碰到。但是另有些問題需要重新建構、洞察力及重新評估。我們從完形心理學(gestalt psychology)中知道,有些時候先前經驗可能混淆及惡化良好的問題解決 —— 當穩固學得之對於特定問題的反應不再適用時,因爲問題已經改變了。

捷思法 「捷思」(heuristic,或直觀推斷)這個字詞表示「探索、啓發」的意思,它在心理學中被用來描述一種方法(通常是一種捷徑),人們使用這種方法試圖解決問題。捷思法是指一些「經驗法則」。它們有時候是以定程式法建構而成,定程式法(algorithms)是指以複雜、合乎邏輯、程序上引導的方式解決問題。

> **不**合理地抱持的真理可能比起合理的錯誤更具傷害性。
> *T. H. Huxley, 1960*

在日常的決策上,人們訴求於廣泛的簡易捷思法,它們大部分時候是準確而有效的。當試圖做出快速的決定時,這些捷思法極有用處;當不容易取得更進一步的資訊時,它們經常就被派上用場。實際上,個人可能同時使用

歷史大事年表

1957	1961
腦力激盪的觀念被提出	有風險的團體決策被提出

許多捷思法以解決問題。

　　當我們感到不確定時，我們使用捷思法以從事決定 —— 因為我們是「認知小氣鬼」。捷思法是一些簡單、有效率的法則，它們與進化歷程直接連線，或是後天學得的。它們已被提出以解釋人們如何從事決定、達成判斷及解決問題，典型地發生在當面對複雜的問題或不完整的訊息時。考慮這些例子：

　　代表性捷思法　　這是假定某一群體或類別中典型（或具有代表性）的成員最頻繁被遇見。但這種直觀推斷法傾向於疏忽基本率的訊息，或疏忽了該問題或群體在整體人口中的普遍發生率。研究已顯示，人們相信得自小型樣本的結果就跟得自更大樣本的那些結果同等有效（參考第 8 單元）。

　　便利性捷思法　　這是關於例證或事例浮上心頭的容易程度，它會影響我們對事件之可能性的判斷。容易記起、鮮明、易於想像的事例被重大依賴，超過它們應該占有的比例。人們較為生動而鮮明地記住一些事件或具體例證，因而就過度強調它們的重要性或發生機率，再度地遠超過其他較不值得記憶（印象較不深刻）的事件。這方面的實例是人們認為他們較為可能在飛機墜毀中身亡（相較於在汽車撞毀中身亡），這是因為前者事故較被廣泛報導，因此較易於記起。另一個例子是我們總覺得外籍移工容易聚眾鬧事而觸犯法律，這是因為他們一出事就受到媒體的擴大報導，使你留下深刻印象，但其實他們的犯罪率遠低於一般水準。

> **每**個人都會抱怨他的記憶力，但是沒有人抱怨他缺乏判斷力。
>
> *Duc François de la Rochefoucauld, 1678*

　　定錨捷思法　　這是一種認知偏差，描述人們常發生的傾向，即當從事決定時過度依賴（或定錨於）某一特質或某一訊息。根據這個捷思法，人們在開始時持有一個不講明的參照點（錨），然後依據這個參照點上下調整以達成他們的估計。在一項研究中，研究人員顯示，當要求受試者猜測在聯合國的會員中，非洲國家所占的百分比時，如果你起先是發問「它會是多於或少於 45%？」，受試者將會猜測較低的數值 —— 相較於當他們被發問「那會是多於或少於 65%」時所取得的數值。定錨（anchoring）和調整（adjustment）

1972	1982	2002
集體思維的描述	Kahneman、Slovic 和 Tversky，《在不確定下判斷：捷思法與偏差》	心理學家卡尼蒙（Kahneman）贏得經濟學的諾貝爾獎

也影響其他性質的估計，像是對於公平價格和良好交易的知覺。

業務偏差 運用問題解決上的偏差或失誤於業務上，這已成為所謂的行為經濟學（behavioural economics）。它把焦點放在一些常見的決策態度上，當然是跟金錢有關的議題。這些包括：

• 確認偏差（confirmation bias）—— 即只會尋找那些確認或支持（有利於）你的觀念的訊息。

• 樂觀偏差（optimism bias）—— 即相信你比起別人是更好的判斷者，而且逆境（不幸）較可能發生在他們身上。

• 控制偏差（control bias）—— 即相信你可以影響組織事件或國家事件的結果，遠超過你的能力所及。

• 過度自信偏差（overconfidence bias）—— 即相信你的預測和判斷始終是最好的。

• 心理僵化（mental rigidity）—— 即對於日常事件若不是過度反應，就是反應不足。

> **我** 們擁有犯錯的能力，這是較高的智力階段的標誌。　*H. Price, 1953*

　　另外還有更多這些偏差，它們指出一個令人失望而消沉的看法，即我們的判斷遠不如自己所確信的那般冷靜、聰明或合乎理性。

腦力激盪法 這種方法是指大家圍攏而坐，對於現有的問題提出各式各樣的觀點和可能解決的辦法。有些人指出，人們當在腦力激盪團體中運作時，他們想出較多及較佳之「有創意」的解決之道 —— 相較於他們當單獨時所能做到的。它的觀念是你遵循某一過程（「數多即是美」，鼓勵不受拘束地發表意見，不加批評，不作評價），然後取得美好的結果。但是，資料顯示其實不然：人們單獨運作時似乎表現較好。為什麼？首先，評價憂慮（evaluation apprehension）表示人們在團體中是羞怯而不自在的，可能自我審查及刪除良好的構想 —— 因為他人可能會不贊同。其次，社會惰化（social loafing）可能會發揮作用，個人處於團體中單純地讓他人做所有的工作。第三，存在生產力阻塞（production blocking）的議題，這是指有些人表示，當身邊充斥嘈雜和喧嘩的聲音時，他們根本無法清晰地思考。我們作個最後的裁決：假使你把人們在某一創作問題上單獨運作的結果加總起來，他們比起腦力激盪團體提出更良好及更多的解決之道。

在團體中從事決定 我們在團體中或是獨自時會做出較好的判斷？關於這

集體思維

許多研究試著探討做成非常不良決策的一些團體，這已導致集體思維（group think）概念的發展。這發生在當團體產生一種錯覺時，認為它們是不能駁倒的，從而花費太多時間於合理化上（對照於對現存的議題保持理性）。它們傾向於完全相信它們在道德上和倫理上優越於其他團體，而且實際上花費大量時間於負面地製造對其他團體的刻板印象。它們也感受到強烈而不健全的順從壓力，需要無條件地「服從命令」或「表達忠誠」。這導致他們自我審查及刪除意見相左的觀念，且提供完好或重要的反論證（counter-arguments）。事實上，這些團體經常配有「思想警衛」，以確保每個人都以相同方式進行思考。這導致了「全體一致」的印象，沒有人是真正存在。

個主題，存在一些引人入勝而相當反直覺的社會心理學文獻。這裡的觀念是，在從事決定上，我們透過許多步驟：我們分析處境，然後決定目標；接下來，我們決定我們將要如何從事決策（何許人、何時、如何及何處），然後尋找一些良好的可行方案。我們然後評估這些方案，做出一個選擇，加以評價，以及從後果中學習。但經常被忽略的一個核心問題是，我們如何決定——我們應該獨自完成、延請專家或成立委員會？

團體極化 團體極化（group polarization）的研究上也有一些同樣引人興趣的發現。大部分人認為，假使決策是經由某一團體（諸如理事會議或陪審團）達成的話，他們傾向於做出較為溫和及較不極端的決定——相較於個人單獨從事相同的判斷。然而，團體決策經常導致更為極端的決定。首先，許多人從事社會比較（social comparisons），也就是說，拿他們自己與團體中的其他人進行比較。當這樣做時，他們試圖更強烈地支持及擁護某些文化價值觀，像是關於公平、正義及風險等的價值觀。所以，在像是環境汙染或兒童保護的議題上，團體可能會極為保守而厭惡風險（更甚於個人的決定），但是在其他議題上，像是建議轉換工作或冒險假期（adventure holidays）方面，團體就反轉過來。其次，在團體中，他們可能聽到一些非常有說服力的訊息，由一位自信而條理清楚的人士所提出，這強烈地動搖及左右他們朝向某一立場。

【焦點概念】 判斷經常受到情境的影響

30 投入太多而不易抽身

　　你最喜愛的藝人會在一場音樂會中出場，而你持有入場券。在表演的當天，你獲知兩件令你心情消沉的事情：一是你的明星身體不舒服，將會被替角所取代；另一是交通運輸發動罷工，使得往返表演會場成為惡夢一場。如果你的入場券是來自一位感激的客戶或朋友的贈送，你會怎麼辦？如果你是個人為那張入場券支付英鎊 100 元，你又會怎麼辦？

　　沉沒成本謬誤（sunk-cost fallacy）很清楚地顯示，如果人們是自己支付那張入場券的話，他們將較可能一路挺進表演會場，觀看他們甚至不認識的那個替角。會議主辦人說了同樣的事情：人們付出愈多的話，他們就愈為可能相挺到底（且因此不會取消）。這是正統的損失厭惡（loss aversion）。不使用的入場券表示損失；更惡劣的是，你正在揮霍。

　　從辦公室返家的途中，你看到廉價品的廣告看板：一份真正美好的現成餐點，只以平常價格的 25% 供應。你趕快買下一份，但是當你抵達家門後，你好想能有一位朋友共餐。你撥了電話，她答應了，因此你急忙外出，想買另外一份。但是 —— 天殺的倒霉 —— 他們賣完了特價供應品，因此你必須以完整價格購買另一份餐點。更糟糕的事情發生了：你正在加熱這兩份餐點，這時候你的朋友打來電話，她說有些事情湊巧發生，使得她不克前來。你有兩份熱騰騰，但不能再加熱一次的餐點：你必須丟掉其中一份。儘管事實上這兩份餐

> **擁**有愛情然後失去，無論如何勝過從不曾擁有過愛情。
>
> *Alfred Lord Tennyson, 1880*

歷史大事年表

1968	1979
首次經典的實驗	展望理論的討論

點是完全相同，人們幾乎總是選擇進食他們支付完整價格的那一份餐點。

合乎經濟的思考 經濟學家主張，當從事合理的決策時，沉沒成本不應該被列入考慮。這裡是一個經典的實例。

你犯了差錯而買下一張電影票，卻發現不能退票還錢。它現在是沉沒成本。你可以在下列兩個選項中作個取捨：

- 既然已支付電影票的價錢，那就看一下電影，儘管你不想看。
- 雖然已支付電影票的價錢，你抱怨一下「那真可惜」，然後利用該時間做一些更有趣的事情。

所以，你後悔買了電影票，但是你當前的決定應該完全建立在你是否想要觀看該電影上，不要管付出的金錢，就如同你是否想要觀看一場免費電影那樣。理性的思考者將會提議，既然第二個選項只以一種方式涉及受罪（你浪費金錢），

> **過**去是一個陌生的國度，他們在那裡以不同方式做一些事情。
> *L. Hartley, 1950*

至於第一個選項則以兩種方式涉及受罪（浪費金錢和時間），第二個選項顯然更勝一籌。

許多人痛恨「浪費」資源。儘管不是真正想要觀看電影，許多人覺得他們有義務觀看，因為不這樣做的話將是浪費了票價：辛苦賺得、還要課稅的金錢就這樣流失。這是沉沒成本的謬誤：注意「謬誤」（fallacy）。嚴格說來，這種行為是不合理的：它是低效率的，因為它所依據的訊息與所要達成的決策是無關聯的，因此對於資源（時間）做出錯誤的部署（不當的分配）。

沉沒成本經常引起成本驚人的溢出。沉沒成本的實例就像是投資製造廠、機器設備或研究計畫，結果變成持有遠低於預期的價值，或更惡劣的，變得毫無價值，無論是什麼原因。政府可能已花費五千萬英鎊於建造一座真正需要的核能發電廠，但是金錢用罄了。它目前的價值幾近於零，因為它是未完成的。然而，如果再增加預算二千萬英鎊的話，它可以被完成；或者也可以完全放棄核能廠，轉而建造一座綠能的風力發電廠，僅需要一千萬

英鎊。捨棄核能廠而建造風力設施是較爲合理的決策，即使它代表原先經費的全盤損失。原來投資的五千萬英鎊是沉沒成本。但是政治人物往往（在經濟上）不合理性，硬是要選擇完成原先的方案。

> **夢**想總安設在過去之中。 *A. Phillips, 1993*

　　心理學家認識到，基於損失厭惡，沉沒成本經常影響決策：過去所支付的價錢成爲衡量現在價值及未來價值的一個基準，儘管已付出的金額應該是無關的，也實際上無關。因此，這是非理性的行爲。人們受到他們過去的羈絆；他們試圖補償不良的決策，以之彌補損失。

　　在歐洲，沉沒成本謬誤有時候也被稱爲「協和號飛機效應」（Concorde effect）。英國和法國政府在 1950 年代和 1960 年代雙方持續資助怪誕的超音速協和號客機的共同發展，即使情況已變得很明顯，該客機已不再具有經濟上的價值。它始終在燒錢。私底下，英國政府知道它是一場「商業災難」，從來就不應該發起該計畫。但是，這是較關於「丟臉丟大了」和政治責任的問題，不單純是不良決策的問題。

經典的研究

　　1968 年，在一項可視爲經典的沉沒成本的實驗中，兩位研究人員接近 141 位賽馬賭徒：72 位賭徒在過去 30 秒內才剛完成 2 元美金的下注行爲；另 69 位賭徒則是在接下來 30 秒內即將投下 2 元美金的賭注。研究人員的假設是，人們在已經讓自己涉身於某一行動過程後（投注 2 元美金），他們將會設法減輕決策後失調──透過比起先前更強烈相信他們已挑中獲勝的馬。他們要求賭徒評估他們的馬匹獲勝的機率，在一個 7 點的量表上。那些正在排隊而即將投下賭注的賭徒，評定他們馬匹將會獲勝的機率平均是 3.48，這對應於「尚可的獲勝機率」。至於才剛完成投注的賭徒給予的平均評定是 4.81，這對應於「良好的獲勝機率」。研究人員的假設受到證實──在完成 2 元美金的涉身後，人們變得較具信心，認爲他們的賭注將會奏功。研究人員也執行一項輔助的測試，針對的是賽馬本身的贊助人，竟然（在常態化後）幾乎完全相同地重複他們的發現。

知所進退　行為經濟學家已認識人們一些特性，這使得他們易於發生損失厭惡和沉沒成本謬誤。他們表示典型的徵兆是，關於你已經在某一方案上投注多少金額，你是否做出了浪費金錢的重要決定。他們特別提到，損失厭惡使得個人傾向於較迅速（較願意）賣出獲利的投資（相較於賣出損失的投資）；也傾向於當股價掉落時，把金錢抽離股票市場。他們提出下列建議以協助個人達成較佳的決策。

- 評估你對風險的容忍度，也就是說當事情發生差錯時，測試你對於損失和恐慌的門檻，以便至少你能變得較為自我覺察（self-aware，即自如）。
- 多元化投資，以便假使你的生意／投資／工作的某個方面發生差錯的話，你的應對才較不會感情用事，才能較為合乎理性。
- 使你的眼光放在全盤、寬廣而宏遠的畫面上，檢視長期的目標和策略，以便當事情發生差錯時，你才較不會衝動地過度反應。
- 忘記過去：那是橋底下的流水；不要作為逆境或不幸過錯的受害人。記住，這不是在為過去辯護的時候。檢視當前和未來的處境，而不是過去。

> **誰**控制了過去，誰就控制了未來。
> *George Orwell, 1948*

- 試著重新構思你的損失為獲益。你可以從損失中學到一些有價值的教訓；它可以減低稅務負荷。你無法改變過去，但你可以對之作不一樣的思考。
- 擴展你的獲益，整合你的損失。試著確保正面結果在不同時候來臨，但是不好消息則是一齊出現，因此你能加以處理，使之不再妨礙你的進路。
- 舒緩一下，不要太在意你的投資。不要每天關切你股票的漲跌，每星期一次就夠了。不要讓你天生的「損失厭惡」威脅到你心理的寧靜。
- 沉沒成本固然可怕，但更可怕的是不知停損（不知認賠殺出），不願意把過去的爛攤子好好收拾，持續讓那些腐爛的過往發餿。

31 合理的決策

> 「爲什麼人會後悔（即使他可能努力排除任何這樣的後悔）他依循
> 的是這一種天然衝動，而不是另一種；而且爲什麼他更進一步感到他應
> 該後悔他的舉動。人在這一方面深刻不同於低等的動物。」
>
> *C. Darwin, 1862*

　　問題解決類似於（但並不完全相同於）決策（decision-making）。在問題解決中，你試著提出一些良好之可行的解決之道；在決策中，你在它們之間進行選擇。人們傾向於在從事決策上持有一些習慣的方式。或許他們列出優勢和劣勢（有利和不利的因素）。或許他們就教於他人。決策可以是單獨做成，或與別人一起完成；冷靜做成，或帶著大量的情緒性。

　　我們大部分人喜歡相信，我們在大部分時間做成合理的決策。以經濟學的術語來說，這被稱爲效用極大化（utility maximization）。我們推敲什麼情形最可能發生（機率上）和所得結果對於我們的價值（效用）。我們然後使二者相乘，選定最妥當的途徑。這被稱爲規範理論（normative theory）。但是有一個核心問題：關於決策的研究已顯示，人們並不以這樣方式從事決策，特別是當它涉及獲益與損失時。我們施加較多可能性在「損失」上 —— 相較於對「獲益」的加權。

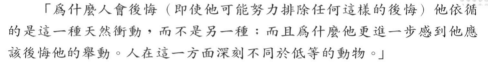

任何人的生命都免不了會有後悔，但也一定會有慰藉。
A. Bennett, 1995

展望理論　　因爲他們在展望理論（prospect theory）上的研究工作，卡尼蒙和杜浮斯基（Kahneman and Tversky）獲頒 2002 年的諾貝爾經濟學獎。展望

歷史大事年表

1947	1981
決策的規範理論	架構方式的重要性被描述

理論是描述在涉及風險的可行途徑之間從事決策，也就是說這些可行途徑具有不確定的結果，而其機率是已知的。

研究已顯示，人們對於損失的敏感性遠勝於他們對於獲益的敏感性，以至於他們經常願意涉入重大的風險承擔（risk-taking）以避免損失。這表示當股票市場下跌時，人們往往出脫股票（不明智地）；他們一再地修理老舊、常出故障的汽車，因為他們已經支付了許多修理費。

人們決定他們所見的那些結果為基本上相同的，而且他們設定一個參照點，然後視較低的結果為損失，較大的結果為獲益。S—曲線的不對稱指出股神巴菲特（Warren Buffett）的發現，「損失所招致的情緒反應是獲益的兩倍」。人們在獲益方面是風險厭惡的（求安全，不冒險），但是他們更為是損失厭惡的（孤注一擲以避免損失）。大量獲益的主觀價值不會比起小量獲益

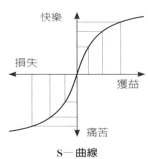

S—曲線

的主觀價值大太多，所以人們沒有誘因孤注一擲以試圖增加獲益的大小。

展望理論的一項重要關涉是風險情境的架構方式（framing）。下列的實例就在突顯「架構方式」會對人們造成什麼影響。

想像你是一位科學研究人員，正著手應付一種不尋常疾病的爆發，該疾病預計會奪走 600 條人命。有兩個對抗疾病的不同計畫被提出。第一組受試者被要求在所呈現的這兩個計畫之間做個選擇：

計畫 A：如果被採用，有 200 個人將會獲救。

計畫 B：如果被採用，有三分之一的機會 600 人都將獲救，而有三分之二的機會沒有人會獲救。

在這一組中，72% 的受試者選擇計畫 A，其餘的 28% 則是選擇計畫 B。

第二組被呈現下列兩個選項：

> 當醫生沉思之際，病人死亡了。　義大利諺語

1984
展望理論被有系統地說明

2000
決策的科學研究蓬勃發展

2002
卡尼蒙和杜浮斯基獲頒諾貝爾獎

計畫 C：如果被採用，有 400 人會死亡。

計畫 D：如果被採用，有三分之一的機會沒有人將會死亡，三分之二的機會 600 人都將死亡。

在這種決策架構中，78% 的受試者選擇計畫 D，其餘 22% 則選擇計畫 C。然而，計畫 A 和 C，以及計畫 B 和 D 實際上是完全相同的。在這兩組受試者之間，決策架構的轉變導致了選擇的倒轉，即第一組選擇計畫 A/C，而第二組選擇計畫 B/D。

架構效應　你如何呈現、裝扮或架構某一情境，這將會強力影響人們如何加以反應。你寧願得到 5% 的折扣？抑或你願意避免 5% 的過高索價？同樣的價格變動，但是以不同方式架構起來（呈現出來），這將會重大影響消費者的行為。它已是行銷的一個極為重要的領域。因此，你會看到下列典型的廣告：「如果你在 15 號之前不簽約購買的話，你很可能會損失……」

> **最** 不幸的人類莫過於在他身上沒有什麼事情是習以為常的，任何事情都是猶豫不決。
>
> W. James, 1890

當選擇涉及可能的獲益時，人們傾向於避免風險，但是當選擇涉及可能的損失時，他們將會承擔風險以便把那些損失減至最低。對於所有背景和所有年齡的人們來說，他們寧願把損失的不愉快減至最低，也不願把獲益的愉快擴到最大。

在一項研究中，兩捲有益健康的錄影帶被播放，以試圖說服婦女們從事胸部檢查和乳房 X 光攝影二者。這二捲錄影帶幾近完全一樣，呈現的是相同之醫學和統計上的事實。但是一捲強調的是接受掃描的獲益，另一捲則強調不接受掃描的風險。如該理論所預測的，觀看「以風險為焦點」之錄影帶的婦女中，有較多人選擇讓自己接受掃描。

研究還顯示，假使你想要人們從事有益健康的預防行為（像是使用避孕藥和保險套），最佳的訊息是突顯使用它們的利益。然而，假使你想要讓人們接受檢測醫學（HIV 檢驗），那麼強調負面（不利）後果的訊息最能奏效。個人究竟視該行為為低風險或高風險，這決定了究竟損失架構或獲益架構的訊息最能奏效。

決策麻痺

展望理論解釋二者，一是為什麼當我們不應該的時候，我們卻採取行動；另一是為什麼當我們應該的時候，我們卻不採取行動。令人好奇地，人們在生活中擁有愈多選擇的話，他們愈有可能什麼事情也不做；再者，當存在愈為吸引人的選項時，延遲或麻痺的情況就愈為惡化。選擇的自由可能引致嚴重的問題。你延緩你的決定愈久的話，你就愈不可能克服你的躊躇不定。一項研究要求人們填寫一份問卷，提供的報酬尚可。有些人被告知最後期限是 5 天，另有些人被告知是 21 天，第三組則沒有截止日期。研究結果顯示，對 5 天最後期限這一組來說，有 66% 填完並送回問卷；21 天最後期限這一組則有 40% 送回；至於沒有時間限制這一組只有 25% 送回。

有些人容易發生決策麻痺，他們被提供下列的建議：

- 認識到不做決定本身就是一種決定。耽擱、被動性攻擊（passive-aggressiveness）及拖延絕不是展現對現狀多少有點自信的良好方式。
- 絕對不要低估機會的代價。這也就是說，「什麼也不做」的代價可能高於「做了一些不太理想的事情」的代價。
- 持有自動領航的系統，要求你遵循一些準則，不要筋疲力竭於從事太多的決定。
- 不要忘記扮演故意唱反調的人：挑戰假設，從零開始，而不是從你今天的立足點。把問題倒轉過來看待。

這裡需要指出，發揮重要作用的並不是損失的現實（reality），而是對於該損失的知覺（perception）。一旦我們已傾注大量時間、金錢及／或精力於任何事件，我們將很難再說服自己那不是良好構想，或不值得支持。

企業的風險承擔　風險承擔基本上是一種人格因素嗎？很清楚地，存在風險厭惡（risk-averse）和風險承擔（risk-taking）的人們。那麼風險厭惡的人們非常關切安全，至於風險承擔者（或實際上是風險尋求者 —— risk-seekers）則受到獲益的慾望所驅策嗎？當存在可能的損失時，風險尋求者展現他們的性格；至於風險迴避者只有當存在可能的獲益時才會如此。

有些研究調查一些成功企業家，顯示這些企業家肯定不是風險厭惡的。他們傾向於非常主動、積極、有求知慾（好奇心），而且願意承擔「適度」風險。他們是精力充沛、成就取向及持樂觀態度的。他們準備接受失敗，然後從錯誤中學習，進而尋求機會。因此，依據展望理論的術語，他們持有偏低的損失厭惡及風險厭惡，他們是風險尋求的。他們傾向於重新架構決策，所以是積極主動的，很少因為猶豫不決（優柔寡斷）而使自己停滯不前。

【焦點概念】 理性在風險承擔中扮演一定角色

32 對過去事情的記憶

「懷舊之情油然而生，令人憶起陰鬱乾燥的天竺葵、罅隙中的塵埃、街道上栗子的芳香、避難所中的女性香味、通廊中瀰漫的香菸，以及酒吧的雞尾酒氣味。」

T. S. Eliot, 1945

　　幾乎每個人都說過，特定歌曲、氣味或味道「令人憶起許多往事」。獨特的氣味可能誘發立即而強力的記憶。個人青少年期的歌曲可能讓人立即讓人跌入往日時光，憶起那些埋藏在內心深處的情懷。至於品嘗個人童年或故鄉的食物，可能令人突然（有時候，出其不意地）湧現對老家一景一物的回憶。

　　從事行銷的人們相當認識這點。他們用打氣筒把一些氣味送進店鋪的空氣中，以強調季節的來臨（聖誕節的松毯，夏季的椰子油），或突顯一些特性（像是潔淨或溫暖），他們相信這將會改變顧客的心情，因此願意掏出錢來購買東西。他們也會播放情調音樂（mood music），以試圖產生相同效果。

> **大**量我們所記得的事情是從所儲存的片斷記憶再建構起來。
>
> *J. Fodor, 1975*

自傳式記憶　我們都擁有關於過去的記憶：兒童期、學校教育、青少年期、第一份工作。我們擁有非常特定事件的記憶，也擁有較為普通事件的記憶。我們可能擁有關於非常具體事實的記憶（我們婚禮當天的天氣，我們第一輛汽車的廠牌），這是可以驗證的。回顧一下，人們對於他們生活中的兩個時期擁有最為強烈的記憶：一是他們的青少年期和成年早期（約莫 12-25 歲），另一是最近這六年來。

歷史大事年表

1880 年代	1913-1927
Galton 檢視自傳式記憶	Proust，《尋找失去的時光》

遺忘

許多老年人還能清楚記得他們在中等學校日子中的事情，遠勝於他們記得去年發生的事情。引人興趣的，我們辨認臉孔的能力似乎持續頗為長久，遠勝於我們把姓名加諸於這些臉孔的能力。

假使你在高中或大學被教導一種語言，你在接下來 2 到 4 年之中將會遺忘大量的內容，但是在這之後，你所保留下來的似乎相當堅定，在甚至 40 年以上的期間仍保持大致相同。一旦你學會如何游泳、駕駛或溜冰，這份技巧似乎保留下來 —— 也就是說，假使該技巧涉及所謂的閉環系統（closed loops）的話，即一項行動很清楚地引導至下一項行動。但是在開環系統（open-looped）的技巧上就不是如此，像是打字；在這裡，行動之間是不連結的。

我們大部分人會發生幼年經驗失憶症（infantile amnesia）：我們很少記得自己早年歲月的事情。不同解釋已被提出以說明這種現象。它可能是大腦尚未發育完全，因此還不能儲存訊息，或者我們還不擁有足夠精巧的語言來儲存記憶（即幼兒經驗的儲存未經語言符號的編碼過程）。或許幼兒對世界的觀點如此不同於成年人的觀點，以至於記憶是保留下來了，但我們無從接近它們（所儲存的東西到成年後不能轉換為符號表象，也無法以語言表達出來）。

探討這種現象的方法之一是詢問兒童和他們的母親，關於（比如說）他們的一位弟弟或妹妹誕生的詳情。他們可能被問到，他們的母親是否或何時前往醫院，誰是代理的照顧者，以及探望的次數及型式，等等。採用這種技術，研究已發現，兒童記得他們母親所報告事項的大約三分之一，但是在 3 歲之前，幾乎什麼也不記得。

另一個核心問題是，我們記得的是哪些「事實」，哪些則是我們所遺忘的，以及是否這是有系統地扭曲。無疑地，我們記起（回憶）過去的能力可能受到不同事物的影響，像是人們是否有寫日記的習慣，或是否針對各項重大事件有錄音及／或錄影的措施。記憶隨著時間受到扭曲、建構及再建構

1920	1970 年代	1977
傳記資料的研究開始著手	日記的探討開始著手	閃光燈式記憶的概念被引進

（reconstructed），特別是如果事件經常被重述，或極少被重述。人們解讀事件的意義或重要性，而不是詳情。同樣的，他們可能懷有一或二個非常強烈的意象（畫面、聲音），這些可能被統合爲整體記憶。自傳式事實與綜合的個人記憶之間存在種種的差異。

方法　英國心理學家高爾頓（Sir Francis Galton）在 1880 年代首度展開對個人回憶的考察。他的做法是給予人們單一的字詞，像是「房屋」或「父親」，然後要求他們回想與該名詞聯結起來的一些特定事件。高爾頓接著評定他們應答的詳細內容、聲調及鮮明度（vividness）。另一些研究人員已開發晤談表格，試圖標記個體對於人物和事件的回憶，以及理解它們藉以發生的歷程。但是關於科學研究的進展，眞正議題在於如何驗證這些眞實記憶。

一位荷蘭心理學家也有引人入勝的記載，他探討自己的自傳式記憶（autobiographical memory），長達六年之久，每天，他記錄一些發生在他身上的事件，總計超過 2400 個事項。然後，他每隔 12 個月就測試自己關於那些事件的記憶，看看自己能否回答什麼人、什麼內容、什麼地方及什麼時候的問題。他發現「什麼時候」的問題最難以回答。他也發現，或許不令人訝異地，當事件愈爲不尋常，而且個人愈爲情緒上涉入事件時，個人對該事件的記憶就愈好。令人感興趣地，某一記憶愈爲不愉快的話，它似乎就愈迅速會被遺忘。有些事情似乎完全被遺忘了，但是只要有足夠的提示或線索，幾乎每件事情都可被回憶出來。

> **我**們的記憶是接受查閱的卡片索引，然後被不受我們控制的高層人士再度弄成一團紊亂。
> *Cyril Connolly, 1950*

研究已顯示，記憶如何被探測將會影響它們被保留或遺忘的程度。當被要求再認（recognize）或回憶（recall）所學習的材料時，受試者的表現有很大差距。受試者在再認法（如是非題和選擇題）上的表現顯著優於他們在回憶法（如填充題）上的表現。

扭曲、模糊及虛構　研究人員在眞實（truth）與準確（accuracy）之間做出一項重要劃分。假使個人記得某一情境（普通的經驗及情感）的要點，它可被描述爲眞實的；但是只有當它在每一個細節上都是正確的時，它才算是

閃光燈式記憶

這個術語指的是對個人生活中特殊而重大事件的記憶。這種記憶的特徵是極為鮮明而生動的意象,包括事件發生時自己在哪裡,當時在做些什麼,還有什麼人在場等等。這個術語是在 1977 年引進,當時是為了探討人們對於約翰·甘迺迪在 1963 年遭到暗殺事件的記憶。有六個因素與閃光燈式記憶(flashbulb memories)產生關聯:

• 場所,或事件所發生的地點。
• 進行中的事件,或你當時正在做什麼。
• 通報者的性質,也就是,你如何發現。
• 對其他人的影響。
• 你自己的情緒反應。
• 對這個事件的立即餘波。

有些自傳式記憶也會像這樣,但是閃光燈式記憶正常而言是指涉聞名的歷史事件。

準確的。在這層意味上,大部分自傳式記憶是真實的。大部分一般人所擁有的自傳式回憶是相對上不會失誤的,就以他們正確地記得他們生活的一般輪廓而言,但假使要求提供詳細的資料的話,他們就會犯錯了。

有些人(經常是那些蒙受腦傷所引起之失憶症的人們)擁有朦朧(模糊)的記憶。這表示他們似乎在一些時候記得事情,但是在另一些時候,他們失去記憶。因此,他們似乎已使得他們的資訊儲存起來,但是有時候難以接近。另有一種腦傷病人已知提供極為詳細的內容,但是很明顯對於事件作錯誤的自傳式解釋。有些人似乎不能辨別真正的記憶與虛構的記憶,他們有所謂「執行障礙」(dysexecutive)的困擾。然而,這極為少見。

傳記資料 許多人宣稱,過去預測現在:你過去的生活史很大部分解釋了你現在是哪一類的人。因此,傳記(biographies)就格外引人注意。臨床心理學家(也包括企業心理學家)深感興趣於這種現象,他們嘗試預測人們在一些特定工作上將會表現多適切 —— 這將需要考慮你已就讀多少不同學校;你是否為一位長子或長女;你在學校是否曾被選為班長;你在幾歲時結婚,等等。典型地,這些資料是關於當事人的教育、工作及私下生活的歷史,包括關於健康、人際關係、嗜好、金錢及個人習慣的一些事實。這種選拔方法試圖確保只有傳記的事實才被採信為證據。

【焦點概念】 不同的刺激能夠誘發記憶

33 目擊者看到什麼

　　你能否準確辨認今天早上賣給你報紙的那個人？假使你被夜賊所驚醒，而你只匆匆瞄他一眼 —— 你有把握你將能夠在典型的嫌疑犯行列中「指證」這個正確的人？有多少人因為極有自信的（但是錯誤的）指認而在獄中愁苦地渡日，僅因為他們看起來像是「罪犯那一類型的人」？又有多少人逃過重大罪行而逍遙法外，因為他們沒被一位（或以上）的目擊者所指認？

　　目擊者指認的心理學是應用心理學（applied psychology）的最重要領域之一，它位於心理學與法律的交接地帶。律師、法官、警察及心理學家都相當清楚，因為錯誤的證詞，這經常造成正義的蒙塵（審判不公）。他們知道指認（identification）對於陪審團的影響力，特別是如果目擊者（證人）似乎頭腦清楚、深具信心而條理分明。

> 目擊者的記憶似乎特別易於受到問題被詢問方式的影響。
> S. Fiske and S. Taylor, 1991

　　陪審員往往高估了目擊者報告的重要性：當呈現僅僅一位目擊者的證詞時，定罪率從 20% 上升到 70%。大部分人不太清楚，多少不同因素可能不實地影響我們對事件的回憶。不良的觀察條件、短促的暴露及壓力是較為確立的因素，另一些因素還有預期、偏見、個人刻板印象及誘導性問題，它們都會干擾目擊者，使之提出錯誤的證詞。

目擊者　目擊者的一些個人因素會影響證詞：他們的性別、年齡、種族，

歷史大事年表

1890	1904
William James 談及想像的記憶	關於事件回憶的研究開始著手

以及他們的性格及教育；或許更重要的，他們在人物和事件觀察上所受的訓練及經驗——所有這些都可能影響回憶的準確性。女性所注意的事項不同於男性，但是關於目擊者準確度的性別差異，只存在有限的證據。老年人可能擁有較為不良的視力及記憶力；我們知道年輕的成年人在這項作業上表現最佳。此外，我們較擅長於指認跟我們同一族群的人們。

背景因素　有一大群的情境因素與所目擊的事件有所關聯。這些包括犯罪的類型；該事件的複雜度、持續時間及實際涉入（個人牽連程度）；以及一些簡單的因素，像是光線的陰暗程度，在當天的什麼時光及其他在場的人數。目擊者愈為緊張的話，他們的回憶就愈不準確。另外有所謂的「武器焦點效應」（weapon-focus effect）；因此，假使有槍枝或刀械涉入事件的話，它似乎博得大量的注意力，使得目擊者指認的正確度減退。

社會因素　有一些社會因素與法庭的強制及規定有關，也與質問者的社會地位有關。人們的預期（expectations）可能具有非常強力的效應。文化偏見、潛在的成見（歧視）及政治態度等都可能產生作用。法庭中使用的語言也可能發揮強力的影響。在一項著名的研究中，關於一件汽車相撞的事故，不同的字眼被派上用場：「碰撞」

> **所**有宣稱能夠提供這樣的「記憶重播」的技術（主要的例子是催眠）已被發現是不夠格的……錄音機理論是不實的。
>
> *Henry Gleitman, 1981*

（bump）、「衝撞」（collide）、「碰觸」（contact）、「撞擊」（hit）、「撞毀」（smash）。這些字眼影響了隨後的回憶。因此，假使採用的是「撞毀」的字眼，人們較可能錯誤地表示他們看到破碎的玻璃——相較於如果採用的是「碰撞」的字眼。

質問的議題　有許多重要因素與質問的方法及器材有關，諸如供證人指認的嫌犯排列、臉部特徵重組及畫家的素描。考慮像「嫌疑犯行列」這樣簡單但重要的事情。第一個問題：涉嫌的被告人是否應該被安排在行列中？我們從證據中知道，當罪行的實際加害人不在場時，警察假扮的嫌疑犯有顯著較

高的機會將會被不正確地指認。假使目擊者被告知犯罪的當事人可能在指認行列中，也可能不在行列中，發生錯誤的可能性將會明顯減低下來 —— 相較於當目擊者認為犯罪的當事人必然會在行列中。

嫌犯行列的執行人員可能輕易地「洩露」訊息而影響了證人。因此，我們要記住，這樣的程序最好是由跟案件沒有關聯的某個人來執行。其次，假使證人選出「已知的無辜者」（他們被要求站在嫌犯行列中，但不可能涉及犯罪），那麼給予證人關於他們失誤的回饋將會有所助益。當然，無辜者或「填位者」（fillers）應該類似於證人的描述。假使罪犯被記得是高大、頭髮稀疏、瘦削及戴眼鏡，那麼所有填位者也應該如此，因為我們知道，任何具有這些特徵的人（無辜者或罪犯）將較可能會被指認。我們也知道，假使證人同步地被呈現全員的嫌犯行列（相較於依序的指認），他們將較可能發生失誤。

當人們從事目擊者判斷時，始終存有一些疑惑的成分。然而，他們傾向於在隨後（後來）表示自己較具信心（相較於他們在判斷的當時），即使那仍是相對上不確定的。「或許」或「說不定」經常會換成「很清楚地」。因此，為了降低失誤，我們建議，就在證人首度做出指認的同時，也記錄下來他們的自信程度。

實驗探討　在一項早期的實驗中，受試者先觀看一段交通事故的影片，然後被要求估計發生事故時，汽車的速度大概有多快。第一組受試者被問到，「當汽車撞毀（smashed）時，你估計兩車的車速有多快？」另一組則被問到，「當汽車碰觸（contacted）時，你估計兩車的車速有多快？」實驗結果發現，當使用「撞毀」作為動詞時，受試者認為車速超過每小時 40 哩（65 公里）；當使用「碰觸」作為動詞時，受試者認為大約是 30 哩（48 公里）。誘導性問題（leading questions）的效用已在許多研究中被重複驗證，僅僅是措辭（wording）的微妙變動，就能導致對於證詞的戲劇化影響。「did you see a ...」相較於「did you see the...」，這僅是一個實例，說明改變一個字眼就如何能影響對方的應答。

需要考慮的因素

在開始審查目擊者證詞之前，律師及陪審員經常被鼓勵考慮一系列議題：

- 目擊者是否取得良好機會以觀察涉案的當事人？
- 目擊者的舉證能力是否受到酒精、藥物或腦傷的阻礙？
- 目擊者與被告是否彼此認識？
- 目擊者與被告是否屬於同一種族？
- 該事件是在多久之前發生？
- 被告是透過何種方式被指認（照片、素描畫、嫌犯行列）？
- 目擊者在初次指認中對於自己的證詞具有多大信心？

大部分目擊者是義務性的，他們想要提供援助，而在暴力犯罪或襲擊的案件上，他們有一個添加的誘因，即協助警方逮捕暴力的歹徒。目擊者相信，除非警察已有適當的嫌疑犯，否則他們不會執行嫌犯行列（line-up）的程序。雖然目擊者試著努力指認真正的罪犯，當他們不確定時（或當嫌犯行列中沒有一個人完全符合他們的記憶時），他們通常將會指認最為符合他們對罪犯的回憶的那個人。但經常的情況是，他們的選擇是錯誤的。

陪審員可能不清楚，有些因素可能妨礙目擊者的知覺，諸如武器焦點效應；另有些因素則會干擾記憶儲存，像是預先暴露對於嫌犯指認的影響。這可能就是為什麼當審查 205 件錯誤逮捕的案件時，發現 52% 的這些案件是與失誤的目擊者證詞有所關聯。

我們已確立的是，任何證詞當以果斷而肯定的態度提出時，它將被視為較為準確而真實。我們知道，某一事件的發生愈為久遠的話，我們就記得愈少。我們也知道，鮮明、顯眼或新奇的情景始終被較良好回憶出來 —— 相較於平凡的事件。因此，各種技術（像是認知訪談法 ——cognitive interview）已被有系統地規劃，以便增進目擊者的回憶。這激勵了各種專對的行動：重述故事，包括前向和倒向兩種方式，以及採取不同的敘事觀點；報告所有記得的細節，無論多麼微不足道。

【焦點概念】目擊者的指認經常發生失誤

34 人工智慧

「我們不應該求助於任何實體（**entities**）或力量來解釋心理現象，
假使我們能夠從可能的電子計算機的角度來獲致解釋的話。」

M. G. Kendall, 1950

事實或虛構？ 許多人曾經夢想製造有智力的
機器，而有些人似乎已做到了：機器人可以裝配
汽車；電腦可以下西洋棋，還擊敗了聞名的大
師。許多古代的神話談到思想機器、奴隸似的自

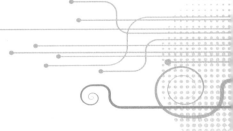

機 器不能思考，就猶如
書本不能記憶一樣。
L. S. Hearshaw, 1987

動裝置或恐怖的怪物，一旦製造出來，會變得失去控制。在整整上一個世
紀，未來學家論述兩件事件，一是關於美好的新世界，機器人承擔所有的苦
差事，另一則是機器人接掌了世界。今日，人工智慧（artificial intelligence,
AI）是每一件事情的核心，從機器人（robots）和醫療診斷，以迄於精巧玩
具的開發。

AI 的定義 AI 的現代定義是指對於「智能的代理人」（intelligent agents）
的研究及設計，這樣的系統能夠偵察它們的環境及採取行動，以便儘量擴大
它們成功的機會。AI 的術語也被使用來描述電腦或程式的特性：該系統實
際演練的智能。研究人員希望電腦將可展現推理、認識、策劃、學習、傳
達、感知，以及運轉及操控物件的能力。雖然至今尚未達到「普通智力」的
水準，它是 AI 研究的長期目標。

歷史 AI 已幾近 60 歲。卓越的數學家和工程師們建立早期的電腦及設計

歷史大事年表

1941	1955
首度的電子計算機	首度的 AI 程式被開發出來

程式，這樣的電腦可以解決複雜的邏輯問題及甚至說話。政府和大學投注大量經費於這項研究，這在 1960 年代產生一股極為樂觀的預測，認為電腦可被程式設計來從事大量的工作。然而，從 1980 年代直到 2000 年，失望和幻滅繼之降臨。千禧年是一個重大的復甦，這要感謝電腦能力的大量增進，除了嘗試幫忙解決非常特定的問題外。

方法 有些電腦已被開發出來，它們在特定作業上的表現優於人類，一個聞名的實例是「深藍」（Deep Blue），它於 1997 年 5 月在西洋棋上擊敗了當時著名的大師 Garry Kasparov。像這樣的電腦程式是專對於單一領域，而它們的知識基礎是由人類為它們創造的。

> 我們想要發問的問題是這個：「數位式電腦（如所定義的）是否會思考？」這也就是說，「假使以正確的輸入和輸出實施正確的電腦程式，這就足以構成思考嗎？」對於這個問題……答案很清楚地是「否」。
>
> *John Searle, 1984*

AI 研究人員開發一些工具或方法，以便協助他們達成艱辛的任務。這些工具包括搜索功能，或它們如何探索自己的目標。接下來，它們需要一套邏輯系統，然後發展成一些機率系統（probabilistic systems），作為獲致結論之用。這項工作的核心是有一些系統在協助對訊息進行分類；一旦訊息已被分類，接著就是控制行動的系統。

電腦程式已被開發，以便從經驗中學習。這方面的一個實例是 Soar（「狀態、操作及結果」——state, operate and result），它在解決問題方面是從初始狀態（initial state）開始，接下來運用操作者（operators），直到結果狀態（result state）被達成。Soar 能夠有創造力地克服困境（死路），也有能力從經驗中學習、儲存解決方法，以及如果未來遇到類似問題可以將之派上用場。這在 AI 的發展上很重要，因為它能夠更有效率地解決多樣性的問題。但是，更重要的，Soar 的作為就類似於一位問題解決的人類。雙方都能從經驗中學習、解決問題及產生類似形狀的學習曲線（learning curves）。

1964	1970	1997
曖昧的邏輯觀念被引進	專家系統被設計出來	「深藍」擊敗西洋棋大師 Gary Kasparov

AI 的倫理學

批評者指出，那些傳統上對 AI 最感興趣的單位都是一些國防機構和大型企業，特別是電腦公司。這是否意味我們需要考慮 AI 可能的道德議題？無疑地，所有科學發展都會存在社會後果。知識即是力量：知識通常是中立的，它可能以不同方式被交付用途。因此，我們有核能電廠，我們也有核子武器。一方面是犯罪人員，另一方面是從事犯罪預防及捉拿犯人的專業人們，他們雙方可能使用完全相同的設備以獲得資料及處理資料。

有智能的機器應該能夠做些什麼？ 堅強 AI（strong AI）的擁護者相信，機器必然而也將能夠在思考、解決問題及學習等方面超越或凌駕人類能力。這方面活動的核心最初是 AI 研究人員嘗試建立一些系統，以便有效率、準確而前後一致地解決問題。這涉及撰寫一些算則（algorithms，或演算法），以做些像是破解密碼或解開謎題的事情。因此，它看起來好像機器可以被教導以進行推理：合乎邏輯地從事演繹。但事實上，許多心理學研究已顯示，人類在解決問題上通常是不合邏輯、非理性及低效率的，這更是鼓勵 AI 研究人員試圖展現電腦如何能夠在智能上勝過人類。較為近期，研究人員已顯示，電腦如何能夠利用甚至不完整、不切題及扭曲的訊息以從事決策。

策劃、儲存及學習 AI 科技被用來從事對於未來的預測，且因此計畫未來。這不能避免地涉及策劃（planning）的功能。我們能否設計有智能的機器，它們能夠設定或選擇目標，然後實際地達成這些目標？

AI 研究人員不僅關切「思考」的問題，他們也很關切「知識」。AI 的一個核心議題是電腦如何獲得、分類及存取知識。與這點有關的是學習的概念。電腦能否在教導之下學習？電腦能否記住正確和不正確的表現，而且學會展現較多前者及展現較少後者？電腦能否在它們所接受之程式設計的基礎上處理完全新奇的訊息？

機器也正被程式設計以進行精巧的感官知覺。這些可能是觀察信號（攝影機）、聆聽信號（麥克風）或感知信號（聲音），然後辨認實際的物體。這方面現在正從物體辨認，進展到更為令人興奮的臉孔辨認和人物辨認的世界。

　　AI 研究也已在重要而微妙的自然語言處理的實務上大有進展。許多人曾經夢想有一部機器，它能把他們說出的話轉爲打字的文稿。同樣的，另有些人夢想有一部機器能夠閱讀書籍（出聲唸出），或甚至準確地把一種語言翻譯爲另一種。在所有這些戰線上，研究人員已獲致不少進展。

有創造力的電腦？　　我們能夠設計有創造力的電腦嗎？創造力經常意指提出新奇而又有用處的事物。同樣具爭議性的觀念是，我們是否有能力製造社交上和情緒上有智力的電腦。爲了充分符合這項榮譽的資格，電腦必須首先能夠偵察或判讀另一個人（或另一部電腦）的情緒，然後對那個人或電腦做出適宜的反應。一部情緒上有智力、社交上有技巧的電腦所需要的將不僅是有禮貌，還需要有酬賞性及敏銳性。

圖靈測驗　　圖靈測驗（Turing test）是關於人工智慧裝置能否思考這一問題的正確「測驗」。1950年，英國數學家 Alan Turing 提出一個非常簡單的標準：一部電腦將值得被稱爲是有智能的 —— 如果它能夠騙過人類相信它是人類。在 1960 年代早

> **真**正的問題不是在於機器是否思考，而是人們是否思考。
>
> *B. F. Skinner, 1969*

期，研究人員開發一種妄想狂電腦程式，稱爲 PARRY。該程式可被設定來表現兩種狀況：微弱妄想狂或強烈妄想狂。這項測驗牽涉到要求一組眞正、符合資格的精神病專家透過電傳打字機訪談「病人」。該研究發現，沒有一位訪談者相信他們正在訪談的是一部電腦。更引人興趣的，妄想狂病人接受訪談的各種副本被送達一組精神病學家手中，有些副本是得自眞正的病人，另有些則是電腦提出的。情況很明顯，精神病學家們無法辨別這二者。

　　根據圖靈測驗的標準，我們早已擁有有智能的機器：受到程式控制的電腦如人們那般通過考驗。到了 1960 年代，電腦能夠針對所有類別的議題進行交談（全然地接受及回答問題），包括那些在精神醫療訪談中可能發生的問題。嚴格來說，電腦並非在聆聽或談話，但假使你以打字的方式輸入問題，電腦將會以打字的方式應答你的問題。電腦通過了測驗 —— 假使對話者相信自己是在跟一個眞正活生生的人互通訊息的話。

【焦點概念】 機器能夠像人類一樣進行思考嗎？

35 依稀做夢

　　為什麼當我們睡眠時，我們一晚好幾次進入幻想的世界？為什麼我們會感知想像的世界及展現想像的行為，這些代表什麼意思？夢境是通往我們潛意識的一道閘門嗎？我們能夠真正解讀我們的夢境嗎？

　　夢可以是令人驚駭的，也可能具有安撫性。夢是怪誕而不合理的，就以不可能、不合邏輯的事情能夠出現而且也實際上出現的角度來看。在夢中，你可以飛行；死去的人復活過來；無生命的物體開口說話。

REM 睡眠　平均而言，我們大部分人每晚會做夢一到二個小時，產生各式各樣的夢境。大部分的夢是被完全遺忘的，因此有些人聲稱他們沒有做夢。研究人員已發現，假使人們立即在快速眼動（rapid eye movement, REM）睡眠時期之後被

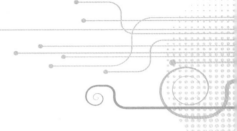

在想像力的基礎上，夢境反映了潛意識生活的波浪。

H. Amiel, 1989

搖醒的話，許多人能夠相當準確地記起他們的夢境。個人在 REM 睡眠期間被喚醒的話，他們將幾乎總是報告自己正在做夢，通常還能詳細地描述出來。這些報告指出，人們在睡眠期間是有意識的，即使他們不一定記得這樣的經驗。腦波研究顯示，我們在睡眠期間是非常積極活躍的。此外，我們也知道，男性在這個時候可能有勃起現象，而女性則有較大量的血液流向陰道。

夢的類型　有些學者指出，「夢」（dream）這個字是源自「喜悅」（joy）和「音樂」（music）兩個字。許多人談及各種不同性質的夢：屬於極為清晰但也模糊的夢；屬於惡夢；以及屬於可愛的夢。從 3 歲到 8 歲的兒童經常報告

他們做惡夢，但是在 3 或 4 歲之前，他們似乎還不太會現身在自己的夢境中。許多人報告有重複（反覆）發生的夢，有些夢是他們害怕的，另有些則是他們渴望的。有些人相信，他們的夢是預言性的。幾近三分之二的人宣稱，他們發生過似曾相識（déjà-vu）的夢。

　　無疑地，對所有時間的所有人們而言，顯然存在一些跨文化共通的夢境。飛行的夢是常見的：人們報告他們能夠像鳥類一樣飛翔，也許透過做出像游泳選手一樣的蛙泳。另有些人報告墜落的夢，他們跌出高聳的建築物，或跌入陰暗的洞穴（深淵），持續很長時間。或者，他們僅是不斷跌倒。許多人夢見自己突然一絲不掛，因此在他人面前感到極為困窘。追逐的夢也很常見：大部分情況是你正被別人毫不留情地追逐，或也許是你在追逐他們。學生們勢必知道屬於測驗／考試的夢，你必須參加一場考試，而儘管再三複習，你無法記住任何內容，或更糟糕的，你癱坐在椅子上，就是無法動手寫字。令人驚奇地，失去牙齒的夢也屢見不鮮。

> 只有在做夢的人的生活脈絡中，夢才是有意義的。
>
> *D. Broadribb, 1987*

解讀　難免地，關於這些夢境的各種解讀已被提出。牙齒的夢是象徵我們非常關心自己的外表吸引力嗎？或者，它也許表示權力的喪失以及老化，或另一些你從不曾聽過或一直疏忽的關切事項。或許，你的牙齒代表一些口頭的武器，但因為你說過一些關於別人的謊話，這些武器正在脫落。甚至還有些人曾提出，這是關於金錢：希望神奇的牙仙（tooth fairy）將會現身，賜給你大量的金錢。

　　但是如何解讀一絲不掛的夢境？它是完全關於脆弱性及羞愧心嗎？你正隱瞞一些消息，遮掩一段關係，從事一些你不應該做的事情，而你覺得愧疚。更糟的是，你害怕會被發現，受到譏笑而招致恥辱。或者，它可能意味你正感到自己尚未為一些重要的考驗或任務做好準備。一項令人好奇的特徵是，你了解自己是赤裸裸的，但是其他人似乎都沒有注意到這個事實。這可

能指出，你有一些憂心的事情，但你真正感受的是它們毫無根據。

佛洛依德學派的觀念　佛洛依德（Sigmund Freud）提出，夢是發源於我們的內心衝突，即我們的潛意識慾望與不許這些慾望宣洩出來（我們從社會所學得）的禁令之間的衝突。因此，所有的夢代表未能履行的願望，至於願望的內容則被象徵性地偽裝。經由做夢，潛性內容被轉換為顯性內容，顯性內容是當事人醒後可以記憶及陳述的故事；顯性內容還要經過進一步的解析，這樣才能揭露當事人的潛意識慾望。夢是象徵性的，或我們真正潛在情感的隱喻。

　　夢的解析（dream interpretation）是佛洛依德最喜愛的手段之一，以之理解當事人的內心衝突。因此，他鼓勵人們不受拘束地談論自己的夢境。根據他的觀點，夢關涉當事人的過去及現在，夢起源於內心未知的領域。在核心部分，每

> **這** 一天的殘渣透過夢程（dream work）被轉化為夢境，再透過睡眠使之不具傷害性。
> *Sigmund Freud, 1932*

個夢都是願望滿足（wish-fulfillment）的嘗試。夢是「通往潛意識的捷徑」。在做夢中，各種歷程發生，像是凝縮作用（condensation），各式主題被化約為單一意象，諸如打開的門，或川流不息的河流。分析師特別感興趣於替代作用（displacement），即一些人物、事物及活動彼此取代。因此，有所謂的轉化現象（transformation），人物被轉化為較大或較小、較年老或較年輕、

進化心理學

　　進化心理學家已注意到，許多夢境是關於威脅和危險，他們主張這些夢的功能是在表徵真正、日常的威脅，以便我們能夠面對及預演不同的反應。假使情況如此的話，大部分人應該會報告一些符合現實的夢境——針對現在或過去的環境威脅。然而，關於這種解釋，似乎存在三個疑難。首先，

許多夢境是關於正面的情緒及事件，特別是性滿足。其次，許多夢境似乎涉及對發生在當天或最近之訊息的「處理」，而且不必然帶有壓力或威脅。第三，我們似乎仍不清楚，做夢如何實際上教導或鼓勵較良好的適應，而這是進化心理學的核心概念。

較有權力或較少權力。

　　佛洛依德學派的理論導致各種關於做夢的預測接受測試。因此，男性應該有較多閹割焦慮（castration anxiety）的夢境，女性則應該有較多陽具妒羨（penis-envy）的夢境。男性在夢中應該有較多他們與之搏鬥的男性陌生人（戀母情結發展階段的父親形象）。

　　批評者指出，假使夢僅是願望滿足，為什麼有那麼多負面的夢？其次，佛洛依德建立他的理論在那些少數的夢上（少於 10%）—— 即病人所記得而能清楚表達的夢。第三，夢的解析存在嚴重的可信度的問題，因為不同的治療師提出極為不同的解讀。第四，如榮格（Jung）指出的，夢似乎在不同時間和不同文化中有相似的內容，不論它們是否被深深壓抑或極為自由。

> 我從不能同意佛洛依德的觀點，他認為夢只是「外觀」，而它的意義潛伏在背後——這樣的意義原本是已知的，但是可以說是惡意地將之壓抑下來，不透露給意識知道。
> *Carl Jung, 1963*

生理研究　研究人員已提出對做夢的另一種解釋，但是不涉及潛意識的衝突或慾望。在睡眠的 REM 階段，腦內橋腦（pons）中負責乙醯膽鹼（acetylcholine, ACh）分泌的神經元迴路活躍起來，激發了快速眼動、大腦皮質的活化及肌肉癱瘓，這引致我們看到景象。當事人在做夢時發生的眼球轉動相當適切地對應於夢的內容；假使夢中的事件是真正在發生的話，眼球轉動是被預期的現象。至於所被喚起的景象通常納入最近所發生（或當事人近來正在思考）的一些情節的記憶，這想必是所負責的迴路因為最近的使用而較為活性化。對於等待重大手術的病人來說，他們在該手術前的二或三個夜晚期間，經常會在他們所做的夢中透露自己的恐懼。他們的恐懼很少直接表明出來，不會直接針對解剖用的小刀或手術室。它們的牽連是間接的，以凝縮及象徵的形式。夢通常表達的是在個人生活中當前最重要的事情，而不是任何內心深埋的願望滿足的概念。

【焦點概念】 夢境是否提供關於我們潛意識的洞察力？

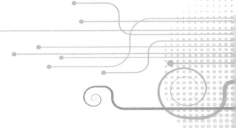

36 試圖遺忘

　　假使有任何事情是我們希望在童年時改變的，我們應該首先檢視一下，說不定這些事情是我們從內心就能更妥當改變的。　　*Carl Jung, 1954*

　　壓抑（repression）概念的本質是「拋棄」某些事情，或「逐出」某些事情。在心理學中，它是指驅逐一些特定心理內容於意識之外，以避免令人苦惱的情緒。

恢復的記憶　多年前有許多兒童虐待的指控，它們涉及「恢復被壓抑的記憶」。有些罪犯犯下了暴力行為，卻似乎無法準確地記起自己的罪行，可能是因為他們已將之壓抑下來。有些人宣稱，成年人在治療中能夠恢復對於童年受虐的記憶，這樣的受虐事件長久以來被壓抑著。不論是加害人或受害人，他們都有理由壓抑恐怖的事件；但是當然，這是很難證實的事情。另也有人主張，個人對於過去的記憶很容易受到這些記憶在治療中（以及在法庭

躺椅、電影院及法庭

　　壓抑已在諮詢室、實驗室及法庭接受有系統地研究。在所有心理學個案中，最為引人入勝的一些個案基本上涉及壓抑。因此，我們有歇斯底里失憶症（hysterical amnesia）的個案，它被界定為漫遊（fugue）的狀態，當事人完全失去對過往的記憶，通常是起因於生活上受到重大打擊（創傷）。另一種是同樣罕見之多重人格（multiple personality）的個案，當事人擁有一些非常不同的性格，但似乎對於彼此一無所知。這些個案特別投合小說家和電影製作人的心意。

歷史大事年表

　　　　　　1894　　　　　　　　　　　　　　　　1915
佛洛依德《歇斯底里的研究》　　　　　佛洛依德，《壓抑作用》

中）被誘發的方式所扭曲。實驗研究已相當清楚地顯示，正常而健全的個體可能被說服而相信錯誤、不正確的記憶是真實的。臨床人員承認，人們相當可能發展出「虛構的」（illusory）記憶，而不是「壓抑然後恢復的」記憶。

當然，我們知道恢復的記憶具有一些類似的特徵。大部分是屬於女性的記憶，這樣的情節上演不只一次，父親通常是在女兒 8 歲生日前放縱於一些不妥當的性行為。這些記憶在治療中「被恢復」，而有五分之一的受害人跟警方報案。引人興趣的，驗證受虐的研究發現，虐待的年齡其實更晚些，而且很少是由父親或繼父下手。

佛洛依德與壓抑　在任何時候，我們意識上察覺的只代表一座冰山的尖端。我們還有前意識（preconscious）和潛意識（unconscious）。前意識是指暫時不在意識之中，但易於接近的一些思想、情感及動機。至於潛意識則是一座冰山被淹沒的部分，它是完全不能接近的。大量潛意識的存在是經由壓抑作用，借助這種手段，有威脅性或不愉快的經驗被「遺忘」。因此，這些經驗變得不能接近，埋藏起來，不為我們意識所察覺。壓抑作用是最主要的一種自我防衛（ego defense）。佛洛依德把它挑選出來作為特別的基石，而「整個精神分析的結構就建立在上面」。它是最核心的部分。

壓抑是把一些思想推入潛意識的歷程，以之預防痛苦或危險的思想會浮上意識的層面；似乎不可解釋的天真，這造成了記憶流失，或缺乏對自己處境及狀況的覺察。情緒是意識上的，但是它背後的觀念卻付之闕如。

根據佛洛依德的說法，我們所有人都有這樣的內在戰爭，而且具有大致相同的綱要。衝突起始於當本我衍生（id-derived）的衝動（以及各種相關的記憶）被推入潛意識中。然而，這些衝動拒絕保持低調，它們尋找代替的出口，這帶來的結果是許多追加的防衛，它們被安裝起來以增援原始的

> 文明和高等教育對於壓抑的發展有重大影響……以至於先前被覺得是適宜的，現在似乎不被接受，而以所有可能的精神力量加以排斥。
> *Sigmund Freud, 1920*

1957	1961	1990
多重人格被描述	壓抑者與敏感者	防衛性壓抑的因應風格

壓抑，抵擋本我衍生的洪水，使得自我（ego）能夠維持它的自尊。在「本我」與「自我」之間的對抗中，壓抑居於核心位置。

當探討歇斯底里時，佛洛依德開發他的觀念。他相信壓抑使得意識與自我產生分裂，帶來了人格的解離（disassociations）。壓抑的歷程妨礙了情緒的正常釋放。它是以築壩的方式攔阻那些情緒。壓抑基本上弱化了人格：它是內在的破壞分子，造成分裂和失睦。直到較後期，佛洛依德才開始相信，壓抑是一種正常、健全及常見的防衛機制。

有兩個階段導致當事人進行壓抑。初級（primary）壓抑是決定什麼是自己、什麼是別人（以及什麼是善良、什麼是惡劣）的歷程。在這個階段的尾聲，兒童能夠分辨慾望、恐懼、自己及別人。次級（secondary）壓抑起始於一旦兒童了解，他們遵行一些慾望的話，可能會帶來焦慮。這份焦慮導致對慾望的壓抑。再來，這種焦慮所涉及之懲罰的威脅，當被內化後（internalized），就成為超我（superego），它針對自我的慾望進行仲裁，不需要任何明顯的外在威脅。

經常有人宣稱，創傷事件會被壓抑下來，但是情形看起來，創傷更經常是增強記憶——由於高漲的情緒感受或生理反應。從客觀研究的觀點來看，這裡存在的一項疑難是，「記憶」必須經由當事人的行動或意識表達加以測量及記錄，然而它們可能已經過當事人當前思想及動機的過濾。

壓抑的特質　在 1960 年代早期，心理學家談及人們可被劃分為壓抑者（repressors）或敏感者（sensitizers）。想像你在幾星期後必須接受一項重大手術。有些人將會試著將之放在他們心思的背後，以一些分心的活動填補他們的時間（壓抑者）；另有些人則將會頻繁地談論這件事情（敏感者）。雙方以不同方式處理他們的焦慮，但是問題在於，哪一種途徑是較為心理上健康及適應的。這個觀念在 1990 年代再度復活，當時研究人員檢定壓抑者為一種人格特質，它是由兩個因素所決定：焦慮和防衛性（defensiveness）。壓抑者是一些低焦慮、高防衛的人們，他們似乎積極地試圖讓自己（而不是別人）相信，他們不是那般易於有負面情緒。他們是有趣而不尋常的，因為他們總是宣稱自己是健康而適應的，但假使你測量他們對於一些事情（特別是

負面情緒）的生理反應及行為反應，他們的反應非常強烈。他們似乎在欺騙自己，要不然就是試圖整飾印象，以顯得自己堅強、有韌性及冷靜 —— 當他們絕對不是如此時。

認知心理學　「動機性遺忘」（motivated forgetting）—— 這裡的動機是潛意識的，也是指對象是嫌惡的 —— 的命題從不曾在控制研究（controlled research）中獲得證實。對認知心理學家來說，壓抑很單純地只是遺忘一些不愉快的事情。因此，研究已被執行，受試者正試著學習一些東西之際，實驗人員對待他們的態度很惡劣（相對於親切）。研究結果證實，當學習經驗是負面時（對照於正面），受試者稍後記得較少。

　　研究還顯示，假使人們被要求撰寫他們的童年，直到 8 歲之前，大約 50% 的人擁有占優勢的正面記憶，30% 的人是負面記憶居多，而 20% 的人是中性記憶。但是這可能不是壓抑在產生作用：它可能很單純地是大部分人確實擁有快樂的

> **壓**抑的歷程在生命的第四年左右開始啟動，當擁有理智時就被暫時擱置。
> *Karl Marx, 1920*

童年。另一項研究顯示了壓抑的良好證據：剛分娩過的母親被要求報告她們所忍受疼痛的性質和數量。然後幾個月後，她們被要求再度評估一次，她們這一次都報告沒有那般疼痛。

　　另一個關於壓抑的描述性理論指出，壓抑僅是提取失敗的特殊情況。或許記憶並未被潛意識的審查員（censor）所隱藏，它們僅是由於缺乏適切的提取線索（retrieval cues，或檢索線索）而不易於接近。焦慮可能在這件事情上扮演一定角色，或許是阻擋一些補充的線索，或者是妨礙提取線索，但是焦慮不是起因。對於壓抑的這種提取–堵塞的解讀，是較為被普遍接受的一種探討途徑。

37 舌尖現象

　　你正坐在沙發上觀看電視中的猜謎節目。主持人提到的一個問題屬於你所專長的領域。你知道你一定知道答案，但是你似乎想不起來。你有認識的感覺，你知道答案的起始是「**B**」字母，而且有三個音節，但就是推敲不出來。你發生了提取堵塞（**retrieval block**）。一項研究檢視個人試圖記起德文姓名 Kepler。他們知道它是「外國字」而開頭是「**K**」。因此，他們嘗試 Keller、Kellet、Kendler 及 Klemperer。他們知道 Keller 是最接近的，但就是無法接近（**access**，或存取）它。

　　記憶（remembering）是一種自動化的歷程；為了回應某一刺激而從記憶中提取訊息，這是記憶特有的角色，而整個過程是自動化的。有時候，個人試圖達成內心的思想，引致訊息從記憶中被提取，這樣的過程是需要花費力氣的。但是內隱記憶（implicit memory）的提取是自動化的：特定刺激將會喚起自動的反應。例如，騎自行車，或寫自己的姓名 —— 我們如何自動化地使自己正確地完成這些事情？

舌尖現象　　但記憶通常是有瑕疵的；我們經常犯錯，掙扎於提取我們所尋找的訊息。心理學家發問，為什麼會發生這種情形？這又對我們顯示我們的記憶如何運作嗎？這個領域內的一個重要主題是舌尖現象（tip-of-the-tongue, TOT），它是知道某些事情但無法立即回想起來的一個實例。TOT 是一種幾近普遍一致之記憶回想上的經驗，牽涉到難以提取熟知的字詞或熟悉的姓名。當經歷 TOT 時，人們覺得堵塞的字詞是在被收復的邊緣。儘管未能找

歷史大事年表

西元前 300 年	1965
亞里斯多德報告 TOT 主要發生在姓名方面	首度「認識的感覺」接受探討

認識的感覺

心理學上有一些實驗和理論是在探討微妙之「認識的感覺」（feeling of knowing, FOK）。一種觀點稱為「內在監視者」（internal monitor），它主張我們產生 FOK 是當我們「查閱被列在名冊上的某一項目時，卻發現上面沒有任何記載」。一個核心爭辯是，究竟失誤的發生是出於我們編碼（encode，或登錄）訊息的方式，抑或是我們解碼（decode）訊息的方式。這也就是說，它是否取決於訊息如何被儲存及儲存在哪裡，而不是取決於訊息如何被提取？我們也知道，人們能夠容易地辨別「記憶 vs. 認識」的主觀狀態：記憶是意識上的回想，至於認識是一種熟悉的感覺，不一定能夠回想起來。

出該字詞，他們有這樣的感覺，即堵塞的字詞以比喻來說像是「正在舌尖上打轉」。不易接近性（inaccessibility）和逼近感（sense of imminence）是界定 TOT 的兩個關鍵特徵。像是 TOT 所例證的這種主動搜索刺激以喚起專屬反應的現象，就稱為回憶（recollection）。

早期的研究　自從第一個實徵的研究在 1966 年被著手以來，舌尖現象已受到廣泛的探討。研究人員發現，關於在舌尖上打轉的單詞（word），人們可以記得不少事情，而且一旦該單詞被呈現，他們將能立即辨認出來。後來，研究人員發現了所謂的「醜陋姊妹效應」（ugly sister effect）的證據，也就是當搜索個人的記憶以找出正確的單詞時，個人卻反覆地想出一些錯誤／不一樣的單詞。醜陋姊妹的單詞是一些表面上類似但似乎較頻繁使用的單詞 —— 相較於被堵塞的單詞。

人們試過各式各樣技巧以便自行「解開被堵塞的單詞」，但這可能令人相當挫折。他們掃描自己內在和外在的世界，以尋求解答。有些人用遍英文字母，或嘗試擬想一些相關的事情。有些人詢問他人或搜尋環境。有時候，該單詞就是自發地「突然迸現」，沒有任何明顯原因。

令人好奇地，研究人員還發現，當提供當事人提示或線索時，有時候會

1966	1984	1991
首度 TOT 接受探討	首度「醜陋姊妹效應」接受研究	首度審查論文

產生反效果，他們的表現反而更差。當人們搜索他們的記憶時，他們所想起的似乎只是線索，造成他們的拖延。

所以我們學到什麼？ 首先，假使不是普遍一致的經驗的話，它也是常發生的經驗。一位研究人員調查 51 種語言，他發現這些語言（包括表情）中的 45 種使用「舌頭」（tongue）的字眼來描述 TOT 狀態。其次，TOT 的發生相當頻繁，普遍是每星期一次，但是這會隨著年齡而增加。第三，它通常涉及特有的姓名，而我們經常能夠記得該單詞的第一個字母。我們能夠記起一個人的嗜好、職業及髮色，但就是記不起他的姓名。第四，（謝天謝地）我們在大約 50% 的次數中解決了問題。

理論 為什麼會發生 TOT？一項理論指出，TOT 的起因可能是在於單詞的聲音。不再把焦點放在語意訊息（單詞的意義）的重要性上，這個理論認為更重要的是單詞的聲音。單詞（words）含有幾個類型的訊息，包括：

· 語意的訊息（semantic information）（意義）。
· 詞彙的訊息（lexical information）（字母）。
· 語音的訊息（phonological information）（聲音）。

這些類型的訊息被保留在記憶的不同部位。當然，它們是互相連結的，以至於當（譬如）你閱讀「Velcro」（魔術貼）時，字母訊息觸發了連結的聲音訊息和連結的意義訊息，告訴你如何發出該單詞的聲音，以及它是什麼意思。當你嘗試想起某一單詞時（對照於你被提供單詞），你通常從意義開始著手（「那個有黏性的尼龍帶，一邊有絨毛，另一邊則有細微的倒鉤」）。假使該意義與聲音訊息之間的連結不夠強烈的話，聲音訊息將不會被充分地活化（激發），使得你無法提取它的所有訊息。

被遺忘的單字的節律在沒有聲音來襯托它時仍可能存在。對某一開頭母音或子音之若有若無的感覺會不時地嘲弄我們，但這種感覺並不會使得單字更為清晰。每個人必然知道一些被遺忘詩句之空白節律的挑逗作用，它不停地在你心中舞動，致力於以字詞充實之。

William James, 1890

另一些理論家認為，TOT 的發生是因為單詞的意義與單詞的聲音之間脆弱的連結。當它們被大量使用時，連結就增強。當它們才剛被使用過時，連結也會較強。另外，疏於使用會使得連結減弱，這可以解釋為什麼四處漫遊的單詞會突然迸現。很可能的情況是，你已感受到跟目標單詞類似的聲音。

我們已運用三門不同的次學科於探討 TOT 現象：心理語言學（psycholinguistics）、記憶透視（memory perspectives）及後設認知（metacognition）。前二門學科與直接通路的觀點保持一致，它們視 TOTs 為詞彙提取上的臨時故障。這種途徑已把 TOTs 與口頭語言上的其他失誤連結起來，諸如口誤（slips of the tongue）和首音誤置（spoonerism）。TOTs 是提取歷程發生差錯的一種標誌。心理語言學的途徑則視 TOTs 為單詞提取上的一道窗口。

心理語言學和記憶透視的直接通路（direct-access）觀點分成三個基本假說。首先是堵塞假說，表示 TOTs 的發生是因為人們把堵塞的單詞認定為不正確的，但是無法提取正確卻被抑制的目標單詞。其次是不完全活化的假說，表示 TOTs 是由對記憶中是否存在記不起的目標單詞的過敏性所引起，隨之發生的就是無法把目標單詞提取到意識的記憶上。第三個假說是傳遞缺失模式，

> 記憶有時候是如此有維持力、如此方便及如此恭順——在另一些時候，它是如此令人惶惑及如此脆弱——還有些時候則是如此專橫而毫不受控制。
>
> *Jane Austen, 1810*

表示 TOTs 是發生在當單詞的語意表徵被活化，但是不足以促發目標單詞之完整的語音表徵時。

一些研究為直接通路的觀點提供了支持，這包括受試者較快速對於 TOT 目標單詞進行再認（recognition），以及他們有能力提出關於 TOT 目標單詞的局部訊息。當在 TOT 經驗之後對於正確目標單詞進行再認時，受試者的表現遠勝於當他們沒有經歷 TOT 而對正確目標單詞進行再認時。再者，人們經常能夠記起與 TOT 目標單詞相關的語音訊息，諸如該單詞的第一個字母、音節的數目及音節的重音（stress）。

後設認知模式聚焦於監督和控制的歷程在認知上扮演的角色。這種途徑視 TOTs 為根據非目標單詞訊息（這是記憶者所能接近的）所進行的推論。

【焦點概念】我們所犯的失誤透露了記憶是如何運作

38 性心理階段

> 「佛洛依德關於性慾的概念是完全伸縮自如的，而且那般含糊而不明確，它可以被用來指涉幾乎任何事情。」
> *Carl Jung, 1960*

佛洛依德改變了我們如何思考自己和談論自己。他的許多基本觀念已被普及化及通俗化，摘自他的理論的一些術語已融入日常的語言中，像是「肛門強迫性格」（anal obsessional）、「性器象徵」（phallic symbol）或「陽具妒羨」（penis envy）。佛洛依德是極富有創意的思考者，而且無疑地，他是十九和二十世紀最偉大的思想家之一。他發展出一套高度爭議性的理論（實際上是許多理論），關於人格發展、心理健康及疾病。

佛洛依德學派的理論 —— 基本原理 佛洛依德學派的理論提出一些假設：

- 行為是強力而通常是潛意識的動機、驅力及需求之間交戰及妥協的結果。
- 行為可能以非常微妙或偽裝的方式反映一些動機。
- 同樣的行為在不同時間或不同人們身上可能反映不同的動機。
- 人們可以多少察覺到引導他們行為的力量和驅動他們行為的衝突。
- 行為受到能量系統的支配，在任何一個時刻只有相對上固定數量的能量可供使用。
- 行為的目標是享樂（緊張的減除，能量的釋放），稱為唯樂原則（pleasure principle）。
- 人們主要是受到性本能和攻擊本能的驅策。

> **我** 們已發現到，童年早期就存在身體活動的徵兆，對於這種現象，只有舊式的偏見才會拒絕稱之為性慾。
>
> *Sigmund Freud, 1920*

歷史大事年表

1901	1908
佛洛依德，《日常生活的心理病態》	佛洛依德論述肛門性慾

- 這些驅力的表達可能與社會的要求發生衝突，所以在滿足這些驅力上勢必要釋放的能量必須找到其他的釋放管道。
- 人類有兩種基本本能，一是生之本能（eros），另一是死之本能（thanatos）。

在性心理理論被描述之前，兩件事情需要先闡明一下。首先，人們擁有三個層面的覺知（awareness）：意識（conscious，我們所覺知的）、前意識（pre-conscious，假使我們仔細地注意它的話，我們可以覺知到）及潛意識（unconscious，除非在特別的情況下，否則我們不能覺知到）。治療通常正是對準於把潛意識內容帶到意識的層面。

其次，人格具有結構，它是由三個因素所組成：潛意識、常在的本我（id），它是人格的生物基礎；局部意識的自我（ego），它在生命的第一年開始發展，也是人格的心理行政部門；超我（superego），從 3 歲到 5 歲時開始發展，它是人格的社會成分和道德成分。

佛洛依德的性心理階段理論（theory of the psychosexual stages）假定四個階段，即口腔期（oral）、肛門期（anal）、性器期（phallic）及性徵期（genital，或生殖期），各自的特徵是存在特定的性感區（erotogenic zone），作為享樂及滿足的主要表明。該理論假定，從一個階段轉移到下一個階段的困擾就是成年人性格形成的核心所在。假使個人通過（穿越）這些階段時沒有發生任何危機（crises）、固著（fixations）或退化（regressions），它將不會在成人性格上留下標記或影響成人性格。然而，問題就發生在這些階段標記（stages mark），它們將會終生影響或塑造一個人。因此，現存的成人性格特質就是起源於兒童期的經驗。再者，反面的行為模式可以被視為是對同一問題的反向作用（reactions）。

學習　該理論主張，我們都會經歷這些階段，而它們能夠（而且也確實）為我們接下來的生活賦予個人的特色。這是佛洛依德學派之人格理論的核心所在。因此，儘管生物心理學家將會視人格特質（像是外向—內向）為生理歷程所決定，佛洛依德學派則視人格發展為起源於早期而大致上被遺忘的童年

1949	1968	1980
Blum 對於性心理發展執行首度大規模的研究	Kline 啟動關於肛門性格的探討	Kline 編製問卷以測量口腔和肛門類型

經驗。因此，就理論上而言，假使多少有些不道德，個人可以塑造兒童的性格 —— 透過你在童年早期如何對待他們。

口腔性慾 第一個階段是口腔期，持續到嬰兒大約 18 個月大。關鍵議題是關於餵食，性感區是嘴巴、嘴唇及舌頭。所涉發展任務不僅關於斷奶，從液體食物進展到固體食物，也是關於當長出牙齒時的咬嚼行為。

幼兒在這個階段發生麻煩的話（諸如斷奶太早或太晚，經歷口腔剝奪，或過度耽溺），他們有可能形成口腔性格。許多成年的活動是非常口腔式

性心理發展階段的特質

	偏常	正常	偏常
口腔特質			
	樂觀 輕信 操縱 讚賞 自負傲慢	←——→ ←——→ ←——→ ←——→ ←——→	悲觀 多疑 消極被動 嫉妒 自我貶損
肛門特質			
	吝嗇 壓抑 倔強 井然有序 嚴格守時 拘泥細節 精準	←——→ ←——→ ←——→ ←——→ ←——→ ←——→ ←——→	過度慷慨 直爽奔放 順從 雜亂無章 遲延、因循 散漫、輕率 含糊
性器特質			
	虛榮浮華 驕傲 輕率的勇氣 魯莽無禮 群居、愛社交 時髦、流行 雜交 狂歡作樂	←——→ ←——→ ←——→ ←——→ ←——→ ←——→ ←——→ ←——→	自我嫌惡 謙恭 膽怯 害羞 孤立、隔離 樸素、淡泊 貞潔 哀傷

的：吃食、飲酒、接吻、談天、吸菸及咀嚼。根據該理論，剝奪型口腔悲觀者（deprived oral pessimist）可能利用嘴巴作爲懲罰。他們可能非常愛好挖苦（譏諷）別人，因而選擇口腔型的職業，像是律師或牙醫師。有些人將會成爲食物挑剔者，另有些人成爲禁酒論者。他們可能是說話講究修辭的人、咬指甲者或咬鉛筆者。他們可能特別享受吸血鬼電影（Dracula movies），或信奉素食主義的美德。

另一方面，耽溺型口腔樂觀者（indulgent oral optimists）可能成爲甜點、紅酒或美食的專家，或成爲詼諧風趣的人。他們較可能吸菸，吹奏管樂器（而不是弦樂器或打擊樂器），以及喜歡溫暖、乳汁狀及清淡（軟甜）的食物。因此，口腔樂觀者（耽溺）和口腔悲觀者（剝奪）雙方承受他們早期餵食上的問題，但是以非常不同的方式。

肛門性慾　第二個階段是肛門期，衝突的來源是大小便訓練。它是關於控制：幼兒發現他能夠施行控制，即透過排便或忍便以取悅或挫敗自己的父母。佛洛依德學派相信，這個階段的發展與後來的敵意、虐待及強迫行爲有重要關聯。

肛門性格是井然有序、吝嗇及固執的。有些人提議，我們對待時間、潔淨及金錢的態度與這個階段連結起來。因此，肛門排除（anal eliminative）的人是慷慨、懶散及雜亂的，至於肛門保留（anal retentive）的人則是小氣、注重瑣事及小心翼翼的。這是低層公務員、品管人員及銀行職員的世界。因此，我們有肛門固著（anal fixation）和肛門性慾（anal eroticism）的觀念，它們已融入通俗語言中。

性器性慾　性器期的特徵是知名的戀母情結（Oedipal complex）和戀父情結（Electra complex）——或統稱戀親情結。性感區是男女的性器官。這個階段從 2 歲開始，持續到大約 5 歲；佛洛依德視這些情結爲精神官能症（neuroses）的核心所在。5 歲的男孩被認爲（及潛意識地）感受到兩種情感，一是對他母親深刻的愛慕，另一是對他父親的憎恨。但是任何社會都不能容忍亂倫（incest）關係，這導致了閹割情結（castration complex），即兒童相信父親會採取閹割的手段來報復兒童嫉妒式的憤恨，以使得該情結成爲泡影。

　　這個時期所反映的特徵是在成年期的虛榮或魯莽，或它的反面情形。因此，對這份衝突的不良解決可能導致過度雜交，或導致貞潔。它也可能導致親情固著（parent fixation，指子女在感情上過度依賴父母而缺乏獨立的性格）或不斷地回顧過去。驕傲與懷疑，大膽與羞怯是與性器期連結的人格特徵。

　　性器期之後是潛伏期（latency stage，從 6 歲到青春期），然後是性徵期（genital stage，從青春期到進入成年期）。衝突的來源是所有人都會經歷的許多艱困任務的表明及關切：建立健全的人際關係、取得工作、享受生命。它的發展目標是找到佛洛依德學派所謂之良好適應及有益健康的防衛機制（defense mechanisms）。

批評

　　佛洛依德學派的觀念仍然招致懷疑、憤慨及駁斥。有些觀念已被付諸檢驗，發現缺乏證據的支持。有些研究人員則證實，該理論的一些層面是無疑被肯定的。過去 50 多年來，這許多觀念已接受檢驗。一些具體假說受到實質支持，但更多觀念是立場空洞的，無法通過嚴格的科學實驗。儘管很少心理學家會把他們的任何觀念或治療建立在性心理階段上，但是這許多術語顯然已被一般人熱烈地採用。

【焦點概念】存在四個性心理發展的階段

筆記欄

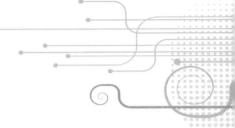

39 認知階段

> 「道德階段的存在意指道德發展（**moral development**）具有基本的結構成分，儘管動機和情感也涉及道德發展，但這些大致上是受到思維模式的變動居中促成。」
>
> *Lawrence Kohlberg, 1973*

所有發展心理學家面對一個令人氣餒（假使也令人著迷的話）的任務，即解釋缺乏理性、不合邏輯、自我中心的嬰兒如何發展為能夠良好運作、有理性、合乎邏輯的成年人。8 歲兒童能夠理解的事情，如何 6 歲兒童就辦不到？兒童如何學會適應他們周遭的世界？

最為聞名而有影響力的發展心理學家，應該是說法語的瑞士生物學家皮亞傑（Jean Piaget, 1896-1980）。他提出認知發展的四個階段理論，至今仍被討論、引起爭議及受到批評。

核心概念　他的核心關涉是兒童如何學會適應他們的世界。他的理論是關於成長 —— 經由適應及調整。它具有一些關鍵概念，首先是稱為基模（schemas）的概念。基模描述的是涉及理解及認識這個世界的心理動作和身體動作二者。基模是知識的類別或範疇（categories），以協助我們解讀及理解所處的世界。基模包含二者，一是知識的範疇，另一是獲得該知識的歷程。

透過經驗，新的訊息被用來修正、增添或改變先前存在的基模。例如，兒童可能擁有關於寵物的基模，諸如狗。假使兒童僅有的經驗是關於大型的狗，他們可能相信所有的狗都是大型、吵鬧及可能有攻擊性的。假設接下來兒童遇見一隻非常小型的玩賞犬，兒童因此將會吸收這個新訊息，修正先前

歷史大事年表

1929	1932
皮亞傑，《兒童對世界的概念》	皮亞傑，《兒童的道德判斷》

存在的基模以容納這個新知識。

　　第二個概念是調適（accommodation），這是指個體如何改變或調整以便處理社會環境和物理環境中的新觀念；也就是改變現有的認知結構以符合環境的要求。第三個概念是同化（assimilation），這是指個體依據他們的認知基模以對待及處理環境；也就是說，他們以自己擁有的訊息為基礎以處理新的訊息。他們把新的訊息同化（納入）到現存的基模或認知結構中。

　　這導致了第四個概念，即均衡（equilibrium）。隨著兒童進展而通過認知發展的各個階段，很重要的是維持二者之間的平衡，一是運用先前存在的知識（同化），另一是改變行為以解釋新的知識（調適）。這個歷程稱為均衡，它說明了兒童如何能夠從一個思維階段進展到下一個階段。他們受到激勵去運用新的知識和技能，藉以中止失衡（disequilibration）的不愉快狀態。他們解決問題是經由不斷進展——從均衡到失衡，再從失衡到均衡的連續歷程，這就代表著智力發展的歷程。

四個階段

　　感覺運動期（**sensorimotor stage**）。這個階段從出生持續到大約 2 歲，主要是靠感覺和動作獲得認知。嬰兒學得大量的知識是經由踢動、拉推及扭扯一些物體，以及在她／他的環境中四處走動。關鍵成就是物體永存性（object permanence）的概念，這表示兒童察覺到物體繼續存在，當這些物體不在他們視野中時。

　　前運思期（**preoperational stage**）。這個階段從 2 歲持續到大約 7 歲。它的發生伴隨著語言和遊戲的發展。事物仍然有幾分地看似不可思議，現實還不是很堅固。在這個階段中，思維是受到知覺的支配，兒童了解事物不總是他們看待的那樣子。兒童在這個階段中只能把注意力放在既存情境的一部分上；這種現象被稱為集中化（centration），它已被顯示在守恆

認識實際上不是意指對現實的複製或臨摹，反而是對於現實的回應，以及對於現實的轉換。

Jean Piaget, 1971

的研究中會製造一些失誤。守恆（conservation，或保留）是指兒童了解當物體未被添加或未被取走任何成分時，即使它的外觀有所改變，但它的物理性質仍然不變。

在極為知名的實驗中，皮亞傑在兒童面前呈現兩個相同大小及形狀的玻璃杯，杯中含有相同數量的液體。當兒童同意兩個杯子中有相同數量的水後，皮亞傑把其中一個杯子中的水全部倒進另一個較高及較細的玻璃杯中。前運思期的兒童會提出兩種說法，一是表示新的容器中有較多液體（「因為它較高」），另一是表示原來玻璃杯中有較多液體（「因為它較寬」），儘管事實上，它們很顯而易見地含有相同的液體。兒童只能集中（或專注）於單一的維度（高度或寬度）。

前運思期的兒童缺乏所謂的「可逆轉性」（reversibility）：在心理上抹消或逆轉先前所執行的一些運作的能力。除了過度依賴知覺外，前運思期兒童也會顯現自我中心主義（egocentrism）：即假定他們對於事情的思考方式是唯一的方式。

具體運思期（**concrete operations stage**）。這個階段持續從大約 7 歲直到 11 歲。這裡，兒童的思考變得較不依賴他們的知覺，他們能夠使用一些邏輯－數學的運算。這些運算包括由常見符號所指示的一些行動，這些符號如 +、－、÷、×、>（大於）、<（小於）及 =（等於）。像是「大於」這樣的運算應該連同「小於」被考慮。兒童尚未能掌握「A 大於 B」的意義，除非他／她了解這個陳述跟「B 小於 A」表示相同的意思。然而，在這個階段，兒童的思考是針對於具體的情境。儘管他們學會使用邏輯和推論來解決具體問題，但他們使用於推理的符號依然是具體物件和事件的符號，而不是抽象的觀念 —— 這只在第四個階段中才會出現。

形式運思期（**formal operations stage**）。兒童從 11 或 12 歲時進入最後的發展階段。在這個階段中，他們發展出從這個世界可能的狀態（而不僅是實際的狀態）的角度進行思考的能力。換句話說，在形式運思的階段，個體能夠操弄一些觀念，其範圍及程度遠大於在具體運思階段的那些觀念。對於這個階段的兒童而言，思維始終是更為抽象，遵循形式邏輯（formal logic）的原理。他們能夠提出多元（多重）的假設和提出抽象的命題，甚至以「如

果」（as-if）和「假使－那麼」（if-then）的步驟來執行命題推理。

皮亞傑的理論當然受到一些批評，但是它一直深具影響力，因為它指出兒童在各個階段能夠學會什麼東西，乃是因為他們已準備好學習。它也意指兒童應該如何被教導，特別是藉由主動的自我發現（透過一些玩具和活動）的歷程。他的理論也清楚指出兒童應該被教導什麼。

階段或依序　幾乎所有階段樣式的理論（不論它們是認知／心理的階段，或是適應失去親人的階段）都會做出兩個重要的假設。首先是各個階段是分立的，而不是連續的。階段就暗示著，它們彼此是有差別的，而我們在這個階段思考些什麼、能夠做些什麼或相信些什麼，勢必相當不同於上一個階段或下一個階段的內容。以發展的措詞來說，這表示標記一個階段的那些能力或認知性能在先前的階段是完全付之闕如。

第二個是嚴格依序的概念。這表示個人必須以嚴格指定的順序通過這些時期或階段，既不能跳過一個階段，也不能（甚至更不可能）倒退到較早先的階段。一些反對階段理論的擁護者提出，個人事實上可以「後退」，就如他們可以前進那般。然而，這較不是在認知發展文獻中出現的情形。

無疑地，現存的證據顯示，認知發展的里程碑或階段不如理論家所宣稱的那般分明或清楚，但是極為明顯地，這樣的發展順序確實存在。7 歲兒童能夠掌握的概念是 4 歲兒童所辦不到的。事實上，大量的教育實施及養育措施，正是建立在邏輯發展之階段般順序（stage-like sequences）的概念上。

當前的思考

關於皮亞傑的認知階段，當前的研究工作指出，他和一些同時代的研究人員低估了兒童的能力。此外，當前的研究學者也表示，我們很重要的是要把表現（有能力執行作業）與理解（知道一些事情）區別開來。情況似乎顯示，當我們測試兒童時，他們通常擁有較大的理解力（相較於他們的表現能力），這對於檢驗該理論有一些言外之意。

【焦點概念】 皮亞傑的認知發展理論

40 成列的鴨子

　　我們偶爾會從報紙上讀到，一些動物「認為」牠們是另一不同的物種。這包括有些狗相信自己是貓；有些綿羊或豬，牠們外表上的舉動較像是狗；甚至是一些鴨子，認為牠們擁有人類的父母。

勞倫茲　關於這種現象，最為聞名的心理學實際演練見之於勞倫茲（Konrad Lorenz, 1907-1989）的研究工作。勞倫茲是奧地利比較心理學家，也是動物習性學（ethology）的創始人，他在 1973 年獲頒生物醫學諾貝爾獎。他發現剛孵化的雛鵝（灰雁）將會「銘印」（imprint，或印記）於牠們所看到第一個會移動的客體，特別是在生命的前 36 個小時內。他稱這個歷程為「捺印」（stamping in），在英語中被稱為銘印。這一段特別的時期（有可能產生銘印的有效期間）就被稱為關鍵期（critical period）。雛鵝銘印於勞倫茲之走動的黑色長靴，且將會追隨他四處行走 —— 當其他雛鵝將會跟隨牠們母親時。勞倫茲被拍下許多幼鵝跟隨他後面散步之令人會心一笑的照片，或甚至是與他的「孩子們」一起游泳。勞倫茲發現，這些銘印於他的小跟班會送給他「美味」的蠕蟲（通常放進他的耳洞中）。無論如何，謝天謝地，當性喚醒後，牠們會尋找其他的跟班；顯示有些行為是較受到銘印作用的影響（相較於其他行為）。雛鴨甚至會銘印於不具生命的物體，像是紅色的氣球和甚至紙板盒。

　　嚴格說來，這種現象被稱為「子代的銘印」（filial imprinting），即新生兒開始辦識牠的父母。它甚至是在出生前就已開始，隨著新生兒開始聽見牠

歷史大事年表

西元前 1000 年	1871
古代農夫利用銘印從事動物的飼養及管理	達爾文論述本能行為

父母有差別的聲音。這裡的觀念是，銘印是先天和本能性的，不是後天學得的。它對於生命和生存是非常重要的。但即使是先天的行為也受到學習的更改（調節）。因此，貓已「先天設計好」要捕捉老鼠，但是需要從牠們母親之處學習捕鼠的技巧。同樣的，啼鳥（鳴禽）能夠歡唱，但是牠們從自己身邊同伴之處「學會歌曲」。

現代的觀點是，銘印作用遠比原先所設想的更具「可塑性」和更為「寬容」。為了成為適宜的對象（也就是，成為社會依附的「母親」），任何動物或無生命的物體必須身為舒適（安慰）的提供者。

實驗的銘印　銘印可能涉及視覺、聽覺及嗅覺的感官。基本上，銘印建立了個別動物對於特定物種的偏好。再者，當動物處於壓力下時，銘印作用更為強烈。

這個概念已被使用來協助訓練棄兒般的禽類（禿鷹、老鷹、野雁），牠們沒有機會從牠們父母之處學習。因此，禽類可被教導，使得牠們的行為就如同微型直升機是牠們的父母，而假使有必要的話，牠們將會追隨直升機——沿著傳統之移居的路徑。

關鍵期

關鍵期有時候被稱為敏感期（sensitive period）。它是動物出生後早期生命中一段固定期間。對於鴨子和鵝來說，它是從孵化後直到24-48個小時。對貓來說，它是從出生後直到2-7個星期；對狗來說是直到2-10個星期；至於靈長類是直到6-12個月。

銘印是本能與學習之間的交接地帶。它不僅是學習而已。這個觀念受到三方面證據的支持。首先，銘印只發生在某一固定、嚴格的時間窗口。這是關鍵的期間；踰越這個期間，學習具有不同、較弱的效果。其次，銘印作用是不能撤銷的——所發生的事情不會被忘記，它們是確立不移的。第三，它是物種特有的（species-specific）。它發生在某一物種的全體成員身上，不論成員之間的其他差異。

1900	1935	1957
動物習性學作為一門科學的開展	勞倫茲發表關於銘印作用的早期論文	精神病學家檢視性別的銘印

　　銘印發揮功能以提供對親族的辨識，以及協助社會依附和配偶挑選。動物有必要立即地辨識牠們的父母，因為牠們需要父母的保護及餵食。這是一種機制，藉以確保子代與親代之間強烈的社會連結（social bonds）。

性慾的銘印　　這裡的觀念是，動物開始養成性偏好（也就是，配偶的選擇）是依據牠們所銘印的物種，而不是牠們自身的物種——假使不同的話。有些觀察者推斷，這可能部分解釋了為什麼人們會顯現許多頗為奇特的性戀物癖（sexual fetishes），像是對於橡膠、毛皮或實際物件（如鞋子）等等的性偏好。

> 水鳥在母雞的養育之下，通常不會變得在性方面銘印於雞隻。
>
> *Konrad Lorenz, 1973*

　　研究人員已觀察到一種反轉的性銘印（sexual imprinting）的行為模式，它之所以演化出來，似乎是為了壓制可能招致不幸的近親交配。這個效應指出，在生命的前幾年期間（直到大約 5-6 歲），假使男女一起長大，共處於養育上接近之清楚的家庭單位中的話，他們後來似乎在性方面特別對於彼此不具吸引力。另一方面，不同性別的子女在出生時被分開養大，假使他們後來相遇的話，他們經常發現彼此特別具有性吸引力。

人類方面的銘印　　禽類的銘印是已被穩定確立的。但是在哺乳動物身上，這種情形極為少見。靈長類在出生後遠為無助而「不完備」，腦部還極不成熟。母親是非常重要的供應者和保護者、照顧者和生活伙伴。這樣的依附和成長發生在很長的期間中。

人類伴侶的銘印　　人們經常表示，他們的朋友似乎受吸引於同樣「類型」（types）的人。對男性的朋友來說，他可能總是似乎擁有嬌小、黑髮的女朋友；或對女性的朋友來說，她不變地追求高大、有雀斑的男子。自從佛洛依德後期的研究工作以來，有些人就建議，我們或許特別受吸引

> 在年長的已婚夫妻身上，個人通常會發現一些特徵，使得丈夫與妻子產生哥哥與妹妹般的相似性；以相同的方式，個人可以在已相處一些光陰的主人與狗的身上注意到舉止上的相似性，這相當動人，卻也誘人發笑。
>
> *Konrad Lorenz, 1954*

於（或甚至嫌惡於）那些會使我們想起自己父母的人。這樣的想法就是一種銘印的概念：早期暴露於（接觸到）特定的一些父母的特徵，這將會影響後來成年時的配偶偏好。

年長父親的女兒挑選年紀較大些的伴侶；當父母是異族通婚時，子女較可能挑選與自己不同種族的人士為伴侶，而不是跟自己父母相同種族的人士。頭髮和眼珠的顏色也接受過調查，人們確實挑選在這些方面相似他們異性父母的人士為伴侶，超過同性父母對他們的影響；再者，人們傾向於挑選那些有相似眼珠和頭髮顏色的人士。

> **當**人們自由地如自己所意願那般行事時，他們通常彼此模仿。
>
> *Eric Hoffer, 1955*

這方面的人類銘印效應是一種社會學習。我們無疑地還不清楚它發生在哪一些階段／年齡，或它是否發生在每個人身上。它不一定必然發生在嬰兒期。

時期一階段的學習

無疑地，個人生活中似乎存在學習的關鍵期，而「銘印」的術語被用來描述發生在某一生活階段之任何性質的學習。因此，有累積的證據指出，關於第二種語言的學習，存在所謂的關鍵期。這個時期從出生直到 5 歲，它似乎是流暢獲得其他語言的最佳期間。因此，假使任何人（這很少發生，也很不幸）在他們抵達青春期前沒有接觸過任何語言的話，他們似乎在後來生命中再也不能適當獲得他們「母語」（mother tongue）的語法（syntax）。關於第二種語言學習的「最佳生物時限」，它的論據引起大量爭辯。有些人相信關鍵期只有對於發音（pronunciation）才是真正的，另有些人則認為是針對語法和詞彙二者。

有些人曾推測，甚至也可能有音樂欣賞和作曲技能之獲得（以及當然地一種偏好）的關鍵期。再者，社交技巧和情緒智力的獲得似乎指出關鍵期是在青春期附近。

【焦點概念】雛鴨實際地學會「愛上牠們相處的對象」

41 白板

「馬克斯主義和共產學說的最基本理念之一是，人們的性格是由他
們的經濟階級所塑造，也是由他們在階級鬥爭中的角色所塑造，這大約
是所能想像最為環境論者的立場。」
George Albee, 1982

　　白板（tabula rasa）或空白狀態（blank-state）假說，指人們生來不帶有
任何遺傳、先天或進化的內容或歷程（這些是隨著時間才出現或發展出來）。
反而，他們是空白的狀態，就像是空白的磁碟，隨後各種痕跡或資料被儲存
在上面，以至於個人的經驗決定了他們是誰、他們成為什麼及他們相信什麼。

歷史　　亞里斯多德（Aristotle）和阿奎那（St.
Thomas Aquinas，中世紀義大利的哲學家）兩人
顯然都贊成這種急進的「後天」（nurture，或教
養）或「環境論」的思想學派──這對立於「先
天」（nature，或天性）或「遺傳論」的學派。柏

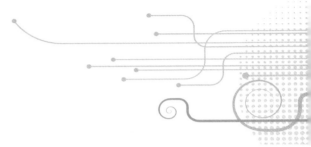

教養兒童朝著他應該前
進的方向；當他年紀
大一些時，他將不會偏離
這個路線。　　　諺語

拉圖（plato）學派基本上支持後一種觀念，它認為人類心靈或靈魂在天堂
中以一些已開發的形式「預先存在」（pre-existing）。近代的概念主要是源自
17世紀英國經驗論的哲學家洛克（John Locke），他認為心靈在出生時是內
無一物及空白的，不擁有任何知識，也沒有獲得及儲存知識的歷程，更不具
有預定或先天的驅力。在這層意味上，人們能夠自由地塑造自己的命運和身
分。他們因此是自己航程的船長、自己命運的主人，自己心靈的創造者。
　　在某種程度上，「白板」的爭辯也就是「天性 vs. 教養」二者擇一的爭

歷史大事年表

西元前 300 年	1700
亞里斯多德界定該概念	洛克之「自由創造者」的觀念

辯。它曾經在一些有勢力的運動中（像是優生學運動）撕裂心理學界。優生學（eugenics）完全站在白板假說的對立面。實際上，在整個思想史中，鐘擺一直在兩個極端立場之間擺動。因此，像是性別認同（gender identity）和同性戀等等這些東西，曾經更迭地被視為完全是遺傳上決定的，或被視為全然是「社會建構的」。

　　許多人主張，我們不可能把先天與後天區隔開來。然而，「自由意志 vs. 決定論」的爭辯通常脫離不了「白板」爭辯的背景。

> **書**的。寫在白板上的第一份信息不必然是最難以抹消
> *Jerome Kagan, 1976*

關於人性的信念　　邊沁（Jeremy Bentham，1748-1832，英國法學家，為功利主義者）描述人類為理性的存在，從照耀自我利益的角度來進行決定和從事選擇。另一方面，Gustave Le Bon（1841-1931）強調人類在群眾中的非理性和衝動。霍布斯（Thomas Hobbes, 1588-1679，英國哲學及政治思想家）視人類為自私、卑鄙及殘忍的，他們的抗爭必須藉由強勢的政府加以克制。盧梭（Jean Jaques Rousseau, 1712-1778，法國哲學家及文學家）堅持先天論（nativism）的觀點，認為人性是塑造發展的鑄模。事實上，他認為人類出生時是個「高貴的野蠻人」（noble savage），人類善良的本性是在與社會接觸的過程中被寵壞及腐化了。

　　實驗和社會心理學家試著清楚說明各種「人性哲學」（philosophies of human nature）的決定因素、結構及後果。一位心理學家主張，關於人性（人類本質），存在六個基本信念（及

> **盜**如此。賊和殺人犯是順從天性，正如同慈善家也是
> *T. H. Huxley, 1873*

它們的反面）。首先，人們基本上是（或不是）值得信任、有道德及負責的。其次，人們能夠控制自己的結果，他們理解自己 —— 或是缺乏自主自決，以及是非理性的。第三，人們是利他、不自私及真誠對他人感到興趣 —— 或是反面情形。第四，人們在面對對立的團體壓力時能夠維持他們的信念 —— 或是屈服於團體和社會的壓力。第五，人們在性格和興趣方面互有差別，人們

第 19 世紀	1960 年代	2002
優生學被視為所有行為的起因	白板環境論達到它的全盛期	Pinker，《空白的石板》

能夠隨著時間而改變自己 —— 或是隨著時間也不易改變。第六,人們是複雜的,而且難以理解 —— 或是單純而容易理解的。這些可以被化約為兩個維度:正向 — 負向(意志的強度、信任度、獨立性及利他性)和多樣化(易變動性和複雜度),它們大致上是彼此獨立的。

生物學、進化與空白狀態 針對白板的立場,進化心理學家提出最為清楚而雄辯的反對意見。他們指責「白板」或「高貴野蠻人」

> **天** 性總是比教育更具有力量。
> *Voltaire, 1739*

是一種迷思,認為這樣的觀念是受到政治命令的驅使,而不是科學的事實。有些人害怕或討厭決定論(determinism)或不平等(inequality)(或二者)的概念,他們就無視於進化所呈現之壓倒性及強力的證據。

進化心理學家的立場非常清楚:人類(身體和心靈)已受到天然淘汰(natural selection,或自然選擇)的設計,準備以特定方式展現行為。大腦是進化上適應的產物。我們已被「先天設計好」,而在這層意味上,也就是「註定」(fated)以特定方式展現行為。我們仍然是「裸猿」(naked apes,依據英國人類學者 Desmond Morris 著作的書名而來;即指稱人類,因為人類不像猿猴一樣渾身是毛)。因此,我們所有人在嬰兒期都「愛吃甜食」(sweet tooth),這是有良好的原因。

這方面論據是,配偶選擇(mate selection)本質上是關於繁殖力。我們已準備好尋找對象,他們將會協助我們製造(生育)健康的子女,因此確保

人性的政治學

關於人性的起源,政治著作表達了外顯信念和內隱信念二者。因此,共產主義似乎必須假定人性之自私自利、競爭及自我擴大(self-aggrandisement)的層面不是天然的,而是社會經濟和政治條件的產物。同樣的,自由主義(liberalism)似乎假定所有人都擁有完全自由的強烈慾望,至於保守主義者(conservatives)則對人類持著負面觀點,認為人們天生是自私自利、好攻擊及無法紀的。

那麼關於人性特徵的信念是否會以可預測及合乎邏輯的方式跟個人的政治取向發生強烈關聯呢?例如,左翼人士傾向於把大部分人類特質的起源歸之於環境,而右翼人士則歸之於遺傳因素,雖然視所考慮的特質而定(例如,性格 vs. 身體特徵),這中間存在很大的差異。因此,我們或許可能決定一個人的政治取向,只要經由發問她或他關於天性 — 教養議題的觀點,或反之亦然。

我們基因的延續。所以，男人發現女人有吸引力主要是基於她們生育的能力。體型（身體質量指數）和身材（腰部對臀部的比值和腿部對軀體的比值）是多產能力基本上極其重要的表徵。男性已被「程式設計」以尋找年輕和健康的指標。因此，他們評定大眼睛、光潔姣好的皮膚、勻稱的身材、金髮（只對白種人而言）為重要的特徵。另一方面，女性尋找健康、權勢及財富的象徵。因此，她們追求高大的男子，擁有寬闊的肩膀和胸膛，但是細窄的腰。她們受吸引於低沉的聲音和社會智力的表徵。財富也是重要的，因為女性認為這能夠供應資源以照顧幼小子女。

> 給我一打健康的嬰兒，身材適中，且在我設計的環境中長大。我保證隨意挑選一個，我都可以把他訓練成為任何一種專家 —— 醫生、律師、藝術家、商人、領袖，且甚至是乞丐或小偷 —— 不論他的天資、嗜好、傾向、能力，或他父母親的職業及種族為何。
>
> *J. Watson, 1930*

對進化心理學家而言，我們是被設計來偵察交配的素質。男性無意識地受吸引於正處於她們生殖潛力之尖峰的女性。在進化心理學的規劃中，女性解決她們的「偵察問題」是經由演化出對高地位的偏好（特別是在長期的兩性關係中），超過對其他事項的考慮，像是外表的帥氣。這是因為，男性的地位愈高的話，他支配資源的能力就愈大。在大部分社會中，高地位經常結合財富及權力；高地位可能結合智力、情緒穩定性及良心 —— 這些原本就是一些合意的特質。因此，關於男性間的競爭以搏取女性的青睞，焦點經常是在於資源的獲得及展現。所以，在男性身上，如有些人挖苦地提出的，美貌可能只是「錢包的深度」（wallet deep）。

另一方面，男性在偵察女性之尖峰生殖潛力的問題上，他們的解決方法是偏好一些代表高度生育力、年輕或多產的特徵，而不是例如象徵地位的一些屬性。這些特徵包括豐滿的嘴唇、容光煥發而光滑的皮膚、清澈的眼睛、有光澤的頭髮、優良的肌肉彈性及體脂肪分布，附帶充滿活力而輕快的步伐、生動活潑的臉部表情及精力充沛。儘管男性和女性雙方可能在伴侶身上重視同樣的一些特徵（諸如美貌、地位、情緒穩定性，等等），但因為他們進化上的天賦，他們對這些特徵施加不一樣的權衡（加權）。

【焦點概念】 我們的心靈在出生時是空白狀態嗎？

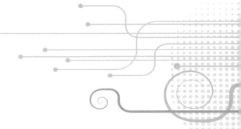

42 維持飢餓

「假使我表達這樣的信念：關於動物之高級神經活動的實驗將會對人類的教育和自我教育帶來不少的方向指引。我相信我將不會被認為輕率而魯莽。」

I. Pavlov, 1928

馬戲團的動物有能力且似乎願意針對訓練人員的「命令」執行一些把戲，這樣的情節曾經迷惑我們的父母和祖父母。人們至今仍然觀看海豹、海豚及甚至殺人鯨在大型、公開的蓄水池中表演而引以為樂。問題是在於，動物如何能夠接受訓練而執行這般引人興趣及令人驚奇的任務？

狗與鈴聲 制約反射（conditioned reflex）是由諾貝爾獎得主的前蘇聯生理學家巴卜洛夫（Ivan Pavlov, 1849-1936）所發現。因為著名的「巴卜洛夫的狗」的實驗範例，他的概念已成為傳說的一部分。當飢餓時，以及當看到所喜愛的食物或聞到食物的味道時，所有動物都會分泌唾液。這是一種自然反射，它的作用是在促進飲食及消化食物的整個歷程。巴卜洛夫最初以狗為實驗對象，測量牠們的唾液在各種狀況下分泌的情形，藉以理解唾液（及胃液）分泌在消化作用中的角色。

巴卜洛夫發現，假使你緊接在狗看到肉末之前響起鈴聲，這樣配對呈現許多次後，鈴聲單獨出現（不需要看到肉末）也可以發揮同樣的效果。鈴聲單獨地啟動了生理消化系統。這樣的歷程對人們起作用，對所有食物起作用，也對許多不同聲音起作用。制約作用（conditioning）在兩種情況有較良好的效果，一是假使非制約刺激（食物）幾乎是與制約刺激（鈴聲）同時地

歷史大事年表

1870 年代	1940 年代
巴卜洛夫實際示範制約作用	史金納重要地擴展該觀念

發生；另一是當這二者刺激是強烈而突顯時（大塊而多汁的牛排和非常響亮的鈴聲）。

理論　制約反射發生在一些特定條件下，當所謂的中性（或不相干）刺激與通常會產生特有反應的某一刺激被配對或結合呈現時。在重複這個行動多次之後，中性刺激也將擁有該力量，它獨自地也能引起該特有反應。這是制約刺激在引起該反射：原本中性的刺激挑起了制約反應。為了保存該反射，聯結（association）需要被充電；假使鈴聲一再地響起，卻沒有肉末的呈現的話，該反應將會較不可能發生。因此：

- 食物是非制約刺激（unconditioned stimulus）。
- 針對食物的唾液分泌是非制約反射（unconditioned reflex）。
- 鈴鐺的聲音是制約刺激（conditioned stimulus）。
- 針對單獨呈現的鈴聲刺激的唾液分泌是制約反射（conditioned reflex）。

　　制約反應可以是在引發及增進某一行為的可能性，或是反面情形，即試圖抑制該行為。所得結果是清楚而合乎一般見識的：制約作用的強度隨著每次嘗試而增進，但是每次嘗試比起它先前的嘗試添加較少的強度。以另一種方式來說，一陣子之後，強化的力量減退下來。

> 玉　不琢不成器；溺之適足以害之。　諺語

消退作用

　　但是制約作用可能發生變化。它可以被消除，就如它可被獲得那般容易。這可以透過所稱為的實驗性消退（experimental extinction）而發生——另一種強化嘗試的安排。隨著時間的推移，假使食物再也不曾跟隨鈴聲而出現的話，狗在聽到鈴聲時將不會再分泌唾液。但假使唾液反應消失了，透過再一次的制約程序，這樣反應可以被再度制約。事實上，甚至在看似已完全消退後，一旦強化嘗試重新啟動，不用花費太久時間就能恢復該反應。再者，當休息一段期間後，被消除的反應可能再度出現。這被稱為自然恢復（spontaneous recovery）。

制約的迷信　　有一個著名的故事說明了心理學家所謂的「迷信行為」
（superstitious behaviour）。一位動物心理學家有一間實驗室，養滿了鴿子。
鴿子示範了牠們有能力辨認及區別不同的形狀和顏色。牠們已相當習慣於一
直以來之「正確答案—得到食物」的常規。

　　一個週末，研究人員返家，但是忘記關掉一排鴿子的定時餵食器。因
此，在半小時後，該機器分發一份美味的飼料。自然地，對鴿子來說，這看
起來像是牠們已因為自己當時的行為而受到獎賞。然後，牠們每隔 30 分鐘
就重複該行為，結果獎賞（飼料）也都出現。經過幾次獎賞後，鴿子已不時
地準備好「展現牠們的行為」。有些鴿子啄牠們的籠子，另有些舉起雙翅，
有些在鳥籠的底端作旋轉狀，還有些則感激地發出咕咕聲。食物不設定條件
地出現，但是鴿子卻「看見關聯」和因果連結，而且相信牠們招致了自己應
得的獎賞。

　　在另一個著名的研究中，兒童的年齡是 3-6
歲，實驗人員放置一個塑膠盒子以供保存彈珠，
還有一座兒童大小的機械小丑，名字叫 Bobo。在
實驗開始時，每位兒童被容許挑選一個她或他想
要贏得的小型玩具。然後，他們被介紹給 Bobo，
還被告知小丑有時候會送出彈珠，他們應該將之
放進塑膠盒子中。當蒐集足夠的彈珠後，兒童就

> **情**況很明顯，對於建立
> 在各種訓練、教育及
> 紀律上的不同性質的習慣
> 而言，說穿了不過是一長
> 串的制約反射。
>
> *I. Pavlov, 1928*

可以贏得該玩具。Bobo 已被預先設計好以固定的時間表發送彈珠，不管兒
童做出怎樣的行為。實驗人員透過單向玻璃窗觀察兒童的行為，每天 8 分鐘
的期間，為期 6 天。研究結果顯示，75% 的兒童發展出各別的迷信反應。有
些兒童直立在 Bobo 面前，對他扮鬼臉；另有些碰觸他的臉孔或鼻子；還有
些則扭動或搖擺他們的屁股。一位女孩對 Bobo 微笑，另一位則親吻他的鼻
子。在每個個案上，兒童橫跨好幾個觀察期間，重複地展現這些行為。他們
都相信自己的行動招致了彈珠。他們已被經典地制約。

音樂的力量　　廣告人都知道，特定的歌曲往往令人聯想起特定的事件、心
境及產品，這改變了他們購物行為的或然率。實際上，人們可能受到音樂線

索的影響，卻不曾清楚意識到背景中的音樂。

　　在一項音樂研究中，心理學家對消費者播放傳統的法國音樂（手風琴）或傳統的德國音樂（管樂隊音樂 ——「翁巴」，銅管樂器伴奏的低沉聲音），然後觀察在他們的實驗酒架上，紅酒的銷售情形，酒架上排列法國和德國的紅酒，在價錢和風味上大致相稱。在播放法國音樂的日子裡，所售出的紅酒有 77% 是法國紅酒；在播放德國音樂的日子裡，73% 是德國紅酒。人們選擇相稱於背景音樂之紅酒的或然率是 3 倍或 4 倍高 —— 相較於選擇不相稱於音樂的紅酒。

制約恐懼　經典制約作用（classical conditioning）除了影響行為外，也會影響情緒。我們可以制約動物，使之對某一信號起反應，但隨後壓制該反應 —— 經由使它也與一些嫌惡事件聯結起來，像是電擊或冷水浴。在人類的層面上，我們也可以透過制約作用以引起及消除恐懼反應。因此，透過確保每次當幼童聽到、看到或碰觸到貓時，就有刺耳噪音會響起，我們可以引發幼童對貓的畏懼。這應該很快就會導致貓科動物畏懼症（felinophobia）。然而，這種反應可以被消除 —— 經由在提供獎賞刺激的情況下，漸進地把貓引進到幼童身邊。

　　系統脫敏法（systematic desensitization）是由新行為主義學者 Joseph Wolpe（1958）最先加以描述。它被發現對一些案主（clients）相當有裨益，特別是如果他們能夠為自己的焦慮檢定

> **學** 而不思則殆。思而不學則危。
> 孔子，西元前 551-479

出具體的焦點，諸如對密閉房間的恐懼，或對於在眾人面前說話的恐懼。案主被要求想像會引發焦慮的一些情景，特別是與所涉事項有關的情景，治療師在這同時協助案主維持放鬆的狀態。透過「交互抑制」（reciprocal inhibition）的歷程，放鬆與焦慮對抗的組合降低了這些恐懼。假使案主在面對引發焦慮的刺激的同時能夠維持放鬆的狀態，那些刺激將會失去它們的強勢力。

【焦點概念】 反應可以被學得

43 行為主義

> 「行為主義者掃蕩所有中世紀的觀念。他從他的詞彙中刪除所有主觀的用語，諸如感覺、知覺、意象、慾望，以及甚至思考和情緒。」
>
> *J. B. Watson, 1926*

行為主義的歷史

100 多年以來，行為主義一直是心理學界的主導勢力。從巴卜洛夫（Ivan Pavlov, 1849-1936）到史金納（B. F. Skinner, 1904-1990），他們否認人們擁有自由意志或道德自律。行為主義以略微不同形式支配心理學的思想和研究達 50 年之久。

行為主義學者是完形心理學家、精神分析學家和人本心理學家的重大敵人。早期行為主義學者，像是華生（John B. Watson, 1878-1958），拋棄他們所稱為的「內省法」（introspection）。行為主義宣稱是一門科學，只在探討你能夠觀察和能夠可靠測量的東西：行為。它稱頌單純的經驗主義。

行為主義是一種意識形態（就像許多的「主義」──isms），它具有許多核心準則、信念或原理。我們需要可觀察的行為證據以證實所持理論。因此，我們無法認識或辨別兩種心理狀態（態度、信念、價值觀，等等），除非我們能夠觀察及測量與它們各自相關的具體行為。

原理 行為主義的理念起源於各種哲學運動，像是邏輯的實證主義和英國的經驗主義。邏輯的實證主義者堅持驗證的原則，它主張心理概念事實上指稱一些行為傾向，因此可以且也必須以行為的用語加以具體陳述。英國的經驗主義者主張，我們是透過實驗和觀察（只有這種方式）以理解這個世界。他

歷史大事年表

1913	1927
華生提倡行為主義	巴卜洛夫提供核心的觀念

們也相信，人們獲得他們環境的知識（及實際上關於他人的知識）是透過經驗（或刺激）與觀念（或行為）之間的聯結學習（associative learning）。因此，人們經由經典的聯結而理解世界的因果結構。

行為主義者宣稱他們的心理學是專對於行為的心理學（絕不是關於心靈、精神或靈魂的科學）。他們主張我們能夠理解心理歷程，卻不用牽扯到任何內在心理事件，像是信念或記憶。他們堅持所有內在狀態的語言應從心理學中被全盤根除，而以嚴格的行為概念加以取代。行為主義希望被看待為一門自然科學，就像物理學或動物學。

> 我相信，我們對於行為的科學分析必須假定，個人的行為是受到他的遺傳史和環境史的控制，而不是受到身為行為代理人的個人自己的控制。
>
> *B. F. Skinner, 1974*

自然地，這麼多年來，行為主義已存在稍微不同的版本。我們有所謂經典（classical）或生理的行為主義，這已發展出它自己的語言。所以，假使狗或貓只在牠們執行某一任務後才被餵食的話 —— 當聲號響起或燈號打開時，牠們就壓桿或以特定方式行動的話 —— 牠們將較可能重複這個行為。因此，聲號或燈號是區辨刺激（discriminative stimulus），行動或壓桿是反應，食物是強化，至於重複的行動則是學習史。

方法論的（methodological）行為主義是指一套學說，它指示如何施行可接受、實徵及科學的研究。所有樣式的內在心理事件是不切題（無關聯）的私人事項。行為主義常以享有「行為的實驗分析」的稱號為傲。實際上，一些學會及學術期刊正是打著這樣的旗號。

或許更甚於此，最為所知的是史金納（B. F. Skinner, 1904-1990）的急進行為主義。他是一位真正的信仰者，撰寫小說以描述行為主義者的烏托邦（理想國）；他還根據他的信條的嚴格準則來養育女兒。急進的行為主義將不會容許心理狀態的存在，也不容許對心理狀態的「實驗」，而且不承認是情感引起行為 —— 反而是一些行為可能是情感的表明。

行為主義者傾向於把焦點放在非常具體而可以被識別的行為上，他們認

1938	1950 年代	1977
史金納，《有機體的行為》	行為主義的高峰期	班都拉，《社會學習理論》

爲這樣行爲可以被完整規劃的強化程式所塑造。但是有些人已準備接受，我們不僅是我們個人強化史的產物。我們也受到我們個人生物因素的影響，在某些情況下，也受到文化的影響，文化實際上是我們家族或團體的共同行爲。

行爲主義者已成立各式學會，而且發行學術性期刊。他們已推薦一種特別型式的治療法，不能避免地稱爲行爲治療法。這已被使用來治療一些精神病人和失常的兒童，以及有特殊困擾的一些「正常」成年人。

自由與尊嚴之外　史金納或許是最爲知名、最爲雄辯及最爲思路清楚的行爲主義者，他在 1971 年寫作一本暢銷的書籍《自由與尊嚴之外》（*Beyond Freedon and Dignity*）。史金納痛恨心靈主義者（mentalists），後者相信我們的頭腦中住著一位侏儒或小人，不論它是指稱心靈、意志或靈魂。

史金納的行爲主義是決定論及科學技術的。再者，他相信行爲主義可以是一種「趨善」的力量，有助於解決一些社會問題，像是人口過剩、戰爭，等等。他希望我們拋棄所有關於個人自由和個人尊嚴之含糊而無益的談話；因爲根據他的觀點，那是不實的思想。

史金納不相信自由意志；因此，關於「人們可以或應該爲自己的一些行動而居功，或爲另一些行動而怪罪自己」的觀念，他一點也不信。我們所有的行爲是受到我們過去之強化史的塑造。他也不相信懲罰，因爲那是假定人們對自己行爲擁有自由抉擇。假使我們看到一個人被指導、被限制或被強迫以特定方式展現行爲，我們相信他是不適合被讚賞或怪罪的，因爲他不擁有自由意志。然而，我們所有的行爲就是以這種方式被塑造的。

有些人認爲行爲主義是黑箱心理學（特指毫不過問個體內在的心理活動）或「空機體」心理學（對行爲主義的一種謔稱，指它不願對內部狀態作推論，也不願提出假設性的構念），史金納不接受這樣的指控。但是他很清楚，我們是我們的環境、我們的學習，及更爲具體地，我們的強化程式的產物。

社會學習理論　班都拉（Albert Bandura, 1925-）是新行爲主義的代表之一，他開發了社會認知理論或社會學習理論（social learning theory）。就像所有行爲主義者，他強調社會學習的角色；他相信只有當我們充分考慮個人

的社會脈絡、物理背景或環境結構時，我們才能真正理解（及因此預測）個人的行為。

社會學習論提出許多重要概念。首先是觀察學習或模仿。這裡的觀念是，我們經常透過觀察而學習，然後模仿他人（充當爲楷模）的行爲。如此，當我們看見他人因爲他們的舉動而受到獎賞或懲罰時，我們獲得替代性強化。因此，電視

和電影具有鼓勵行爲轉變的作用 —— 經由利用有魅力、值得信賴的演員爲了特別獎賞而做一些特定的事情。

社會學習理論的核心是自我效能（self-efficacy）的觀念，它是指個體對自己在特定情境中或面對特定任務時，自己是否有能力妥善應付或獲致成效所持的信念。個體對自己在任何情境中之自我效能的評估是依據四個方面的經驗：(1) 他們的學習史，或他們以往在類似情境中的成敗經驗；(2) 突顯的替代性經驗，即他人在類似情境中如何舉止的知識；(3) 語文／社會的說服或強化，即經由閱讀或跟別人交往所獲得的經驗；及 (4) 情緒激發或焦慮的感受，泛指個人對自己身心狀況的評估。自我效能的判斷在個人的動機及目標設定（等等）上扮演重要角色，也在學業、工作及治療上發揮重要作用。人們愈是相信他們知道應該做些什麼、曾經擁有成功的經驗，以及想要避免失敗的話，他們就愈有可能邁向成功。

最後一個概念是自律（self-regulation，或自我調整），表示利用思想／信念以控制行爲。這些是個人的資源，也是對行爲施加自我獎賞及自我懲罰的一種手段。它起因於人們觀察他們自己的行爲、判斷它如何發生，以及它相較於他人行爲的情形。人們對成功產生快樂和驕傲的反應，對失敗產生痛苦和自我批評的反應。自律歷程表示他們傾向於重複那些將會增進他們的自我價值感或自尊感的事情，以及避開那些將會導致自我挫敗和自我厭惡的事情。自律促進人們設定他們能夠達成的標準，這接著提升他們的自我效能感。因此，內在因素 —— 自我觀察、自我回應、自我強化 —— 被視爲是驅動的力量。

【焦點概念】行爲受到經驗的影響

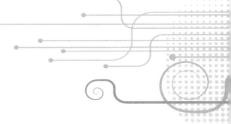

44 強化程式

> 「我無法預測在那些強化物中，何者解釋了我的科學研究行為，他人的意見應該不會占有很高的地位，但是看起來情形正是如此。」
>
> *B. F. Skinner, 1967*

在心理學中，強化（reinforcement）表示「增強反應」的意思。它在動物訓練師的軍械庫中是首要的「武器」。我們可以在動物（不論牠是叢林中的大象、馬戲團中的獅子或實驗室中的白老鼠）執行特定的動作或行為後給予美味的佳餚。這裡，食物就是強化物（reinforcer）。它的作用是促進動物在相同的情況下將會儘可能頻繁及快速地重複該動作。獎賞（reward）是指在個體展現反應之後施加，使之感到滿足從而強化該反應的任何刺激物。

不同的強化物　行為主義學者已劃分出不同形式的強化物。因此，我們有所謂的原級（primary）強化物（食物，性），它們的強化性質是生物上決定的，所有動物終其一生都想要及需要。它們的力量取決於動物的狀態（牠們有多麼飢餓，多麼受到睡眠剝奪等）。次級（secondary）強化物是指任何刺激經由學習之後能夠對個體反應產生強化作用者。例如，金錢原本是中性刺激，透過與食物（強化刺激）的聯結之後，金錢就變成次級強化物。各個類別的事物都可能成為次級強化物。事實上，人類有大量行為反而較少受到生物性之原級強化物的影響，較是受到廣泛之各種次級強化物的影響。例如，我們的學業就是受到像是金錢、考試成績、稱讚、獎狀，以及各種地位象徵等所影響。

歷史大事年表

1920 年代	1953
巴卜洛夫首先使用「強化」的字眼	史金納談及負強化

教練、領導者及經理人經常施行一些強化程式（reinforcement schedule）於人們的行為上。當所合意的是複雜的反應時，行為「塑造」（shaping）有時候被派上用場。這涉及正強化一些反應，它們是更複雜反應的一部分，直到所合意的反應被達成。

學習理論的誘導技術

程序	在工作上	行為效果
正強化	當工作被準時完成時，經理人誇獎員工	增進合意的行為
負強化	每次當工作延遲提交時，經理人記下警告	增進合意的行為
懲罰	每次當工作延遲提交時，經理人增加員工的工作負荷	減少不合意的行為
消退	當工作被延遲提交時，經理人對員工置之不理	減少不合意的行為

人們學會從事將可帶來正面結果的行為，或執行將會令人愉快的行動。人們學會展現將可導致合意結果的舉動，這樣的歷程就被稱為正強化（positive reinforcement）。以較正式的用語來說，正強化是指任何事件、刺激或行為，當依隨某一反應而呈現時，它將可增加該反應發生的頻率或可能性。

人們也學會展現一些舉動，但這是因為這樣舉動使得他們能夠避免不合意的後果。在工作場所，有些舉動會面臨一些後果，像是譴責、排斥、解雇、降職及斷交等不愉快事件。這個歷程就稱為負強化（negative reinforcement）。以較正式的用語來說，負強化是指任何事件、刺激或行為，當它依隨某一反應而被消除時，將可增加該反應發生的頻率或可能性。

懲罰（punishment）涉及針對不良行為施加令人不快或厭惡的刺激。當負強化是消除令人厭惡的刺激，從而增進導致它被消除之反應的強度時，懲罰則是施加令人厭惡的刺激，從而減低導致它的呈現之反應的強度。

某一行為與它的後果之間的連結也可能經由消退（extinction）的歷程而

1967	1974	1994
Argyle 在社會心理學中使用「獎賞性」的字眼	史金納，《關於行為主義》	Kohn，《以獎賞行懲罰》

被減弱。當某一反應曾經受到獎賞，但後來不再受到獎賞後，它將傾向於減弱下來；它將逐漸地消逝。對一些請求和行為置之不理，這或許是最常見之使之消退的手段。

強化的後效　從愉快刺激或不愉快刺激之呈現或撤除的角度，我們可以界定出四種強化後效（reinforcement contingencies）。被正強化或負強化的行為將會增強；至於被懲罰或消退的行為則會減弱下來。

刺激的呈現或撤除	刺激的可慾性	後效的名稱	反應的強度	商場的實例
呈現	愉快	正強化	增強	來自主管的讚賞，這促進繼續展現被讚賞的行為
	不愉快	懲罰	減弱	來自主管的批評，這阻止繼續展現被懲罰的行為
撤除	愉快	消退	減弱	未對援助行為提供讚賞，這將會降低援助行為在未來發生的機率
	不愉快	負強化	增強	透過從事主管所希望的任何事情，以求避免未來的批評

　　基本上存在四種強化程式：

　　固定時距程式（fixed interval schedules, FI）。FI 是指自從上一次強化物的施加以來，只有經過了特定長度的時間後，強化物才會針對第一個出現的合意行為而再度施加。換句話說，獎賞的施加是以有規律、固定的時間為基礎。FI 程式在維持合意的工作表現上不是特別有效，雖然它們被廣泛使用。例如，假使你是按月或按週領薪的階級的話，你就是接受 FI 的強化方式。

　　不定時距程式（variable interval schedules, VI）。VI 是指兩次強化物施加之間所經過的時間是變動不定的。例如，一位稽核官員會出其不意地視察各地的分公司，平均是每八個星期一次，但他可能隔六個星期就視察一次，下一次視察就隔十個星期，這就是採用不定時距的程式。假使員工無從預測他們何時將會獲得酬賞的話，他們將傾向於在相對較長期間中有良好表現。

很 有可能，我們對於嬰兒啼哭的反應所做的不僅是強化啼哭的行為，它也強化了嬰兒主動應對環境，探求從他人之處取得回饋。

L. Yarrow, 197

　　固定比率程式（fixed ratio schedules, FR）。FR 是指從上一次強化以來，只有在一定數目的合意行為已被展現後，強化物才會針對第一個出現的這樣行為而再度施加。任何型式之按件計酬的支薪體系就是屬於固定比率的強化方式。

　　不定比率程式（variable ratio schedules, VR）。VR 是指兩次強化物施加之間所經過合意反應的數目是變動不定的（以一些平均數量為基礎）。不定比率程式之有效性的經典實例是玩吃角子老虎。你的報酬只有在投入不定數量的代幣後才可能呈現，這正是賭博行為不易戒除的原因。

　　有些人批評這樣的概念是循環論證的：反應強度被一些增進反應強度的事物所增進。然而，辯護者指出，強化物原本就是這樣的 —— 因為它們對於行為的影響（而不是以另一些方式）。

以獎賞行懲罰　假使受到獎狀、獎品或甚至金錢獎賞的強化，兒童在學校的表現會較好嗎？誘因計畫（incentive plans）會增進工作上的生產力嗎？稱讚表現會優於直接付酬嗎？

　　有些研究已顯示，假使你為問題解決而獎賞學生，他們相較於非獎賞學生反而在解決問題上較為緩慢；對於富有創造力的美術家來說，當接受委任或訂製後，他們反而較不具創意；對於被獎賞而從事一些有理智行為（像是戒菸或繫上安全帶）的人們來說，他們長期下來反而較不可能改變他們的行為（相較於那些沒有受到獎賞的人）。

　　違反強化的重要原理，Alfie Kohn 主張，你越是為任何活動（生產力，學業成績，創造力）而強化當事人，他們將越會失去他們對於被獎賞之活動的興趣。這也就是說，外在動機（extrinsic motivation，取得獎賞）降低了內在動機（intrinsic motivation，活動本身的樂趣）。

　　Kohn 表示，獎賞系統可能是便宜的（例如，獎狀）、容易施行的，以及似乎產生立即的效果，但是長期下來，它們因為各種原因而失去作用。

　　關於現存龐大的學術、實驗的文獻是否基本上支持 Kohn 的立場，存在頗大的爭論。這樣的爭論仍在喧嘩中，但是它已使得人們認真地思考，關於強化方案在學校和在工作上的使用及可能的濫用。

【焦點概念】 行為受到它的後果的塑造

45 掌握複雜性

「我認爲現今存在一種傾向，也就是以一種不可思議，以及基本上不科學的方式界定心理學，像是界定爲必須只與行爲有關係，只與訊息處理有關係，或只與一些低階型式的環境互動有關係……而且不接受心理學探討我所稱爲的勝任能力（**competence**）。」   *N. Chomsky, 1977*

　　直到 1960 年代左右，心理學被劃分爲三頭政治：舊式的精神分析師；「勇敢新世界」的行爲主義學者；以及各據山頭的人本主義學者。但是在 1960 年代，我們看到了一種運動的開端，它延續直到該世紀的結束：認知革命。它的展開主要是因爲行爲主義者似乎不能適當解釋我們如何掌握高層次的技能：我們如何談話，我們如何推理，我們如何學習。

觀察學習　　儘管行爲主義學者聲稱，我們透過操作制約作用（operant conditioning）而學得幾乎每一件事情，社會學習理論家主張，我們也透過觀察（observation）而快速及有效地學習。我們經由密切地觀察他人（楷模——models）而擴展我們的知識和技能。不論是兒童或成年人，他們都相當明顯地經由觀看別人做些什麼和他們行動的後果，以便替代地（vicariously）學習事情。

　　在一項著名的研究中，年幼的兒童被劃分爲三組。他們各自觀看一部影片，影片中一位成年人正在攻擊一個塑膠製的充氣娃娃（那種被打倒後會再彈回的玩具）。他接連用手掌揮打、用鎚子擊打、腳踢、擲到空中，以及大聲喊出連環圖畫中的字眼，像是「boom!」「pow!」。在第一種情況中，另一

歷史大事年表

1960	1965
班都拉實際示範觀察學習	Chomsky 啓動語言的革新

位成年人出現在影片中，他給予那位演員一些糖果 —— 爲他引人注目的表現。第二種情況是責罵及掌摑該演員，爲他對該充氣娃娃的惡劣舉止；第三種情況是什麼也沒做。那些接受實驗的兒童然後被帶進房間中，面對同一個充氣娃娃。如所預測的，那些先前看過楷模因爲攻擊行爲而被獎賞的兒童，較爲可能自己也展現攻擊行爲。

內隱學習　你能否學會一些事情，卻沒有意識到你正在學習？在內隱學習中（implicit learning），人們被發現已獲得複雜的訊息，但是關於他們究竟學到什麼，他們卻未能提供意識的回憶。

　　有一些證據指出，大腦的不同部位分別負責外顯學習（explicit learning）和內隱學習。我們至今仍不能確定，是否外顯學習之後就會發生內隱學習，或以其他一些方式發生。因此，我們可以談論外顯記憶，即人們能夠對之作意識的言語描述的記憶；它對比於內隱記憶，後者是指人們不能意識上加以描述的記憶。這樣的差異有時候被稱爲「陳述性記憶 vs. 程序性記憶」。一個良好實例是你觀看富有技巧及有才能的運動人士，然後跟他們談論，你會發現他們已學得各種精巧的肢體動作，但無法清楚地表達他們學會些什麼。

專門技能

　　許多專業人員發展出令人印象深刻之一系列的技能。其中有些是「知覺運動」（perceptual motor）的技能，像是學習打網球，達到溫布頓大賽的水準，或「學習」成爲西洋棋的大師。這些技能的獲得似乎存在一些清楚的階段：認知（cognitive）或理解的階段；然後是練習（practice）或聯結的階段；以及最後自主（autonomous）的階段，人們變得更爲快速及更爲準確。

　　心理學家已探討專家與新手的差別之處。專家似乎擁有極爲縝密組織之知識或模板（templates）的儲存 —— 關於在過去曾發生之可能的事件／情況／形勢。他們已清楚地學得如何極有效率地（幾乎是無意識地）掃描、搜索及評估自己的處境。開發專門技能所需要的不僅是才能和練習，它涉及建立及加強程序性知識（procedural knowledge）的儲存，這些知識過去在處理事情上進展順利。

1980 年代
展開對於內隱學習的研究

1990 年代
探討人們如何成爲專家

2000
學習之認知神經心理學的發展

學習語言 學習語言基本上是爲了生存。雖然掌握個人的本土語言或母語很清楚是非常複雜的歷程，但幾乎所有兒童看似很容易地就達成。

行爲主義者主張，語言是後天獲得的，就如任何其他行爲劇本那般。兒童發出單詞的聲音：假使它受到獎賞或強化，她或他將會重複發音。兒童受到父母和照顧者之堅定、持續不斷及熱心地獎賞，以連續漸進的方式（successive approximations）讓兒童接近準確的說話。最初，這是以模仿的方式發動的，也就是經由簡單、經典的行爲主義的原理。

研究已顯示，父母實際上在他們子女的語言發展上扮演重要的角色。然而，他們獎賞說話不僅是依據它是否在文法上正確，也是依據它是否被判斷爲「親切而眞實的」。

關於行爲主義者的理論，它的疑難之處是，兒童學習語言太快速和太準確，我們很難說它是完全建立在模仿和強化的原理上。兒童變得在說話上深具創造力，經常突然地提出一些句子，而這是他們很清楚從不曾聽過的。該理論很顯然不能解釋複雜的語法規則的迅速發展。看起來也很明顯的，父母並未花費大量時間於「塑造他們子女的語法」，然而他們子女以驚人的速度自然地學會語法。

母親—子女互動似乎在這方面最具關聯性，也受到審愼的研究。許多母親跟他們子女談到一些關於日常事件及熟悉物體的話題時，經常轉變她們獨白（monologues）的主題到兒童正在注意的非常具體的物件上。

母親似乎以「母親語」（motherese）作爲起端，母親語的特色是使用簡短、單純、極具描述性的句子。隨著兒童年紀稍長，句子的長度和複雜度增加，而母親總是在這方面稍微「領先」（ahead）兒童，就這樣試著教導及鼓勵兒童。儘管所有這些協助，以及專對和非專對兩方面的強化，我們仍然不清楚，這個歷程是否解釋了世界各地的語言發展 —— 適用於所有語言，以及在所有時間中都是如此。

瓊斯基與深層結構 五十多年前，瓊斯基（Noam Chomsky）對於行爲主義者的解釋提出清楚而極有影響力的挑戰。他提倡天賦論（nativist theory），主張兒童生來就擁有人類語言結構的知識。所有人類在所有文化中

都擁有天生的語言獲得裝置（language acquisition device）。他認為人類能夠快速學習語言是基於天賦的能力，這是生物遺傳決定的 —— 雖然後天的學習也很重要。

瓊斯基把句子分為深層結構（deep structure）和表層結構（surface structure）。表層結構是指實際的語言詞句，但是它的意義是深層的。因此，「You will be lucky to get him to work for you」的句子可能具有兩種意義：「You will be lucky if he chooses to work in your organization」（假使他選擇在你的機構工作的話，你將會很幸運）；或「You will be lucky if you get him to do any work at all」（假使你讓他為你做任何工作的話，你將會很幸運）。同樣的，我們可能有兩個不同的句子（不同的表層結構），但卻有相同的意義 —— 那就是深層結構。因此，「The old professor gave the lecture」（老教授發表那場演說）的意義完全相同於「The lecture was given by the old professor」。

另一個相關的概念是轉構文法（transformational grammar），也被認為是天賦的。表層結構通常以深層結構為基礎，經由轉構文法衍生出來。就是這個機制使得我們能夠以字詞正確地表達意義。瓊斯基已清楚說明「語言普遍性」（linguistic universals），藉以支持他的理論。這也就是說，所有人類語言享有各種共同的特徵：名詞、動詞和形容詞，以及母音和子音。這解釋了為什麼兒童迅速獲得他們所接觸（暴露）的任何語言，不論它是否為他們父母的本土語言。

天賦論的解釋是語言學習取決於生物成熟。然而，批評者指出，這種探討途徑較是描述性的，而不是解釋性的。這也就是說，它並沒有真正對「語言獲得實際上如何運作」提出詳細而精確的說明。另外很清楚的是，兒童個人的後天經驗確實會影響他們的語言發展。有些學者主張，語言普遍性可能僅是反映「人們在所有文化中面對一些相同的要求」的事實，而就是這個層面真正塑造了語言，不是一些天賦（與生俱來）的裝置。

【焦點概念】較高層次的學習所需要的不僅是制約作用

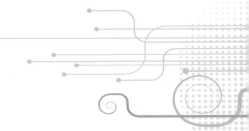

46 顱相學

> 「在冷靜思考『顱相學的事實』的問題後，沒有生理學家 …… 能夠長期抗拒這樣的信念：大腦的不同部位促進了不同性質的心理機能。」
>
> *Herbert Spencer, 1896*

　　顱相學（phrenology）是建立在現今仍流傳的簡單觀念上。大腦是「心靈的器官」，它被如此建造起來，以至於不同部位負責了不同功能。因此，大腦的不同部位（反映在頭部的形狀上）控制了不同的才能及技巧。但是，顱相學家相信，首先，心理機能發展的水準愈高，大腦之相應區域的面積就愈大。其次，頭蓋骨測定（craniometry，即像是頭顱大小和形狀等事物的測量）與大腦的外形保持一致，因此也表徵所有人類機能。第三，道德能力和心智能力二者是天生的。

歷史　顱相學的根源可追溯到至少古希臘時期，或許還更遠於此。許多開業醫生曾經本質上是觀相師（physiognomists）—— 經由物體的外形判斷自然現象。許多關於藝術和科學的書籍（特別是在第十七和十八世紀時）展現一些畫像、側影及素描，以實例說明觀相術的原理。近代的體系是由德國解剖學家高爾（Franz Gall）所開發，他在 1819 年發表他的論文。他相信他的大腦地圖把一些腦區（稱爲器官 —— organs）與一些特殊機能（稱爲官能 —— faculties）連結起來。

　　1896 年，Sizer 和 Drayton 發表顱相學的手冊，題爲《頭部與臉孔，以及如何加以研究》。它舉例說明如何識別白癡與詩人，以及識別擁有「犯罪

歷史大事年表

1810	1824
高爾開發該體系	顱相學期刊開始發行

性格 vs. 道德品格」的人們。從現代的眼光看來，它只算是引人發笑而古怪的論文。

維多利亞時代的人（Victorians, 1837-1901）才真正地認真看待顱相學。他們的半身（雕塑）像、模型、期刊、測徑器及機械裝置被保存下來 —— 特別是精緻的白瓷器半身像，由「倫敦顱相公司」所製造。維多利亞時代的人有顱相的手術、學校、書籍及醫生。他們熱心地測量頭部：頭部大小表示腦的大小，這接著又表示心理能力和性情（temperament）—— 或他們所相信的一些

> **在**神經科學研究人員之間，顱相學現在比起佛洛依德學派的精神病學擁有更高的聲譽，因為顱相學以某種粗糙的方式成為腦波學的先驅。
>
> *Tom Wolfe, 1997*

東西。一般男子擁有約略 22 英寸的頭部大小，女性則要少個二分之一到四分之三英寸。頭部大小與腦的容量及智力呈現線性相關，除非當事人是腦積水患者。但是，形狀比起大小更為重要。他們相信，良好的顱相（頭骨的外形）可以顯示特殊的才能。顱相學家據以對當事人的動機、能力及氣質從事診斷及預測。簡言之，頭部是個體之心理和靈魂的表明。

維多利亞時代的顱相學家擔任「才能觀測員」角色。有些人從事跨國的比較，檢視英國人 — 法國人的差別之處。顱相學家也檢查骸骨，像是大主教 Thomas Beckett 的頭顱和骨骼。維多利亞女王曾要求她的子女「看相」，因為顱相學家聲稱這有助於自我認識，也是通往成長、道德及事業成就的鑰匙。

各式各樣團體和個體經常高舉顱相學的火炬。這方面包括納粹黨員和殖民主義者，他們想要利用顱相的證據來支持特定團體的優越性。這從此玷汙了顱相學。

頭部的判讀　傳統的「頭部判讀」起始於首先考慮頭部整體的形狀。圓形的頭部被認為表示堅強、有自信、勇敢及有時候好動的天性。方形的頭部顯示穩健而可信賴的天性，極為體諒而果斷。較寬的頭部表示精力充沛、外向的性格；至於較窄的頭部表示較為退縮、內省的天性。卵形的頭部屬於理智

1838
S. Smith，《顱相學的原理》

1902
Hollander，《科學的顱相學》

2000
「倫敦顱相公司」的瓷器頭骨模型依然銷售良好

型。顱相學家因此溫柔但堅決地把他們的手指探向頭顱，以便感受頭蓋骨的輪廓。他們需要測量每種官能（faculty）個別的大小，以及它對照於頭部其他部位的突顯性。因為大腦是由兩個半球所組成，每種官能可被複製，所以他們查核頭顱的兩側。

當某一官能相較於其他官能屬於發育不全時，這表示人格中的該素質積弱不振，至於良好發展的官能則表示該素質以相當的程度在人格中呈現。因此，營養方面的小型器官指出了清淡及好挑剔的飲食者，或許是一位絕對戒酒的人；假使這種官能良好發展的話，它指出當事人享受食物和紅酒；假使過度發展的話，一位貪吃鬼，也可能過量飲酒。

顱相學的頭部有超過 40 個區域，但它取決於你讀取的是哪一份表單或體系。有些體系持著相當舊式的概念，像是 20「崇敬」（Veneration），指對於社會、它的法規及制度的尊敬；26「快活」（Mirthfulness），爽朗和幽默感；以及 24「莊嚴」（Sublimity），對於雄偉概念的敬愛。另有些頭部區域是

情操與行動傾向

頭部的一些區域已被更進一步描述或分類為八個情操（sentiments）或行動傾向（propensities）。

- 「馴服的」（domestic）傾向是人類和動物共通的一些特徵，它們基本上負責了個人對於一些物體和事件的情緒及本能反應。
- 「自私的」（selfish）傾向提供了人類的慾望（wants），而且協助人類從事自我防衛和自我保存（self-preservation）。
- 「自我關注的」（self-regarding）情操是關於自身利益和人格的表達。

- 「感知的」（perceptive）官能負責對於周遭環境的覺察。
- 「藝術的」（artistic）傾向產生對於藝術和藝術創作的感受性及性向（aptitude）。
- 「半感知的」（semi-perceptive）官能在像是文學、音樂及語言等領域中負責了對文化環境的鑑賞。
- 「反省」（reflective）、「推理」（reasoning）及「直覺」（intuitive）的官能牽涉到思考的風格。
- 「道德的」（moral）情操，包括宗教官能、人性化及提升品格。

關於 1「色情」（Amativeness）（性訴求）；3「關愛子女」（Philoprogenitiveness）（父母的愛、子女的愛）；10「營養」（食慾，鍾愛食物）；31「偶發事件」（Eventuality）（記憶）；以及 5「棲息性」（Inbabitiveness）（關懷家庭）。

批評 儘管顱相學受到一般大眾的歡迎，但是主流科學始終不予理會，視之為江湖郎中及偽科學。頭蓋頭的隆起與人格結構有關，也與道德發展有關，這樣的觀念被斥責為荒謬而無意義。證據已接受評估，但仍然付之闕如。

神經科學的興起已指出，顱相學的許多宣稱是欺詐性的。然而，仍有一些普及的頭腦迷思（myths）被流傳下來，像是「我們在日常的訊息處理中只使用到我們大腦的 10%」的觀念。另有些關於腦能量、腦波調整器及腦補藥的迷思似乎跟顱相學一樣地巧言善辯。

無論如何，顱相學仍有一些層面似乎與今日發生關聯。例如，我們知道頭腦大小與心理能力的測驗分數呈現正相關，包括在物種（species）之內和物種之間。我們也知道，頭部大小與頭腦大小是正相關的。事實上，心理學家已證實，幾近 100 年以來，頭部大小（長度和寬度）與 IQ 之間存在適度（modest）的關係。然而，當經過體型（身體大小）的校正後，這項關係就掉落下

> 頭蓋骨隆起對應於頭腦的一些過度發展的區域，這樣的觀念當然是荒謬的，而高爾的科學聲譽也因為他的顱相學而一敗塗地。
>
> *R. Hogan and R. Smither, 2001*

來，且可能消失了。經由運用精巧的腦部掃描，科學研究人員已試圖尋找頭腦大小與 IQ 之間關係的證據。再度地，所得結果不是那麼清楚。

無疑地，新近科技已增進我們對認知神經心理學和精神醫學的知識及興趣。我們現在能夠以電子操作的方式繪製正在進行新陳代謝之頭腦的地圖。透過對意外腦傷病人和「正常」人們二者的研究，我們正建立起頭腦之新式詳細的地圖，而且確認什麼「部位」主要負責了什麼功能。但是這個「電子顱相學」（electrophrenology）是以實徵為基礎的，而且跟顱相學創立者之舊式、科學興起之前、道德主義（道學）的觀念毫無關係。

【焦點概念】顱相學的一些層面仍然跟今日發生關聯

47 分手是不容易的事情

我們大部分人喜歡認為自己是冷靜、理性及客觀的人士。我們希望擁有以資料為基礎、分析性的邏輯思維；我們期望自己一生都能做出明智、思慮周詳的決定；我們希望自己是「頭腦清楚的人」；我們被提醒不要讓我們的感情支配我們的理性。在做出重大決定上，我們被勸告「把決定延至翌日」（sleep on it）。當然，我們也是擁有感情的人。

「我們的人格和行為有正反兩面」，這樣的想法頗為扣人心弦。畢竟，我們有雙眼、雙手及雙腿。我們有兩隻耳朵和兩隻手臂，也有兩個乳房或兩個睪丸。這兩個我們最重要的器官似乎有兩個獨立而可分開的一半。因此，我們也頗習以為常地談及「左腦 vs. 右腦」的結構及功能。這已經進行達好幾百年。側化（laterality）的迷惑力導致許多奇特的觀念及實踐。有些人認為二元的頭腦導致二元的性格。另有些人則視之為善一惡（good-bad）的維度。所以，右腦（低劣於左腦）是原始、未開化及野蠻的一面。然後，左腦被視為是有創造力、溫柔、主動進取的一面，受到專橫的右腦的欺凌。

這種迷思的一部分與語言有所關聯。拉丁語、英語及法語關於「左側」（left）的字詞都隱含一些負面的特徵：笨拙、不適切、不實用或脆弱的，至於反面則被認為是對於「右側」的適當描述，即靈巧、正確及機敏的。

迷思 這裡的觀念基本上如下：左腦是講邏輯的腦。它是處理事實、知識、順序及模式等訊息的腦半球；它是從事數學和科學的部分；它是細節取向（detail-oriented）之抽象思維及訊息處理的中樞。左腦的字詞是「邏輯的」、

歷史大事年表

1888	1960
首篇論文提及手部形狀的性別差異（2D/4D 比值）	首度的裂腦手術

「依序的」（sequential）、「理性的」、「分析的」、「客觀的」及「部分取向的」（parts-orientated）。大部分教育和企業機構是由左腦人士所創立，以左腦的方式從事一些左腦的事情。正如這世界是受到慣用右手的人（dexters）所支配（當然，右手是受到左腦的控制），所以有游移不定的少數人（大約 10%）是慣用左手的人，因爲左手是受到右腦的控制。

我們沒有理由相信兩個腦半球對應於「理性思維 vs. 直覺思維」之間的差別，或對應於「分析歷程 vs. 藝術歷程」之間的差別，或對應於西方與東方的生活哲學之間的落差。　　H. Gleitman, 1981

　　另一方面，右腦被說成有點模糊不清。它是情緒、符號和意象的寶座。就在這裡，哲學和宗教接受處理。它是大畫面的領域；幻想和可能性的地帶。右腦的字詞是「隨意的」、「直覺的」、「整體的」（holistic）、「綜合處理」（synthesizing）及主觀的。右腦的學生喜歡大畫面（big picture）：輪廓居先於細節。然而，他們不太關心依序的計畫、校對（proof-reading）或拼字 …… 或其他平凡的細節（瑣事）。他們不喜歡符號，但是他們擅長於直覺。他們喜歡連貫性和意義，但是卻以幻想爲基礎，不是以現實爲基礎。

　　對於信奉「雙腦」理論的諮詢師、教練及教育學家來說，他們經常談及裂腦實驗（split-brain experiment），即兩個腦半球之間的連接通道（即胼胝體——corpus callosum）被切斷了。他們也引證了一些研究以說明臉孔是來自兩個右側影像或兩個左側影像的「重新組合」（reassembled）。但是他們做出快速、（頗爲右腦式的）富有想像及缺乏證據的跳躍，從這一點就跳到雙腦理論（two-brain theory）。

裂腦研究　　裂腦手術最初是在 1960 年代所執行，爲了緩解難治癒的癲癇症患者的痛苦。它容許我們探討左右腦各自在沒有對方干擾下如何運作。因此，左腦似乎能夠做一些右腦辦不到的事情（例如，語言），而反之亦然。目前的情形看來，對最重要的語言處理來說，大部分是發生在大腦左半球

中，但假使這個部位在兒童時受到損害的話，這些功能中的一些可以由右腦加以接管。這個領域的研究仍然繼續，而我們對腦功能的探討受到新式科技的重大裨益。

　　真正的腦科學家知道，許多的這種左－右腦的東西不過是比喻的說法。人們不是左腦或右腦的人 —— 但是科學家確實知道，頭腦的若干部位（有時候位於左半球，有時候則位於右半球）確實控制不同的功能。

側化　嚴格說來，側化（laterality，一般是指軀體的一側比另一側占優勢，如偏手性或單眼優勢。但近年來多半用以指稱大腦半球對特殊認知功能的不對稱性）是關於偏好。我們可能是左耳或右耳優勢，左利手或右利手，左利腳或右利腳。綜合而言，大約 85-90% 的人是右利手和右利腳，但是對那些偏好右眼和右耳的人們來說，這個數值就降落下來。動物也顯現偏好，而真正的雙手都能靈活使用的情形極為少見。混合偏手性（mixed-handedness，即交叉優勢）無疑地較為常見，它指出視不同的作業而定（像是書寫、打網球或拉小提琴），人們會選擇使用起來更為舒適及準確的那隻手，不必然是左手或右手。

　　因為右利手的優勢地位，這世界看起來像是為了他們而設計。所以，開罐器和剪刀可能對左利手造成困擾。在某些文化中，以右手進食是必要條件。頗為複雜而漂亮的中國字書法很難以左手執行。然而，左利手可能在一些運動上占有優勢，特別是在一對一的運動上而他們又恰好面對右利手時。他們也在決鬥（duelling）上一直有很高的勝算，部分是因為他們能夠利用出其不意的因素。

　　多種廣泛的理論試圖解釋偏手性的重大差異，有些受到的實徵支持勝過其他理論。進化理論主張，左利手具有生存的價值，因為他們實際證明在格鬥中占有優勢。另有些環境的理論則把左偏性與出生壓力（birth stress）聯想在一起。社會學和人類學的理論提及與左偏性有關的社會烙印（social stigma），也提及教師和父母對於年幼

> **我**相信我自己能夠證明 ——(1) 每個大腦作為思維的器官是獨特而完善的整體；(2) 各別而性質不同的思維或推理歷程可以在每個大腦中同時地被執行。　A. Wigan, 1844

左利手的鎮壓行為。

　　但是當前的共識主要是放在遺傳和生物理論上，它們相當清楚地顯示，偏手性傾向於在家族中流傳。它們在天生、後天學得及病理的左利手之間做出重要的區別。各方面資料（有些非常值得懷疑）顯示，左偏性與一些非常特殊的心理障礙有關聯，像是智能遲鈍；但也與一些正面的事項有關聯，像是創造力。這已導致一些未被證實的理論，也導致甚至更多迷思的發展。

身體不對稱

　　身體不對稱（body asymmetry）也已接受探討。我們可以測量所謂之「波動的不對稱性」——經由測量腳踝和手腕的寬度、耳朵的長度、手指和腳趾的長度，以及手肘的寬度，然後記錄下個體內的差異。各種研究已顯示，缺乏對稱性似乎與不良健康有關聯。你自己身體的任何地方愈是不對稱的話，你就愈可能發生廣泛的身體困擾。然而，這個領域的探討仍然在非常初步的階段。

　　同樣的，關於對稱性之性別差異的興趣也日益增進；特別是以下討論之 2D/4D 手指的比值，它顯示了系統化的性別差異，而這些差異已與許多能力和偏好連結起來。研究已檢視每一件事情，從工作選擇、音樂到興趣，隨著它們跟非常簡易的測量發生關聯，即測量每隻手上，兩根手指之間長度的差距。最具爭議性的是，這已經跟性取向、吸引力及攻擊性連結起來。

　　相較於女性，男性的食指（2D）與無名指（4D）間的長度比值一致地較低。這裡的觀念是，手指長度是「在子宮中受到睪固酮的沖刷」（暴露於產前的雄性激素）的結果，這導致了個體較為男性化（陽剛、男性氣概）或較不男性化；而且表明在每一件事情上，從攻擊性到對於同性伴侶或異性伴侶的偏愛。

　　這個事實已被知道達超過 100 年之久，但是只有在上一個 10 年間，這個領域的研究才真正起飛。它是一個正在進行中而高度爭辯的研究領域，提出了許多模稜兩可而未決的發現。

48 失語症

　　有時候，當非常疲倦，非常心煩意亂或適度酒醉時，人們表示他們對於一些自己熟識的事情卻「無法找到正確的字詞」。或同樣的，不知什麼原因，他們似乎無法理解他人正在說些什麼，縱使是使用他們自己的語言。他們可能受擾於暫時輕微的失語症。

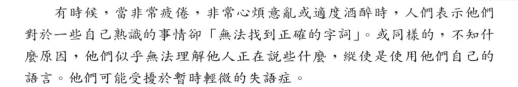

定義

　　失語症（aphasia）是指失去產出語言及／或理解語言的能力，由於專司這些功能之腦區的損害。以典型的心理學的術語，失語症被界定為「決定（解讀）和登錄（有系統地記述）有意義之語言成分的能力發生多元性的減損，引致聆聽、閱讀、說話及措詞的困擾」。在 1880 年代，有些學者提議，失語症不只是失去字詞，而是失去協調字詞或使用字詞的能力 —— 為了傳遞訊息的目的。它不是感官、智力或精神功能缺損的結果，也不是由於肌肉虛弱或認知混淆。

特殊困擾　　「失語症」的術語通常指稱一系列相當分歧的溝通障礙，主要牽涉口頭或書寫的語言。因此，在腦傷後，病人可能發生非常特定的困擾，像是閱讀的困難，但也可能有書寫的困擾。有些人無法完成口語的句子，因為他們無法提取／記起正確的字詞以完成他們的思維。有些人以不相干和不適切的答案來回答問題，或是以各式各樣編造的字詞（新詞語 —— neologisms）。所以，失語症是一個統稱，藉以描述多樣性的語言困擾。我們有可能列出超過十多個症狀（例如，沒有能力說出物件的名稱，無法複誦詞

句、無法自發地說話，或甚至無法閱讀），所有這些都符合資格，可作爲失語症被接納的症狀。

　　有些人失去他們專司於字詞之語音和意義的記憶，另有些人則似乎忘記如何協調他們舌頭和嘴唇以便適當地發出字詞的聲音。他們實際上無法讓自己的嘴巴爲若干字詞的發音做好準備。

> 說話是人類最重大的興趣和最獨特的成就。
> *N. Wiener, 1950*

　　關於失語症病人的早期研究導致大腦優勢（cerebral dominance）的發現：即發現大腦左半球（不是右半球）的傷害與語言缺損有關。事實上，探討腦部定位的心理學家們始終對於失語症感到莫大興趣，他們試圖在腦部繪製非常具體的受損／傷害的位置，這些腦傷牽涉一些特定的溝通障礙。

確認失語的位置　通常，失語症是大腦之語言中樞受到損傷（lesions）的結果。這些區域幾乎總是位於左半球，而在大部分人身上，這是產出語言和理解語言的能力被發現的地方。然而，在非常少數人身上，語言能力被發現是位於右半球。在任一種情況中，這些語言區域的損傷可能是中風或重大腦部受傷所引起。失語症也可能緩慢地發展，如在腦部腫瘤的病例上。

　　當腦傷發生在大腦的不同區域時，這會引起不同型式的失語症。最常見的兩種是不流暢性失語症（non-fluent aphasia）和感受性失語症（receptive aphasia），它們分別是位於布洛卡區（Broca's area）或韋尼克區（Wernicke's area）

> 我不想談論語法，我只想像個淑女那般談話。
> *G. B. Shaw, Pygmalion, 1912*

的損傷所引起。不流暢性失語症的特色是緩慢、費力、不流暢的言談。根據這一點，心理學家已獲悉，布洛卡區（位於左額葉的運動聯合皮質中）負責了運動記憶：發出字詞的聲音所需要之依序的肌肉運動。再者，布洛卡區的損傷經常導致語法缺失（agrammatism）──病人無法理解複雜的語法規則；例如，他們很少使用功能字詞（function words，像是介詞、助動詞、連接詞、感嘆詞、冠詞等都是功能詞）。

1865
首度加以分類

1868
布洛卡指出負責失常語言的大腦部位

2002
Hale，《失去他的語言的人》

韋尼克區顯然負責言詞的辨認，它的損傷會導致感受性失語症，其特徵是不良的言詞理解和無意義詞句的生成。病人往往能夠正常地、甚至流暢地發出音節，但是語意卻是空洞無物，缺乏連貫性，堆砌詞語，語法也錯誤。他們經常沒有察覺自己的障礙，顯然是因為他們未能充分而準確地理解自己的談話。有些學者假定，韋尼克區是組成詞語之發音次序的記憶被儲存的地方。

語言的一種模型指出，輸入的言語被聽覺皮質所接收，然後送往韋尼克區接受理解。假使有必要做出反應，信息被送到布洛卡區，它接著把信息送到主運動皮質（primary motor cortex），它的功能是組織肌肉以便做出清楚發音的反應。

> **多** 想一些，少說一些，更不要訴諸筆墨。
> 諺語

除了協助心理學家理解語言，關於失語症的研究工作也打造了良好基礎，提供現代科學人員探討腦功能定位（localization）的原理 —— 大腦的哪些區域專司於怎樣的特殊功能。

失語症的類型 分類是科學的起點。當檢視心理或物理問題時，人們總是嘗試鑑定出一些亞型或組別，失語症的研究也不例外。有些臨床人員相信，失語症的形式就跟失語病人一樣多，而嘗試加以分類是徒勞無益的。另有些人則對於病人間顯著的相似性留下深刻印象，他們認為一些非常特殊的症狀是亞群的病人共同具有。

有些分類法（taxonomies）特別是建立在言詞缺失上（症狀學的），另有些建立在心理機制上，還有些則是依據大腦發作部位。最好的分類法似乎是能夠清楚而明確地把所有病例的三分之一劃分為一個組別，留下三分之二的病例是混合型。

最初的分類（在心理或行為的層面上）是劃分在語言的綜合官能失靈的情況之間，像是受損的只是談話，而不是書寫。後來才進一步劃分那些不能說話的人，對比於那些能夠說話但語法錯誤的人。

有各種型式的分類法，連結論者（associationist）的分類法檢視與大腦一些部位產生連結的特殊語言障礙。經由選擇性損傷，他們破壞一些神經網路，藉以觀察這對於特定語言的影響。因此，早期研究人員劃分「運動性失語」（動作感覺的記憶）、「感覺性失語」（聽覺的記憶）及「傳導性失語」

（上述二者）。

連結論者已提出失語症的許多劃分和類型，包括皮質下類型（subcortical type）、皮質類型（cortical）及皮質間類型（transcortical）。有些類型是以研究學者的姓氏命名，像是布洛卡氏失語症和韋尼克氏失語症。另有些心理學家則辨別詞聾（word deafness，即聽覺性失語症）與詞盲（word blindness，即失讀症或視覺性失語症）。

還有其他許多分類法，有些是建立在特定理論上，另有些則是以觀察為依據。佛洛依德提出他自己三重的分類，另有些人則嘗試較為統計上的途徑，檢視病人在一系列測驗上的表現如何。有些分類法主要受到說話之語言特徵的影響。無論如何，這個領域尚未達成一致的意見。

治療　對於妨礙聲音輸出或說話的失語症而言，它們後來被稱為言語病理（speech pathology）。言語病理最先被認為是教育的問題，但是它也可能導致適應的問題，這表示除了研究腦傷的神經學家外，心理學家和精神病學家也對之深感興趣。一些言語障礙（speech disorders）純粹是器質性的，它們的問題是在於神經肌肉的活動。言語障礙不同於語言障礙（language disorders），後者的問題涉及有意義之符號及思想的意思傳達。

> 在一些腦部震盪後，個人或許能夠說話，但是錯誤的字詞經常令人困擾地來到他的唇邊，就像是他的布洛卡沙洲已被亂成一團。
>
> *W. Thompson, 1907*

所有治療起始於診斷性的測試，即試圖測量一些主要的語言運作情形，像是正確地說出物件的名稱、字詞與句子完成、誦讀字詞與句子，以及聽寫文字。不同的治療針對不同的問題而提供。有些神經學家懷疑語言治療的價值——有鑑於他們對問題起因的看法。另有些人注意到自發恢復（spontaneous recovery）的證據；也就是在沒有任何形式的治療下，原先之語言知識及技能的全部或局部的重建或復原。無論如何，還是有一些專業的言語病理學家，他們花費大量時間於失語症的病人，試圖理解病人問題的起因，也試圖協助病人從事更有效率的意思傳達。

【焦點概念】語言的基礎是當它發生障礙時才被揭露出來

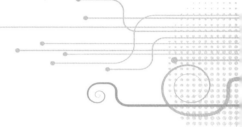

49 閱讀障礙

「在現代社會的社會分化中（**social differentiation**），掌握閱讀和書寫任務上的成就很明顯地是最重要的軸心之一。」

J. Goody and J. Watt, 1961

　　父母和教師都深知，儘管是同一年齡的兒童，但他們可能顯現多大的差距，不僅在他們的嗜好和氣質上，也在他們技巧的獲得上。有些人在閱讀的各種層面上顯現重大困難，遠落後於他們同一年齡的同儕。他們似乎屬於正常的智力，但無法學得技巧。閱讀障礙者很快就落入惡性循環（vicious circle）。閱讀是遲緩、艱辛而挫折的，這樣的活動沒有任何樂趣，甚至再大的努力也顯得效果不彰，所以他們愈來愈避開閱讀，從而再也無法於該技巧上趕上同伴。因此，這裡有原發的系統，指稱的是閱讀能力，但也有續發的特徵，這方面涉及低落的自尊和不良的社會情緒適應。

定義　閱讀障礙（dyslexia）表示處理字詞的困難。它的困擾被稱為詞盲（word-blindness）和特殊的閱讀或書寫缺損。這個術語被專業人員用來指稱重大而持久的閱讀困難。它主要是涉及在達成正常的閱讀能力上發生困難，儘管有良好的教導和持續的努力。傳統的閱讀障礙有時候被稱為發展性閱讀障礙（developmental dyslexia），它是關於獲得必要的技能上發生困難。至於後天性閱讀障礙（acquired dyslexia）通常起因於身體重大傷害，這導致個人在掌握（學會）閱讀之後才發生閱讀困難。

基本上，診斷方面的首要問題是字詞解碼（word decoding）和拼字

歷史大事年表

1887	1896
「閱讀障礙」首先被德國眼科醫師所使用	兒童期的閱讀障礙被首度描述

歷史

在 1960 年代早期，有些學者提議，綜合的閱讀遲鈍有三個主要起因：環境因素，諸如不良的正規教育／訓練和家庭生活剝奪；情緒適應不良；或某些器質及體質的因素。

研究人員間常見的爭論是，假使我們視正常閱讀能力為一種簡易鐘形曲線或連續光譜（那些閱讀能力高於平均的人位於頂端，而表現不良的閱讀者位於底端），這樣是否有意義。有些人堅持情況正是如此，而所謂的閱讀困難不是儼然有別的實體（entity），僅是在量表上一個語言的截切點（cut-off point）。另有些人主張，它是相當不同的一群（或不同模式的）認知技能。

（spelling），主要是因為個人的字詞發音或語音系統發生問題。我們有必要確認的是，問題的發生不是出於不充足的教育機會、聽力或視力受損，以及神經失常或重大的社會-情緒障礙。當兒童在準確而流暢的字詞閱讀及／或拼字這些作業上，顯得發展遲緩、不能勝任及有重大困難時，他們的閱讀障礙就很清楚不過了。閱讀障礙傾向於在家族中流傳，而男孩比起女孩有較高的易罹性（vulnerability）。這當然似乎暗示遺傳因素可能扮演重要角色。

解碼與理解　閱讀涉及兩個基本歷程。首先是辨識一串字母，而且譯解符碼成為字詞。個人必須學會字母：它們如何「發音」，以及音節如何形成。這是一項緩慢而費力的工作，但最終導致閱讀是瞬間而自動化的。

第二個歷程較為抽象。它使得原文有意義，而且跟經驗連結起來。我們可能解碼卻缺乏理解：心不在焉地閱讀，沒有在腦海中留下任何印象。閱讀障礙者可能發生一些非常特定的困難，諸如字詞如何被拼出（拼字法——orthography），字詞是什麼意思（語意學——semantics），句子如何被形成（語法學——syntactics），以及字詞如何依據字根（roots）、字首（prefixes）及字尾（suffixes）而被組合（詞素學——morphology）。

心理學家已設計一些字詞解碼的測驗，所以能夠測量個人的表現相對於平均值的情形。受測者需要解碼字詞和非字詞。研究已指出，主要的問題似

1920
首度提出關於致因的理論

1949
國際閱讀障礙協會的創立

1967
首度提議亞群的存在

乎是在於語音的技能。閱讀障礙者似乎在字詞的聲音結構上有特殊的困難，也難以記住新的字詞，特別是名稱。他們難以複誦複雜的字詞和非字詞。另一項測驗則試圖測量個人的閱讀理解力與傾聽理解力之間的差異。

亞群　就如幾乎所有的心理問題，專家們指出，閱讀障礙的人絕不是同質的一群人，他們經常落入幾個可辨認的亞群（subgroups）。這個描述亞群的過程通常有助於精確的診斷和理論的建立。在從事這些精密的劃分上，主要問題是在組群和術語上取得專家們的一致意見。第一項劃分（在 1960 年代提出）是位於聽覺性閱讀障礙（在辨別音素上，以及在連結／融合這些音素成為字詞上發生困擾）與視覺性閱讀障礙（在解讀、記憶及理解字母和字詞的映象上發生困難）之間。聽覺性閱讀障礙者難以辨別聽起來相似的一些字母，像是 b 或 p；d 或 t。視覺性閱讀障礙者發現難以辨認一些字詞為視覺形狀，所以「mad」看起來像是「dam」，「tap」像是「pat」，等等。他們也依據語音來拼字，把「what」寫成「wot」，把「rough」寫成「ruff」。

　　稍後，另一項劃分是位於三者之間，即發音困難（dysphonic）閱讀障礙（語音的困擾）；視覺影像困難（dyseidetic）閱讀障礙（難以知覺字詞為單位）；以及失讀症（alexia，混合型的語音和視覺處理的困擾）。一般認為大約三分之二的病人是發音困難型，十分之一是視覺影像困難型，而四分之一是屬於失讀症。

　　研究學者已發現，人們在閱讀上採取不同的策略。語音的策略是把常見的一些字母群（如 ist, ough, th）編碼為一小組或一小串，然後成為音節。那些採取這個策略的人會試探字詞的意思。另有些人嘗試整個字詞或拼字的閱讀。因此，有些人提議，應該存在失讀症、拼字型失讀症或混合型三者。兒童接受測試，大聲唸出一些非字詞，像是「frin」、「weg」或「sper」，也唸出一些非音素的字詞，像是「cough」或「bough」。仍然，診斷個人的閱讀困難的最佳方式是非常仔細地檢視他們使用的歷程：他們能夠輕易而正確地做到什麼，什麼則是他們辦不到的。

自我診斷 vs. 專業診斷　閱讀障礙的診斷是不尋常的，因為它經常似乎為許多父母和兒童帶來安慰。許多成年人甚至顯得自吹自擂，特別提到他們過

去未被正確地「診斷」，以及他們一直被認為是缺乏智力或其他一些能力。這是因為「閱讀障礙」的標籤指出它不是偏低智力所致（實際上有時候是反面情形），而是非常特殊的功能失靈。偶爾，嚴格的學術論文會質疑閱讀障礙的真正存在，這當然招致不少抗議。辯護者指出，因為他們在閱讀或拼字上特別而專有的失誤，閱讀障礙者明顯不同於不良閱讀者，儘管有證據指出他們智力正常（假使不是智力偏高的話），也儘管有接受常規的教育。

評論者表示，它是中產階級的狀況，富裕的父母不能或不願面對「他們的子女不是非常聰明」的事實，然後他們試圖操縱教育體系，朝著有利於自己的方向。另有些人視這項抨擊為傷害、汙損而缺乏正當性，它或許牽涉到一些父母太過於期待他們的子女。

另一個中心議題是閱讀障礙與 IQ 之間的關係。似乎存在廣泛的信念，即認為有一些閱讀障礙者是非常聰明的，卻被錯誤地貼上遲鈍、怠惰、不專心或適應不良的標籤。閱讀障礙的關鍵概念是，個人表現沒有預料到的不良閱讀水準，當相較於他們學習其他技巧的能力之下。換句話說，一方面是個人在閱讀測驗上的能力，另一方面是個人在 IQ 的其他許多分測驗上的能力，當相較之下，這中間存在不一致或落差。

> **英**語的拼字法是陳舊、累贅而無效能的；獲得正確的拼字需要消耗大量的時間和努力，未能獲得卻很容易偵察出來。
>
> *Thorstein Veblen, 1899*

研究

這個領域的心理學家採用各式各樣的方法。有些是針對個體之密集、深入的個案研究（case study）。在比較方法中（comparative method），兩個大型而儘可能完全對等（在年齡、IQ 及社會背景等方面）的團體在許多測驗上接受測量。縱貫研究（longitudinal study）檢視閱讀困難隨著時間的發展情形。在實驗研究中（experimental study），人們在一些特定條件下接受測試。腦功能研究（brain-function study）則涉及在特殊情形下實況的腦功能定位。

【焦點概念】 存在許多型式的閱讀障礙

50 那是誰？

你是否曾經被誤認爲另一個人，但是依你的看法，那個人看起來一點也不像你？有過多少次，你「知道你認識」某一個人，但你無法把姓名加諸那張臉孔上？你知道他們是一位長跑選手或政客，但就是無法提取他們的姓名。同樣的，你可能非常熟悉一張臉孔，但你完全無法說太多關於這個人的事情。

人們表示，他們「絕不會忘記某一臉孔」：但是事情顯而易見地，他們屢屢如此。研究人員已顯示，在臉孔辨認的研究中，人們認爲他們將會如何做與他們眞正如何做之間沒有關係。有一些證據指出，對那些在記住臉孔上表現較優的人們而言，他們僅是比起別人擁有較佳的視覺記憶（visual memory）。這也就是說，他們擁有優於平均的能力以記住繪畫、地圖及書寫的文字。他們似乎在處理圖畫和影像上擁有特殊的技能。

臉孔失認症　辨認和指認人們的能力在日常生活中具有基本的重要性。想像假使你不能在群眾中識別你的伴侶，在宴會上無法辨認你的父母，或在辦公室中認不出你的老闆。關於「臉孔記憶」的重要性，最戲劇化地見之於稱爲臉孔失認症（prosopagnosia）的問題上。這樣的病人無法辨識常見而熟悉的臉孔 —— 甚至（偶爾）是他們自己在鏡子中的臉孔。令人訝異地，許多臉孔失認症的病人相對上很容易就能辨別另一些類似的物

臉孔和臉部表情界定了我們的獨特性和個體性，它們除了揭露事實外，也有隱蔽事實的作用。
J. Cole, 1977

件──汽車、書本及甚至各型的眼鏡──但就是臉孔不行。

　　心理學家在這方面的中心問題是：是否存在特殊而專有的臉孔處理機制（face-processing mechanisms），而這不同於對其他物件的辨認？這將需要確認及調查兩種非常特殊而少見的人們：一是那些擁有正常臉孔辨認能力但物件辨認能力不良的人們（視覺性辨識不能──visual agnosia），另一是反面情況，即臉孔失認症的人們。認知神經心理學家的問題是我們是否能夠檢定出各自的腦區和機制，它們專司及負責了臉孔辨認和物件辨認。

　　研究人員已檢驗腦傷和非腦傷引起的臉孔失認症的病人，迄今的證據確實指出，有非常專對的腦區（中央紡錘狀的腦回和枕葉的腦回）可能負責了臉孔的訊息處理。

整體與它的部分　有些學者提出雙歷程模式（two-process model），藉以區別臉孔辨認與物件辨認。第一種歷程稱為整體的分析（holistic analysis），它涉及對於「大畫面」的處理，即全面、完形（configuration）、綜合的結構。這對比於「部分的分析」（analysis by parts）的歷程，即專注於細節，然後試圖把它們組合起來。這裡的觀念是，臉孔辨認涉及遠為多的整體分析──相較於物件辨認。

　　我們或許能夠以照片組合（photo-fit）技術對之做個極為適當的示範。這種技術是提供目擊者可以替換的五個臉部特徵（額頭、眼、鼻、嘴、下巴），要求他們重組出見過的臉孔。1970 年代，這種照片組合系統被設計出來。因此，受測者被供應一大堆鼻子的照片，代表所有常見的形狀。

> **額**頭短窄的人是善變的；至於額頭是圓弧狀或鼓起的話，當事人性情急躁。平直的眉毛指出個性的柔弱；至於眉毛朝太陽穴彎曲的人則是詼諧而善於掩飾。圓睜的眼睛指出輕率而不謹慎，不斷眨眼則表示優柔寡斷。寬大而突出的耳朵指出當事人易於說話不切題或嘮叨不休。
> ──亞里斯多德，西元前 *350* 年

> **人**心不同，各如其面。
> ──*Voltaire, 1750*

1971	1976	1988
照片組合系統被引進	Lord Devlin 主張不受支持的目擊者臉孔辨認過於不可靠而不應被採信	V. Bruce，《辨認臉孔》

同樣的情形也施用於嘴巴、眼睛及頭髮等等臉孔部位上。這導致大量的實驗，試著測試這種技術的準確性。人們能否重組出他們伴侶一張良好、可辨識的畫像？一位知名的政治家呢？或甚至他們自己？為了做到這點，他們將需要認識及挑選特有形狀的嘴巴、眼睛，等等。實驗結果顯示，在這項從「部分」推行「整體」形態的作業上，人們的表現極為差勁。

研究也已顯示，只要改裝當事人的一項外觀，就能輕易導致辨認率的重大滑落。添加一副假髮、一道鬍子或一副眼鏡就能引起臉孔辨認重大的滑落，這是罪犯們早已知道的。甚至於對人們呈現某一臉孔的側面或半側面（四分之三）的

你的臉，像是一本書，令人可以看出奇怪的事情。
莎士比亞，《馬克白》，1606

畫像（而不是完全正面），也會產生戲劇性的影響。看起來，人們一口氣處理整體臉孔／形態，而不是以部分（parts）的方式。再者，他們似乎從性格特徵的角度處理臉孔。因此，人們談及誠實的面孔、粗線條的外貌，柔弱或精明。考慮你將會如何描述邱吉爾（Winston Churchill）或曼德拉（Nelson Mandela）的面孔。你會從他們嘴巴大小或他們眼睛形狀的角度來進行描述嗎？一般是不會。

這個領域已執行許多引人興趣的研究，包括製造一些扭曲的畫像。有些涉及形態（configural）的扭曲，像是把眼睛和嘴巴移到臉孔的其他位置上，

影響辨認歷程的因素

從對辨認歷程的研究中，產生一些引人興趣的結果，有些結果較是一般常識的：
• 你觀看一張臉孔愈久的話，它將愈容易被辨認。
• 所辨認的臉孔愈不類似於目擊者的話（例如，不同種族的人），它較少被辨認出來。
• 臉孔辨認不會隨著時間有太大衰退：時間

的經過只有輕微的效應。
• 假使個人在影像或在照片上看到另一個「實況」（live），這並沒有太大關係 —— 辨認仍大致相同。
• 上下倒轉的照片不成比例地很難以辨認。
• 假使某一臉孔是「獨特的」（不尋常、非典型的），它較容易被辨認出來。

也許甚至倒轉整個臉孔。另有些涉及成分（component）的扭曲，即扭曲臉孔的一項成分，像是把牙齒染黑。研究已發現，成分扭曲幾乎總是被偵察出來，但是形態扭曲就不見得如此。因此，有些人假定，臉孔失認症涉及「整體或形態的處理」受到損害，至於視覺性辨認不能則涉及「整體和分析的處理」受到損害。

辨認歷程的成分　為了理解臉孔辨認的複雜歷程，心理學家已提出，這方面可能存在一些各別的成分，它們共同運作而產生了整體系統。這些成分包括像是表情分析（expression analysis）的技巧，也就是從臉部特徵及表情推斷內在情緒狀態的能力。接下來是臉部言語分析（facial speech analysis），也就是「讀唇」（lip read）的能力，以更良好理解談話。當然，也有直接的視覺處理（visual processing），也就是處理臉部之選定的外貌的能力，特別是眼神表達，以及有差別的臉部表情。另一項是臉部辨識單位（face recognition units），它們含有已知關於當事人之臉部結構（長形、圓形、憂愁）的訊息。

此外，我們有名字生成歷程（name generation processes），它呈現我們所儲存（在記憶中）關於當事人的名字；另外有個人身分集合點（person identity nodes），這協助我們儲存關於特定個體的詳細資料──他們的年齡、嗜好及工作等。最後，我們還有綜合認知或知識系統（general cognitive or knowledge system），所儲存的是關於人們的普遍認識（例如，運動員傾向於身體強健，女演員傾向於外貌動人，酒鬼滿臉通紅，等等）。

任何一個系統的故障將會影響整體歷程。在日常的臉孔辨認方面，最為重要的成分似乎是：

- 結構的編碼：在記憶中登錄我們在某一臉孔上注意到什麼，它們特有的集合點，以及
- 名字生成。

臉孔辨認在應用心理學研究中是一個重要、活躍的領域，它在保全界正變得愈益重要。實際上，如何教導電腦辨識及記憶人們，這是這整個研究企業最為明顯的應用。

【焦點概念】「對臉孔的記憶」告訴我們許多關於頭腦如何運作的事情

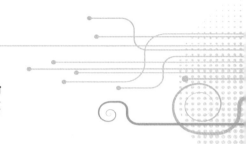

辭彙解釋

ADHD（注意力不足過動症）：注意力不足過動症（attention-deficit hyperactivity disorder）是與注意力有關的一種障礙症，常發生在兒童期，其特徵是身體過度活動、注意力無法集中、不聽話、容易衝動及煩躁不安。

anxiety disorders（焦慮症）：一系列相關的困擾，它們共同的特徵是恐懼、焦慮及壓力反應。這包括了恐慌發作；各式各樣畏懼症；急性焦慮、廣泛性焦慮及創傷後壓力症；物質誘發的焦慮。

aphasia（失語症）：一種說話（語言產出）失常狀況，通常是大腦皮質的損傷所引起。它可能表明在語言理解和語言表達的能力上全部或局部的喪失。

behaviourism（行為主義）：這種研究取向主張科學心理學探討的唯一適當主題是可觀察、可測量的行為。它強調社會環境在決定大多數人類行為上的角色。

bell curve（鐘形曲線）：也被稱為常態分配。這是指根據許多人的分數所繪製的圖表，形成鐘形的曲線。大多數人的得分位於中間／平均數附近，相對上少數的人位於兩端。

California F scale（加州 F 量表）：屬態度量表之一，特別設計來測量法西斯主義者的信念及態度。它是在 50 多年前由一組社會學家所推出，試圖理解獨裁主義和納粹主義的起源。

classical conditioning（經典制約作用）：屬學習歷程之一，中性刺激被拿來

與非制約刺激配對呈現多次，隨後也能引起特定行為，就被稱爲制約刺激。

cognitive behaviour therapy（認知行爲治療法，CBT）：一種現代相當盛行的「談話治療」(talking cure)，它把重點放在試著改變人們如何思考、歸因或看待發生在他們身上的事情。

cognitive dissonance（認知失調）：指存在於態度、信念、經驗或情感之間的一種自覺而不舒適的不一致性或不協調性，造成當事人心理失衡。

delusion（妄想）：指個人持續持有的一些不實的見解或信念，不但沒有事實作爲依據，也不願意從事合理的改變，通常牽涉到被跟蹤、被暗中愛慕、被欺騙、被傳染或被下毒等觀念。

dyslexia（閱讀障礙）：一種複雜而仍有爭議的失常狀況，特別是關於閱讀能力。

ego（自我）：遵循理性、現實的原則，個人的意識部分。有時候被視爲是人格的執行長，從事合理的決策，藉以調停自私的本我（id）與道德的超我（superego）之間的衝突。

electro-convulsive therapy（電痙攣治療法，ECT）：一種施加於頭部，導致全身發作（抽搐）、痙攣、而且通常失去意識之強烈而短暫的電擊。ECT 的正當使用應作爲最後的求助手段，特別是用於嚴重憂鬱症病人。

emotional intelligence（情緒智力，EI）：感受敏銳而觀察入微，對於自己和他人的情緒狀態保持高度的覺知，以及有能力管理或改變個人自己或他人的情緒狀態。

emotional intelligence quotient（情緒智商，EQ）：就像智力商數（IQ）的一種分數，它是個人情緒智力之可資比較、可信賴及有效的量數。

Flynn effect（Flynn 效應）：有證據指出，在許多國家的人口中，IQ 分數正持續地提升。

gestalt（完形）：整體大於它各個部分的總和。它是指完整的形象或完整的結構，所指稱的可以是物理的結構，可以是心理的認識，也可以是抽象的符號。

heuristics（捷思法，直觀推斷法）：一些經驗法則，指在過去奏效的一些程序或定則，它們可以在未來引導問題解決。

id（本我）：潛意識的本能要求（原慾和精神能量），特別是涉及性和暴力，完全依據唯樂原則在運作。

intelligence quotient（智力商數，智商，IQ）：一種比率量數，用以反映個人的心智年齡（MA）是否領先或落後他們的實足年齡（CA）。

mood disorders（情感障礙症）：這個類別包括憂鬱症（depressive disorders），其特徵是消沉的心情、無精打采、失眠、疲累、體重減輕、無價值及罪疚的感受；以及雙相情緒障礙症（bipolar disorder），其特徵是鬱期與躁期的交替出現。

multiple intelligence（多元智力）：指存在各種獨立而無關的心理能力，但這個觀念尚未受到證據的支持。

obsessive-compulsive disorder（強迫症，OCD）：這種障礙症的特色是過度、不合理，但仍反覆而持續產生的一些想法、衝動及影像；也帶有一些重複的行為或心智活動。

operant conditioning（操作制約作用）：也稱為工具制約作用，屬學習歷程之一，強化物（食物、讚賞、金錢，等等）完全只在當事人或動物執行專對的行為之後才會給予。

paranoid personality disorder（妄想型人格障礙症）：個人所持對他人行為廣泛的不信任及多疑，總是把他人的動機解讀為深具惡意。

Phrenology（顱相學）：現在大致上已被廢棄之關於頭腦與心靈的「科學」，它相信頭顱準確地反映每個人頭腦的結構。

placebo（安慰劑）：一種醫學上或化學上不起作用（無藥效）的物質或程序，但當事人（經常是病人，但也可能是執業人員）相信這將有助於他們，或使得他們康復。安慰劑在科學研究中被用來決定真正的治療效能。

polygraph（多功能記錄器）：一種設備儀器，經常也被稱為是「測謊器」，它測量個人對於問題的各種生理反應。

psychopath（精神病態）：個人展現一種持續的行為模式，即缺乏同理心、愧

疚感或忠誠度，他們漠視及侵犯他人的權益和感受。

psychopathology（精神病理學）：對於廣泛的一系列精神疾病之起因與病情的研究。

psychosis（精神病）：泛指某類嚴重的精神失常，病人失去了正常的心理機能，他們的思想、情感及行爲等很明顯已跟現實生活脫節。

REM sleep（快速眼動睡眠）：這是睡眠中的一個時期，其特徵是腦部活動極爲類似當人們清醒時發生的情形。如果人們在這個時期被喚醒的話，多半會報告他們正在做夢。

S-curve（S曲線）：一種特別形狀的曲線，技術上稱之爲乙狀結腸的曲線，呈現S狀，屬學習曲線的一種變化形式。初始的成長最先是陡峭的指數，然後它平坦下來，飽和狀態發生，最後是「成長」停止。該曲線具有引人興趣之統計上的特性。

schema（基模）：一種有機的心理架構或知識結構，個人使用來對於人們、場所或事物的訊息進行分類及綜合。

schizophrenia（思覺失調症）：精神疾病之一，其特徵是妄想、幻覺、語無倫次、動作怪異、平淡的情緒，以及社會和職業的功能退化。

sociopath（社會病態）：精神病態的另一個稱謂，或指稱被診斷爲「反社會型人格障礙症」的人們。

spatial intelligence（空間智力）：對幾何形狀作視覺上思考的能力，理解具體物件之圖畫表徵的能力，也是辨認物件在空間中運轉所產生之關係的能力。

stress（壓力）：個人對一些眞實或想像的情境（刺激、人物、事件）所產生複雜的行爲、認知及生理的反應 —— 當該情境被感到危及或威脅個人的安寧時。

substance use disorders（物質使用障礙症）：物質依賴的特徵是耐藥性（漸進增加物質的使用量才能達到類似的效果）、戒斷症狀、費盡力氣以取得該物質、無力戒除該物質，以及顯著減少個人的社會、職業及休閒的活動。

superego（**超我**）：超我是個人道德價值的貯藏室，也就是個人的良心。超我的形成是在幼兒發展期中，父母管教與社會化的結果。超我有兩個部分，一為自我理想，即根據認同的對象而建立的自我形象；另一為道德良知，經由社會規範的內化而形成自我管制的力量。

tabula rasa（**白板**）：按照字義是指空白的石板，用以描述幼兒的心靈 ——在它被經驗寫上任何東西之前。

verbal reasoning（**語文推理**）：一種心理官能，它是指理解字詞的意義以及與字詞相關觀念的特殊能力，也是指對他人清楚地呈現一些觀念及訊息的能力。

博雅科普 036

50 則非知不可的心理學概念

作　　者	Adrian Furnham
譯　　者	游恒山
發 行 人	楊榮川
總 經 理	楊士清
總 編 輯	楊秀麗
副總編輯	王俐文
責任編輯	金明芬
封面設計	王麗娟

出 版 者	五南圖書出版股份有限公司
地　　址	106台北市和平東路二段339號4F
電　　話	（02）2705-5066
傳　　真	（02）2709-4875
劃撥帳號	01068953
戶　　名	五南圖書出版股份有限公司
網　　址	https://www.wunan.com.tw/
電子郵件	wunan@wunan.com.tw
法律顧問	林勝安律師
出版日期	2013年1月初版一刷
	2021年3月二版一刷
	2022年9月三版一刷
	2024年5月三版二刷
定　　價	新臺幣320元

50 PSYCHOLOGY IDEAS YOU REALLY NEED TO KNOW by ADRIAN FURNHAM
Copyright: © 2008 BY ADRIAN FURNHAM
This edition arranged with Quercus Editions Limited
through Big Apple Agency, Inc., Labuan, Malaysia
TRADITIONAL Chinese edition copyright:
© 2022 WU-NAN BOOK INC.
All rights reserved.

國家圖書館出版品預行編目資料

50 則非知不可的心理學概念 /Adrian Furnham
　著；游恒山譯. -- 三版. -- 臺北市：五南圖
　書出版股份有限公司, 2022.09
　面；　公分
　譯自：50 psychology ideas you really need to
　know.
　ISBN 978-626-343-098-3(平裝)

1.CST: 心理學　2.CST: 通俗作品

170　　　　　　　　　　　111011367